여행,
길 위의 철학

여행, 길 위의 철학

플라톤에서 니체까지 사유의 길을 걷다

마리아 베테티니·스테파노 포지 엮음 | 천지은 옮김

책세상

| 차례 |

서문

철학자의 여행법

여유로움은 생각하고 공부하기에 더없이 이상적인 조건이다. '생각
할' 여유로움, '지독하게 사랑할' 여유로움, '책을 쓸' 여유로움이 그
렇다. 키케로는 도서관이나 작은 정원에서도 즐길 수 있는 사람만이
만족스러운 삶을 유지할 수 있다고 말했다. '철학자'에게 필요한 환
경은 일반적으로 이런 여유로움이 가득한 장소를 말한다. 생각을 직
업으로 하는 사람, 철학자는——흰 수염을 기르고 튜닉(고대 서양에서
입었던 소매가 없는 헐렁한 옷)을 입은 사람이 연상된다——세상을 초월
하고 은둔한 채 책에 묻혀 지내다가 오로지 제자가 찾아왔을 때에만
침묵을 중단한다는 선입견이 있다.

　　그런데 여행이라니? 어쩌면 '허풍선이 남작'으로 알려진 뮌히
하우젠의 '상상 속의 여행'이나 보나벤투라 다 바뇨레조의 '하느님
을 향한 마음속 여행' 같은 은유적인 여행을 떠올릴지도 모르겠다.
마음속을 여행하는 데, 아니 철학을 하는 데 마차나 자전거, 배가 왜

필요했을까? 분명 의미 있는 질문이고, 이에 대한 역사 속 철학자들의 대답도 참으로 다양하고 놀라웠다. 철학자들은 탄압을 피해 도망치느라 여행을 했고, 새 제자를 찾기 위해, 정치인들을 새로운 체제로 인도하려고, 또 순수한 호기심 때문에, 그들 나라의 현인들보다 더 위대한 현인들을 만나기 위해, 그리고 적과 싸우기 위해서도 여행을 떠났다. 단순히 돈을 벌기 위해 떠날 때도 있었다. 그때나 지금이나 철학만으로는 돈벌이가 신통치 않았을 테니까.

아리스토텔레스는 알렉산드로스 대왕의 개인교사를 했고, 라이프니츠는 브라운슈바이크 가문의 가계도를 정리하는 일을 했다. 이븐 시나는 칼리프의 의사로 활동하면서 생계를 유지했으며, 스피노자는 숙련된 렌즈 가공 기술자였다. 데카르트는 매일 아침 동이 틀 무렵, 배를 타고 마지막 제자였던 스웨덴의 여왕 크리스티나를 가르치러 다녔다. 그러다가 폐렴에 걸려(그다지 건강하지도 않은데다 난로와 이불을 사랑했던 프랑스인에게 스톡홀름의 2월은 매우 가혹한 기후였다) 죽음에까지 이르렀다. 신과 기도에 헌신해야 하는 사람은 키케로처럼 여유를 즐기기는커녕 여유로움을 기대할 수조차 없었다. 토마스 아퀴나스는 섬세한 감각의 소유자도, 마른 체구를 가진 이도 아니었다(펭귄 같은 체구였다). 그럼에도 불구하고 땅으로, 바다로 이탈리아와 독일, 프랑스 등 수천 킬로미터를 오가며 종교인으로서의 의무를 다했다. 또 예수회 신부 마테오 리치는 고향 마체라타를 떠나 중국까지 가서 현지 문화를 익히고 교리를 전파하지 않았는가.

거의 모든 철학자가 은둔 생활과는 거리가 멀었다. 오래된 편견을 떨쳐버리고(또한 하얀 수염에 대한 편견도), 도서관의 먼지를 털어버리기 위해 우리는 몇몇 철학자에게 질문을 던지고 또 수 세기 전 그들의 여행에 관해 이야기하려 한다.

우리는 수많은 역사를 품고 있는 고대 엘레아를 찾아갈 것이다. 이곳은 파르메니데스가 학교를 세웠던 장소로, 가까운 카포 팔리누로 곶串과 비교해도 그리 유명한 지역은 아니다. 엘레아의 분위기에 고무되었고 최근 그곳을 여행하면서 얻은 좋은 기억들 덕분에 우리는 몇몇 철학자들의 여행에 관해서 더 많은 이야기를 나눌 수 있었다. 그리고 인터넷이라는 매체의 힘을 빌려 다른 저술자들의 참여를 이끌어냈고, 계속해서 서로 의견을 나누면서 솔론에서부터 니체까지 여러 철학자들의 여행을 따라갔다. 헤로도토스는 솔론이 '지혜에 대한 사랑'을 위해, 그러니까 철학을 위해 여행했다고 말한다. 우리가 사용하는 철학Philosophia이라는 말은 그리스어의 '철학하다 φιλοσοφία'라는 동사에서 유래했음을 보여준다. 물론 당연한 말이지만, 이 책에서 모든 철학자들을 다루지 못했을 뿐 아니라——예를 들어, 아테네의 키케로나 슈바르츠발드의 하이데거는 다루지 않았다——유스티니아누스법전을 피해 시리아로 간 신플라톤주의자들의 이주나 독일과 프랑스 철학자들의 미국 이주 같은 이야기는 다루지 않았다. 하지만 2,500년이란 세월을 총망라한 것만으로 충분하다고 생각한다.

우리는 수염에 튜닉과 긴 타이츠 등 특유의 복장을 한 철학자들을 만나 그들의 풍부한 지식을 배울 것이다. 그들과 함께 여행하면서 리디아의 크로이소스 왕과 대화를 나누고(왕은 자신이 부유하기 때문에 스스로 가장 행복한 사람이라고 믿었고 이를 철학자에게 확인받으려 할 정도로 순진했다), 지식의 언어인 그리스어가 오리엔트 지역에서 사용되는지를 확인하기 위해 국가를 넘나든 알렉산드로스를 만나게 될 것이다. 왕을 철학자로 만들거나 철학자를 왕으로 만들겠다는 다소 헛된 희망을 안고 시라쿠사를 세 번이나 다녀온 플라톤도 만나게 될 것이다. 아우구스티누스는 돈과 영광을 좇아 카르타고를 떠나 이탈리아로 갔으나 개종하여 아프리카로 돌아온다. 그 후 40년 동안 누미디아와 모리타니를 여행하며 가톨릭 교리를 전파한다. 이는 믿음의 기적일 뿐 아니라 플라톤주의 철학, 암브로시우스의 해석법, 포강의 안개와 같은 기적이다.

또 방법이 조금 다른 이슬람 세계의 여행 이야기들도 있다. 그 중에서도 가장 특이한 것은 무함마드의 신비로운 여행인데, 그는 '묵상'을 통해 예루살렘과 하늘나라에까지 간다. 아마도 무함마드의 이 여행을 담은 《계단》으로부터 단테가 영감을 얻은 듯하다. 무함마드의 여행을 통해 우리는 이븐 시나Abū Alī l-Husayn Ibn Sinā와 알 가잘리Abū Hāmid Muhammad al-Ghazālī의 삶에 관해 이해함으로써 철학적이라 하기도, 또 의학적이라 하기도 어려운 그들의 작품을 만나게 된다. 무한한 곳을 향해 날아가는 새의 이야기는 종교적이라기보다는 영지주의적이며, 신 안에서 완전히 자신을 버리는 여행이다.

도미니코회의 토마스 아퀴나스가 한 여행은 보다 실용적인 여행이다. 그는 아주 어린 시절, 에라스무스 프로그램*이 생기기도 휠

썬 전이었음에도 스승을 찾아 파리와 쾰른으로 갔다가, 센 강의 좌안에 대학이 생기자 다시 파리로 돌아온다. 진실에 이르기 위해서는 의심을 가지고 여행을 해야 한다고 했던 토마스 아퀴나스는 '여유로움'을 사랑했음이 분명하다. 그러나 해박한 지식과 출중한 능력 탓에 늘 해야 할 일이 많았던 그는 겨우 50대의 젊은 나이에 여행 도중 죽음을 맞는다. 이미 몇 년 전부터 글쓰기를 중단하기로 결심한(그때까지 이미 몇천 쪽에 달하는 글을 남겼다) 상태였다. 그는 모든 작품이 진실을 담지 못한 쓰레기 더미에 불과하다고 느꼈는지도 모른다.

도미니코회로부터 예수회로 시대와 제도가 바뀌어도 기이할 정도로 범상치 않은 사람은 늘 있었다. 그 '기이한' 사람——아주 훌륭하다는 의미에서——이 바로 마테오 리치다. 그는 16세기에 중국에서 한문으로 책을 썼으며, 유자儒者 복장(명주옷과 수염, 긴 머리, 가마)을 하고 살 수 있도록 허락받았다. 그는 교리와 믿음을 위반하지 않으면서 중국의 문화를 습득했으며, '서태西泰(서양에서 온 선비)'라는 이름으로 자신을 널리 알렸다. 많은 중국 사람들이 이 이탈리아인에게서 서양을 배웠고, 리치는 궁정생활과 외교술을 발휘해 중국의 모든 것을 배웠다.

이제 불굴의 라이프니츠를 살펴보자. 수학 천재로 유명하지만

---

* European Action Scheme for the Mobility of University Students의 앞 글자를 따서 만든 단어로, 유럽연합의 교환 학생 프로그램을 말한다. 이 프로그램의 기원은 15세기에 문화를 이해하기 위해 유럽 각지를 떠돌아다녔던 에라스무스로부터 유래했다.

(사칙연산이 가능한 계산기를 발명했는데, 무엇보다 아이작 뉴턴과 함께 정확하고 복잡한 연산이 가능한 초기 계산기를 고안했다) 라이프니츠는 원래 철학자였다. 그는 열정과 야망이 있었고 아마도 이를 실현하기 위해 외교관이 되었던 것 같다. 그는 어느 귀족 가문의 가계도를 완성하는 임무를 맡아 프랑스, 네덜란드(그곳에서 스피노자를 만난다), 독일, 이탈리아 등을 쉬지 않고 돌아다닌다. 하지만 그의 진정한 목적은 가톨릭과 칼뱅교, 루터교 사이의 화해를 이끌어내는 것이었다. 목적의 난해함에 비하면 그에게 여행의 고통 정도는 우스운 수준이었다.

사실 고통으로 말하자면, 다음 세기 이탈리아의 베리 형제와 체사레 베카리아의 파리 여행을 빼놓을 수 없다. 그들은 서로 맞지 않는 이와 함께 여행해야 하는 고통에 시달렸다. 알레산드로 베리는 동료들에게 체사레를 '뛰어난' 베카리아라 소개했지만, 집에서의 체사레는 '망상에 사로잡힌 어린아이'에 불과하다고 보았다. 파리에서 이탈리아로 그들과 함께 돌아온 계몽주의는 그들을 분열시켰다. 보수주의자였던 형과 혁신적인 계몽주의자였던 동생은 베카리아와 떠들썩한 논쟁을 벌인다. 그리고 형제끼리도 다투었다. 결국 알레산드로 베리는 형과 등지고 로마에서 남은 생을 보낸다.

더욱 흥미로운 사람은 루소다. 그는 단 며칠도 한곳에 머물러 있지 못했다. 이것도 병일까? 정신병? 아니면 나르시시즘의 반복되는 형태일까? 단순히 여행을 좋아해서라고 이해할 수 있을까? 그러나 우리는 그가 가톨릭과 칼뱅교로부터 여러 차례 처벌받을 위기에서 어쩔 수 없이 여행을 떠나야만 했다는 사실을 알고 있다. 루소 역시 유럽의 여러 나라를 돌아다니며 여러 가지 일(리옹에서는 개인교사, 파리에서는 재무국장 등)을 한다. 앞서 말한 대로 철학만으로는 벌이가 적었기 때문이다.

무언가를 찾겠다는 불안감(의심은 진실을 향한 여행의 원동력이다)은 종종 주거지를 옮겨야 한다는 충동으로 나타났다. 멘 드 비랑 Maine de Biran은 이렇게 말했다. "모든 불행은 파리의 방에서 시골에서처럼 평온을 유지할 수 없었기 때문에, 그리고 내가 내 활동의 주인이 될 수 없었기 때문이다." 우리는 더 큰 무언가를 발견하고 나면 도서관이나 작은 정원에 만족하지 못한다. "깊은 성찰의 좋은 점을 모르는 사람이 누가 있겠는가? 그리고 만일 내면이라는 새로운 세계가 존재하지 않는다면, 크리스토퍼 콜럼버스 같은 사람이 무엇을 발견할 수 있었겠는가?" 파올리나 레오파르디는 오빠에게 보낸 편지에서 이후 스탕달이라는 이름으로 유명해진 앙리 벨의 소설에 빠져 있음을 알린다. 파올리나는 방 안에 틀어박혀 책을 읽었다. 그녀는 "내 방은 마치 사막과 같다"라고 말했다. 파브리스가 세상과 격리된 채 처음으로 자신의 마음의 소리를 듣게 되고, 클레리아를 향한 사랑을 깨닫게 되는 감옥(《파르마의 수도원》의 이야기다)을 생각하면 '사막'이라는 단어의 뜻을 이해할 수 있다. 프루스트에게 "사회로 드나드는 출입구가 막힌 침침하고 깊숙한 방"은 글을 쓰는 데 꼭 필요한 공간이었다.

철학자들은 자신이 느끼지 못하는 세계, 형이상학에서 빠져나오려고 노력한다. 사실 도서관에 들어앉아서는 고대인들이 말한 '기분 좋은 장소loci amoeni'를 절대로 알 수 없으며 여행도 '상상 속의 일'에 그칠 뿐이다. 그러나 그것이 혼란스럽고 억압된 나라의 불확실한 운명을 걱정하는 데는 유용한 경우도 있다. 빈첸초 쿠오코는 플라톤과 젊은 클레오볼로가 함께하는 여행 이야기를 만들어냈다. 두 사람은 이탈리아 남쪽을 여행하며 고대 이탈리아 시민들의 성향을—지금으로 말하자면 인류학과 문화와 지식에 관해—탐구한다. 그들은 긴 도보여행을 통해 타란토의 아르키타스와 철학자 티메오, 삼니움 사람 폰치오, 루카니아 사람 오칠리오, 젊은이 므네실라 등을 만난다. 쿠오코는 이 책을 통해 통일되지 못하고 다른 나라에 지배를 당하고 있는 이탈리아의 정치 상황과 문화적 전통 사이의 괴리에 대한 정치적 논쟁을 일으키고자 했다.《플라톤의 이탈리아 여행》1권이 출판되기 한 해 전, 쿠오코는《이탈리아 신문》에 이렇게 썼다. "런던이나 파리의 기자(아마도 철학자라고 하는 편이 더 나을 것이다)는 하루에도 수천 번씩 시민들에게 말할지도 모른다. '우리는 위대합니다'라고. 그들은 항상 그렇게 믿을 것이다. 그러나 이탈리아의 기자나 철학자는 우리에게 이렇게 말한다. 만일 이탈리아 사람이 그런 말을 한다면 웃음거리가 될 것이라고. 섀프츠베리는 한 번 웃음거리가 되면 다시 좋은 인상을 얻기란 좀처럼 힘들다고 말했다." 몇 세기 동안 '억압과 비웃음'을 당하며 살아온 이탈리아 사람들은 '우리는 위대하다'고 말할 수 있는 날이 오기를 갈망했다.

한편 1815년 6월, 차르 알렉산드르 1세는 하일브론을 출발하여 네카어 강을 따라 하이델베르크에 도착했다. 2주 후 워털루에서 웰

링턴 공작의 지휘로 나폴레옹 군을 격퇴하는 성과를 거둘 군대였다. 알렉산드르 1세는 오스트리아 황제 프란츠 요제프 1세를 만나 '신성 동맹'에 관한 의견을 나눈다. 신성동맹은 왕좌의 권한을 되찾기 위한 동맹이었다. 그런데 이것은 폰 크뤼데너의 미망인 바바라 율리아네 폰 비팅호프 셸 남작부인이 처음 생각해낸 것이었다. 이 여인의 머리에서 나온 '신성동맹'은 여러 나라 지배자들의 운명뿐 아니라 여러 철학자들의 사상에도 큰 영향을 끼친다.

한편, 철학자들은 유럽을 여행하며 이론의 가치를 이해했다. 1849년 템스 강변에서는 미래《자본론》의 작가 마르크스가 베를린에서 철학을 공부하던 프리드리히 엥겔스와 함께 협력하여 결실을 맺기 시작한다. 엥겔스는 혁명이 일어나기 몇 해 전이었던 1848년, 어느덧 노년에 접어든 셸링의 강의를 듣는다. 젊은 시절 그와 함께 공부했던 동료들은 조국 러시아로 돌아가 독일 관념론의 기본 원리를 널리 알리고 있었다. 독일 철학의 매력은 1840년대 많은 젊은이들을 독일—특히 슈프레 강 근처—로 향하게 만들었는데, 그중 하나였던 미하일 알렉산드로비치 바쿠닌은 리하르트 바그너와 함께 1849년 드레스덴 폭동의 주인공이 되었다. 그러나 곧 작센 주에 지원군을 보낸 프러시아군에 의해 진압된다. 그들은 체포되어 사형을 언도받는다. 이후 바쿠닌은 러시아에 인도되어 상트페테르부르크에서 감옥에 수감되었다가 시베리아로 추방된다. 바쿠닌은 다시 시베리아에서 탈출해 일본과 미국을 거쳐 유럽으로 돌아온다. 그의 방랑은 또 다른 혁명을 모색하는 기회였다. 나폴리에서 스위스까지, 아나키스트 바쿠닌과 함께 따라다니는 이름이 있다. 조 세르게이예브와 오볼렌스키 공작부인이다. 특히 오볼렌스키 공작부인의 지원이 없었다면 아나키스트 바쿠닌의 급진적인 사상은 빛을 보지 못했을 것이다.

이렇듯 여러 철학자들이 여인의 도움으로 목숨을 구하기도 하고, 반대로 고통을 당하기도 한다. 지금까지도 많은 사람들에게 사랑받고 있으며 우상처럼 여겨지는 한 철학자에게도 이런 여인이 있었다. 문헌학자였던 프리드리히 니체는 루 살로메에게 버림받는다. 고통과 외로움에 몸부림치며 영혼의 안식처를 찾아 떠돈다. 그는 뢰켄에서부터 토리노까지, 그리고 다시 거꾸로 거슬러 올라와 알프스에 머물기도 했다. 또 리구리아 지방을 산책하고, 소렌토 해변을 거닐었다. 이것들이 모두 달콤한 여행이었다면 그는 정신이상에 걸리지 않았을지도 모른다. 니체는 1889년 초, 정신착란에 빠진다. 방에서 자신은 건강하다 되뇌고 자신을 디오니소스와 알렉산드로스 3세라고 주장하며 성탄절과 새해 첫날을 보냈다. 그는 스스로 한 말이 맞는지도 전혀 분간하지 못하는 상태였다. 니체가 어머니에게 보낸 편지에 썼듯이, 그가 사회적으로 명성을 얻은 것은 정말이지 기적에 가까운 일이었다. 그 후로도 오랫동안 그의 책들은 여러 언어로 번역 출간되었다. 토마스 만의 찬사를 받았으며, 뭉크는 그의 초상화를 그렸다. 그리고 그는 지금까지도 젊은 학생들에게 사랑받고 있다.

우리가 철학자들과 함께한 여행은 여기까지다. 철학자들은 여행을 멈추지 않았다. 혹시 기차 안에서 고상한 신사를 만나거나 비행기에서 여권을 여러 개 가진 외교관을 만난다면, 또 배 위에서 자신이 여기에 왜 있는지 모르겠다고 말하는 사람을 만난다면, 혹시 솔론처럼 '지혜를 사랑하여' 여행을 하는 철학자가 아닌지 꼭 물어보길 바란다. 그러면 당신도 '철학하기'를 시작한 것이다.

마리아 베테티니, 스테파노 포지

오래된 지혜를 찾아 떠나다

솔론 · 플라톤 · 아폴로니오스

주세페 캄비아노

파탈리푸트라

사마르칸트

수사

바빌로니아

니네베

사이스

로도스 섬

알렉산드리아

사모스 섬

스타기로스

아테네

엘레아

시라쿠사

로마

오래된 지혜를 찾아서
솔론의 여행

'철학하다'라는 그리스어 동사는 솔론의 여행과 관련이 있다. 헤로도
토스에 의하면, 솔론의 여행은 아테네에 법률을 선포한 직후인 기원
전 580년경에 시작된다. 솔론은 다른 나라의 관습과 제도, 풍습 등을
알아보기 위해 10년 넘게 여행을 한다. 오직 관찰하고 연구하고자 하
는 열망을 가지고 바다를 건넌 솔론은 마침내 소아시아의 끝자락에
위치한 리디아에 이르렀다. 그는 크로이소스 왕으로부터 극진한 환
대를 받았다. 크로이소스는 '철학하는', 그러니까 '지혜에 대한 사랑'
으로 여러 나라를 누비며 사람들의 풍습을 관찰하고 연구하는 아테
네의 현인을 알게 되어 무척 기뻤다. 크로이소스는 내심 솔론이 아
무리 많은 사람을 만나고 많은 것을 보았어도 자신의 엄청난 보물에
관심을 보일 것이라고 확신했다. 왕은 솔론이 이러한 자신의 생각에
부응하는 답을 줄 것이라 확신하면서 그에게 여행을 하면서 가장 행
복한 사람을 만난 적이 있는지를 물었다. 그러나 왕의 예상은 완전

히 빛나갔다. 솔론은 "모든 일은 결말을 고려해야 하며, 무슨 일이든 어떻게 끝날지 숙고해야 합니다"라고 대답했다. 평생 권력을 누리고 산 사람도 오직 삶의 여정을 모두 마친 다음에야 행복을 판단할 수 있다는 것이었다. 크로이소스는 조소를 금치 못했으나 솔론의 대답은 정확했다. 솔론의 말은 훗날 진실이 되어 나타난다. 크로이소스는 머지않아 키루스 2세가 이끄는 페르시아에 패해 왕국은 물론이고 재산과 함께 자신의 자유까지도 잃게 된다.

사실 교훈과 예언의 전달자인 솔론은 리디아에 도착하기 전에 북아프리카의 이집트에서 고대 현인들로부터 커다란 배움을 얻었다. 그곳에서 배운 것은 비단 인간 존재의 허약함에 대한 깨달음만이 아니었다. 솔론은 아테네로 돌아온 즉시 파라오의 나라에서 오래전부터 시행되고 있던 관료제도를 모델로 법률을 정비했다. 모든 아테네 시민들이 매년 자신의 수입을 공표하도록 하는 소득신고법 등이 그것이었다. 그러나 솔론이 이집트의 아주 오래된 지혜로부터 얻은 것들은 훨씬 더 방대하고 심오했다. 이집트를 잘 알고 있었던 헤로도토스는 크로이소스와 솔론이 나눈 인간의 운명에 관한 대화에 대해 언급하고 있다. 뒤이어 플라톤이 몇몇 반가返歌로 전해주듯이, 솔론에게 있어 이집트 여행은 나일 강의 범람으로 만들어진 비옥한 땅과 웅장한 유적을 통해 인간의 오랜 역사를 이해하고 배우는 기회가 되었다. 밀레투스의 역사가 헤카타이오스는 이집트의 성직자들이 아주 오래전부터 계보학을 정리해왔음을 확인했다. 플라톤에 의하면, 솔론 역시 고대 이집트 도시 사이스에서 만난 한 성직자의 비판을 달게 받아들이지 않을 수 없었다. "당신네 그리스인들은 언제나 어린아이라오. 경험 있는 선배들이 아무도 없소." 고대로부터 내려온 지혜의 수호자인 역사와 문화의 기록이 없을 뿐만 아니라 있는 기록도 보존하지 못하는 그리스인들을 꾸짖으며 이렇게 말했다.

"사라진 아틀란티스처럼 땅과 바다의 모습을 변화시켜버린 고대의 대재앙과 격변에 대한 기억조차 보존하지 못하고, 가치 있는 교훈조차 이용할 줄 모르니 언제나 어린아이로 돌아갈 수밖에 없다."

이집트에서 시칠리아까지
플라톤과 참주의 나라

솔론이 그리스에 헌법을 제정하고 다른 지역에 이보다 좋은 법이 있는지 확인하겠다고 선언한 뒤 10여 년 동안 지중해 전역을 여행한 반면, 플라톤은 시민들의 여행에 대해 매우 신중하게 접근했다. 플라톤은 그의 마지막 작품인《법률》12권에서 밝혔듯이 시민들의 여행을 규제할 필요가 있다고 믿었다. 그는 도시 시민들이 자유의지에 따라, 법에 보장된 개별 여행의 적법성을 문제 삼았다. 대신 솔론이 그랬던 것처럼 외국의 관습과 제도를 탐색하고 새로운 지식과 이론 탐구 등을 목적으로 하는 성년 시민의 해외 체류는 인정했다. 이러한 예외는 그리스에 체류하는 외지 관찰자들에 대해서도 마찬가지였다. 플라톤은 여러 나라의 문화 교류와 여행의 중요성을 인정하는 사람 중 하나였다. 그는 교육의 교류 가능성을 인정하고 제한적이지만 개방을 주장했으며, 외국인들에 대한 이집트인들의 폐쇄성에 대해서 비판했다.

훗날 사람들은 플라톤이 책에서 이집트에 대해 언급한 것은 그가 이 나라에 대해 잘 알고 있었기 때문이라고 생각했지만, 더 시간이 지나서는 그가 정말 이집트에 체류했음을 확신하게 되었다. 기원전 1세기 말경 그리스의 지리학자 스트라본은 이집트에서 플라톤과 수학자 에우독소스가 13년 이상 살았던 집을 발견했다고 기록했다. 이어서 플루타르코스는 플라톤이 이집트에서 철학적 대화를 나눈 성직자의 이름이 코누피스라는 사실까지 알아냈다. 마지막으로 3세기경 철학자들의 일대기를 쓴 디오게네스 라에르티오스는 플라톤의 동료이자 위대한 고대 3대 비극 작가 중 한 사람인 에우리피데스가 병에 걸려 이집트의 성직자로부터 치료를 받았다고 적었다. 또한 이 성직자는 플라톤이 기하학과 같은 과학에 능할 뿐만 아니라 자신만의 독특한 방법으로 병을 치료하는 의사라고 서술했다.

플라톤의 시라쿠사 여행은 시기와 상황으로 미루어보아 실제로 이루어진 것 같다. 플라톤의 제자들이 플라톤에게 헌정한《편지들7》에서 기원전 388년, 기원전 367년, 기원전 361년에 했던 여행들에 대해 언급하고 있다.《편지들》의 내용은 철학과 정치에 관한 것이었다. 소크라테스에게 내린 사형 선고와 그를 죽음으로 몰고 간 아테네의 정치적 상황을 잘 알고 있었던 플라톤은 자신의 저서인《국가》에서 '도시를 타락시키는 시민들 간의 싸움'이라는 악에서 벗어날 수 있는 길은 권력 행사를 원하지 않는 유일한 사람, 즉 철학자들에게 권력을 넘겨주는 것이라 주장한다. 그들이 제일 관심을 갖는 것은 도시 내에서 권력을 잡는 것이 아니라 '지혜'이기 때문이다. 그런 까닭에 철학자의 통치는 시민들이 철학자에게 권력을 이양하거나 이미 권력을 가진 통치자가 철학자가 되는 방법을 통해서만 이루어질 수 있다.

이러한 이유 때문에 당시로서는 고령인, 마흔 줄에 접어든 플라톤이 세 번 중 첫 번째 시라쿠사 여행을 시작한다. 그는 그곳을 다스리던 참주 디오니시우스를 철학자로 이끌어 철학자 참주가 도시를 올바르게 통치할 수 있다는 희망을 가졌다. 사실 디오니시우스가 철학자가 될 수 있을 거라고 플라톤을 확신시킨 사람은 디온이라는 제자였다. 디오니시우스가 플라톤을 초청했을 때 플라톤은 "생각을 허공에 대고만 떠들 줄만 알지, 행동으로 옮기지 못하는 제가 부끄러울 따름입니다"라고 답했다. 디온은 플라톤이 거절할 수 없는 말을 늘어놓으며 스승에게 간청했다. "만일 제가 아테네에서 약 30킬로미터 떨어진 메가라에 있으면서 당신에게 도움을 요청한다면, 스승님은 스스로 의리 없는 사람이라고 생각할 필요조차 없이 서둘러 달려오실 것입니다. 지금 긴 여행 때문에 피곤하다는 핑계를 댄다면 비겁하다는 평판을 피할 수 있으실는지요? 부족한 변명이 아니겠습니까."

하지만 모든 것이 환상이었다는 사실을 알게 된다. 시라쿠사에 도착한 플라톤은 진정한 참주의 모습을 만나게 된다. 디오니시우스는 플라톤이 고국으로 돌아갈 수 있는 작은 조각배 하나만을 내어주면서 그를 즉시 쫓아낸다. 하지만 플라톤은 참주를 철학자로 만들겠다는 시도를 포기하지 않는다. 몇 해가 지난 기원전 367년, 그는 시라쿠사를 향해 두 번째 여행을 떠난다. 그때는 디오니시우스가 아들 디오니시우스 2세에게 왕위를 물려준 뒤였다. 그러나 이 두 번째 기회도 실패로 돌아가고 만다. 아니 실패라기보다는 뜻밖의 상황이 전개되었다고 할 수 있다. 디오니시우스는 플라톤을 감옥에 가뒀다가 노예로 팔아버렸고, 전부터 알고 지내던 돈 많은 상인 안니케리스가 우연히 플라톤을 발견하고 몸값을 지불해준 덕분에 겨우겨우 자유의 몸이 되어 아테네로 돌아올 수 있었다.

시라쿠사로 향한 마지막이자 세 번째 여행의 전조는 아주 좋았다. 디오니시우스 2세는 플라톤이 덜 힘들고 좀 더 빠르게 여행할 수 있도록 그를 데려올 커다란 배를 아테네에 보내주었다. 이번에는 플라톤의 철인정치를 찬양해온 다른 타란토 사람들과 아르키타스*가 보낸 편지가 그에게 힘을 실어주었다. 하지만 참주는 달라지지 않았다. 기원전 361년 시라쿠사에 도착한 플라톤은 디오니시우스가 제자인 디온의 재산을 몰수하고 추방시켰다는 소식을 접한다. 플라톤은 분노하여 '항해가 가능한 계절'인 여름이 가기 전에 화물선에라도 몸을 싣고 아테네로 돌아가겠다고 했다. 그러나 디온이 유배지에서 다시 돌아오도록 하겠다는 디오니시우스의 약속 때문에 플라

---

* 이탈리아 타란토 출신의 수학자. 플라톤의 남부 이탈리아 여행 중에 친구가 되었다.

톤은 돌아갈 시기를 놓치고 만다. 그는 이렇게 적었다. "배는 떠나갔고, 나는 돌아갈 수 없었다." 플라톤이 긴급하게 도움을 요청한 사람들은 아르키타스와 타란토 사람들이었다. 타란토로부터 외교사절단 명목으로 노가 30개나 달린 커다란 배가 시라쿠사에 도착하자 플라톤은 디오니소스*의 허락을 받고 배에 타 펠로폰네소스 반도까지 갈 수 있었다. 이후 플라톤은 올림피아에서 경기에 참가한 디온을 만나게 된다.

시민이 아닌 이방인
철학자들과 아리스토텔레스

플라톤이 처한 상황은 아마도 특별히 운이 나빴던 경우라고 할 수 있다. 소크라테스의 여러 제자들 중, 특히 키레네(현재의 리비아 해안에 위치한 마을) 출신의 아리스티포스가 디오니시우스의 왕국에 머물면서 체험했던 긍정적인 경험들과 비교하면 특히 그렇다. 아리스티포스는 인간의 삶이 결국 즐거움을 추구하는 것이라는 이론에 입각하여 참주의 성향을 잘 맞춰주었고, 덕분에 호의적인 대접을 받으면서 어려움 없이 여행을 이어갈 수 있었다. 어쨌거나 고대의 여행, 특히

---

* 포도주의 신이라 불리는 디오니소스는 헤라의 술수로 인해 광기에 휩싸여 펠로폰네소스에서 방랑의 시절을 보낸다.

고대 그리스인들의 여행은 어느 정도 융숭한 대접을 받는다 할지라도 먼 장소로의 이동은 그 자체로 위험한 것이었다. 대부분 바다를 건너는 여행이었으며, 한정된 교통수단을 이용하면서 쉽게 다닐 수 있는 길이란 존재하지 않았다. 오로지 여름에만 바닷길을 통한 여행이 가능했다. 다른 계절에는 항해가 불가능하기도 했지만, 여름에도 바다를 건넌다는 것은 그 자체로 굉장히 위험한 일이었다. 에게 해와 이오니아 해의 섬과 해안을 덮치는 갑작스럽고 강한 풍랑 때문에 바다에 나가는 것은 항상 위험했다. 오디세우스가 이타카로 돌아올 때처럼 배가 난파되는 비극도 끊이지 않았다. 그렇기 때문에 플라톤이 자신의 작품에서 항해사를 유능한 지식인의 수호자, 정치인을 도시라는 배를 안전한 항구로 인도할 수 있는 사람으로 묘사한 것도 우연이 아니다.

어쨌든 고대 철학자들은 이러한 위험과 어려움에도 불구하고 여행을 계속했다. 플라톤, 아리스토텔레스, 제논, 에피쿠로스학파 등이 아테네에 철학학교를 세웠기 때문에 고대 철학자들이 한곳에 정착해 살았을 것으로 생각하기 쉽다. 하지만 실제로는 고대 그리스와 헬레니즘 시기의 지식인들은 보통 이 도시 저 도시를 옮겨다니며 살았다. 이런 현상은 아테네에서만 머무르지 않고 여러 도시를 옮겨다니며 부유한 가정에서 보수를 받고 그들의 자녀교육을 담당했던 소피스트들에게는 두드러진 현상이었다. 철학자들을 포함한 많은 지식인들이 향했던 곳은 올림피아였다. 올림피아는 그곳에서 열리는 경기와 축제를 이용해 기회를 얻을 수 있는 곳이었다. 평소보다

아테네학당의 중앙에 선 플라톤과 아리스토텔레스. 《티마이오스》를 들고 있는 플라톤은 손을 들어 하늘을 가리키고 《니코마코스 윤리학》을 든 아리스토텔레스는 땅을 향해 손을 펼친 모습이 대조적이다. 계단에 기대앉아 책을 보고 있는 이가 디오게네스이다.

많은 군중 앞에서 자신들의 지식과 웅변술을 뽐내기 위해 엠페도클레스와 고르기아스뿐만 아니라 플라톤과 디오게네스까지도 그곳에 가는 것이 관례였다. 플라톤은 군중이 많이 모인 자리에 갈 때면 자신에게 질문하는 사람에 대비해 답할 준비를 했다. 그러나 질문하는 사람은 적었다. 태어난 도시를 떠나 아테네 같은 거대한 도시로 이동해 거주하는 것은 철학자들에게 드문 일이 아니었다. 하지만 이주를 하고 나면 그들은 아낙사고라스가 고향인 크레소메나이를 떠나 아테네로 갔을 때 겪었던 것처럼, 그리고 마케도니아의 스타기로스 출신인 아리스토텔레스가 아테네로 갔을 때처럼 외지인들은 이주한 도시에서 정치적·시민적 권리를 누릴 수 없었다. 아리스티포스는 어느 곳을 가든 이방인이라는 느낌을 지울 수 없다고 말했다.

태어난 고향과는 다른 새로운 도시에서 주변인으로 살아가는 삶은 사회학자들이 '초월적인 역할'이라고 말하는 어떤 능력을 훈련할 수 있게 해준다. 즉 시민이 아닌 손님으로서 고정관념 없이 자유롭게 그 도시를 평가할 수 있다는 것이다. 이러한 사실은 그리스의 철학과 민주주의가 긴밀히 연결되어 있다는 다소 성급한 일반화를 경계하기 위해서 기억하고 강조할 필요가 있다. 사실 다른 지역에 정착하기 위해 자신의 고향을 떠나면 철학자들은 정치에 직접 참여하는 것을 아예 단념했다. 타지에서의 정치적 참여는 불가능했으며, 아테네에 거주하는 외국인들에게는 특히 더했다. 아리스토텔레스가 대표적인 경우다. 이러한 사실은 우리가 《정치학》 같은 작품을 읽을 때 잊지 말아야 하는 부분이다.

당연히 철학자들이 도시에서 위험한 행동을 해서 처벌을 받거나 쫓겨나는 경우도 있었다. 가령 아브데라에서 태어난 프로타고라스는 아테네에서 불경죄로 고발당했다. 그의 저서 《신들에 대하여》는 이렇게 단언하며 시작한다. "나는 신들이 존재하는지, 존재하지 않는지 확신할 수 없다. 논란의 여지가 있고 너무나 짧은 인간의 삶 등 많은 이유들 때문에 그것에 반대한다." 프로타고라스는 아테네에서의 추방을 피할 수 없었다. 심판관은 그의 저서들을 압류하여 광장에서 불태워버렸다. 이는 역사상 최초의 분서焚書 사건이었다. 훗날 아리스토텔레스 역시 똑같은 불경죄가 적용되어 도피 생활을 하게 되는데, 그 배경에는 그가 마케도니아 왕국과 지나치게 긴밀한 관계를 맺고 있던 것에 대한 반감이 작용했을 가능성이 높다. 소크라테스의 사형 선고 이후, 아테네는 철학에 대해 두 번 다시 이러한 선고를 내릴 필요가 없어졌다. 아리스토텔레스는 철학에 대한 자신의 신념을 표현하고 칼키스로 도피하여 죽을 때까지 머물렀다.

이처럼 아테네는 그곳에 거주하는 철학자들에게 호의적인 도시가 아니었다. 꼭 위대한 철학자가 아니더라도 그들은 목숨을 건지기 위해 아테네를 떠날 수밖에 없었다. 앞서 예를 든 소크라테스, 프로타고라스, 아리스토텔레스의 사례 이후, 아리스토텔레스학파에 속한 철학자인 팔레룸의 데메트리우스 역시 같은 운명을 겪었다. 그는 마케도니아의 후원으로 10여 년 동안 아테네를 통치했지만, 아테네가 민주주의로 회귀하면서 이집트의 알렉산드리아로 유배를 떠날 수밖에 없었다. 그러나 이집트로 향하는 긴 여행은 구원의 여행이 아니었다. 그에게 호의적이었던 프톨레마이오스 1세*와는 달리 그 아들은 데메트리우스를 감옥에 가두었고, 불운했던 그는 잠든 사이에 뱀에 물려 죽고 말았다.

---

* 알렉산드로스 대왕이 사망한 뒤 그의 부하인 프톨레마이오스 1세 소테르가 왕위에 오른다.

플라톤, 키니코스, 스토아학파
모두 아테네로

살펴본 것처럼 여행으로 항상 목숨을 구할 수 있었던 것은 아니지만, 개인적으로 위험한 상황에 직면한 철학자들의 유일한 탈출구는 여행이었다. 피타고라스는 도피여행이 행운이 된 경우다. 참주인 폴리크라테스로부터 도망치기 위해 고향인 사모스 섬을 떠난 그는 이탈리아 남부의 마냐 그레치아에 이르러 학교를 설립한다. 그런 면에서 소크라테스는 소피스트들뿐만 아니라 동시대인들 중에서도 예외적인 사례다. 그가 아테네를 벗어난 때는 시민의 자격으로 파병된 몇 번의 경우뿐이었다. 여행을 한 것은 소크라테스가 아니라 그의 명성에 이끌려 강연을 듣기 위해 아테네로 온 다른 사람들이었다. 파이돈과 안티스테네스처럼 가까운 도시에서 아테네로 소크라테스를 만나러 오는 사람들이 있는가 하면, 먼 키레네에서 찾아온 아리스티포스 같은 이도 있었다. 플라톤 역시《파르메니데스》나《소피스트》와 같은 저서에서 파르메디데스와 그의 제자 제논, 그리고 이름을 알 수 없는 외국인이 마냐 그레치아와 엘레아로부터 아테네로 오는 장면을 그리고 있다.

　　그들은 아테네에서 주로 소크라테스나 철학에 조예가 깊은 사람들을 만나 인간관계, 존재와 존재하지 않음, 진실과 거짓 같은 무거운 주제를 가지고 토론했다. 파르메니데스가 쓴 시의 서문을 보면 지인과 함께 여러 도시를 여행한 이야기가 등장한다. 전해오는 이야기에 의하면, 데모크리토스 역시 기원전 5세기 말경 아테네로 오지만 이름이 알려지기를 원하지는 않았다. 그래서인지 그는 소크라테스를 알고 있었지만, 소크라테스는 그를 알지 못했다. 그는 "아테네로 왔지만 아무도 나를 알아보지 못했다"고 말했다. 하지만 그는 '현자에게는 전 세계가 열려 있고, 전 우주는 선한 영혼의 고향'이라고 주장했다. 이것은 그가 세계시민주의적 태도를 가지고 있었음을 보여주는 증거이다.

기원전 4세기에 철학학교가 설립되면서 아테네는 학교를 다니고, 철학자가 되기 위한 사람들이 몰려드는 중심도시가 된다. 사람들은 에게 해의 섬이나 소아시아의 도시들에서뿐만 아니라 북부 아프리카에서 오기도 했고, 카르타고의 페니키아인들도 왔다. 카르타고 출신으로는 클레이토마코스라는 이름의 사람이 있었는데, 그의 본명은 하스드루발로 자국에서 그리스어가 아닌 모국어로 직접 철학을 가르쳤다. 아테네에서 철학을 공부했다는 것만으로 명성을 얻을 수 있었고, 이는 학생과 단순한 여행객들을 유혹하기에 충분했다. 그들 중에는 아테네에서 자신의 길을 찾고 철학자가 되는 경우도 있었다. '키니코스'라 불리는 시노페의 디오게네스가 대표적인 경우다. 그는 아테네에 와서 소크라테스의 제자 안티스테네스를 우연히 만난다. 안티스테네스는 처음에는 거부했으나 결국에는 그를 받아들인다. 또 다른 제논의 경우도——앞서 언급한 엘레아의 제논이 아닌 키티온의 제논을 말한다——크게 다르지 않다. 염료를 가득 실은 그의 배가 피레아스 근처에서 난파되어 아테네에 잠시 머물게 된다.

디오게네스는 욕심 없이 지금 이 순간에 만족하며 사는 삶을 추구했다. 평생 한 벌의 옷만 입고 항아리에서 살았다고 전해진다.

우연히 그곳 서점에서 제논은 크세노폰의 《소크라테스의 회상》 2권을 읽는 소리를 듣고 소크라테스 같은 철학자를 알고 싶다는 강한 욕망에 사로잡힌다. 서점 주인이 마침 길을 건너는 사람을 가리켰는데, 그 사람이 바로 키니코스학파의 크라테스였다. 제논은 그의 제자가 되어 훗날 스토아학파를 창시한다.

철학자들의 여행의 중심지가 된 아테네는 지중해에서 로마의 지배가 공고화될 때까지 수 세기 동안 전성기를 구가한다. 그동안 이집트에서는 알렉산드리아가 번성한다. 그러다가 2, 3세기에 접어들면서 로마가 철학 교육의 중심지로 떠오른다. 2세기에는 페르가몬에서 의사 갈레노스가 로마로 이주했다. 3세기에는 플로티노스가 이집트에서, 그의 제자 포르피리오스도 티로스 섬에서 로마로 이주했다. 여행은 점점 쉬워지고 빈번해져 풍성한 문화 교류의 기회를 열었다. 서기 1세기에 노예 출신의 스토아학파 철학자 에픽테토스는 이렇게 말했다. "보시오. 카이사르는 전쟁도 없고 싸움도 없으며, 도둑이나 해적도 없는 평화의 시기를 우리에게 선사했습니다. 걸어가든 배를 타든 동양에서 서양까지 언제든지 갈 수 있습니다."

2세기경에는 우울증에 걸린 사람도, 아일리우스 아리스티데스처럼 가상의 병에 걸린 사람도, 병을 고쳐줄 신을 영접하러 사원에 가는, 힘든 여행을 할 필요가 없어졌다. 하지만 세네카의 경고는 이와 달랐다. 그는 이렇게 말했다. "바다를 건너면 하늘마저 변하지만 영혼은 변하지 않는다Coelum, non animum mutant qui trans mare currunt."

알렉산드로스의 자취를 따라, 인도를 향해 가다

로마제국은 먼 곳으로 여행을 떠나려면 피할 수 없었던 바닷길을 보다 안전하게 만들어주었을 뿐만 아니라, 육지로 장거리 여행이 가능할 만큼 광대한 도로망을 구축하고 있었다. 이 도로망은 고대 그리스 시대에는 상상할 수 없었던 여행을 가능하게 만들어주었다. 그러

아프리카와 중동, 인도에 이르는 원정을 통해 대제국을 건설한 알렉산드로스 대왕.

나 오리엔트 지역에서 알렉산드로스 대왕의 원정은 견주기 어려울 만큼 긴 거리로 남아 있다. 기원전 4세기, 정확히는 기원전 327년부터 324년까지 마케도니아에서 아프리카, 중동을 지나 인도까지 이어지는 원정길이었다. 원정에는 아리스토텔레스의 조카인 칼리스테네스 외에도 디오게네스의 제자인 오네시크리투스, 확실치는 않지만 엘리스 출신의 피론까지 철학자 여럿이 긴 여정을 함께했다.

묵상을 통해 수행하고 신체를 완벽히 통제했던 소위 '나체수행자'로 불리던 인도인 고행주의 수도사들과 피론의 만남은 원정에서 가장 유명한 에피소드이다. 고행주의 수도사들의 행동을 관찰하고 난 피론은 모든 것에 초연하고 매사에 냉정함을 유지하여 판단을 유보하는 것이 현자가 따라야 할 목표라는 생각을 확고히 했다. 디오게네스 라에르티오스의 저서를 보면 이렇게 쓰여 있다. "그의 삶은 교리와 일치했다. 모든 것을 흘러가는 대로 두었으며, 어떠한 예방책도 취하지 않았다. 그러나 그는 마차든 절벽이든 개들의 공격이든 어떠한 위험에 맞닥뜨려도 침착했다."

알렉산드로스의 오리엔트 원정대는 도로를 따라갔는데, 이 길은 피타고라스와 원자론의 대가 데모크리토스처럼 많은 사람들이 이미 이용했던 길이다. 그들은 솔론과 플라톤처럼 이집트뿐 아니라, 페르시아 지역의 마기와 칼데아인들이 살았다는 메소포타미아까지 오리엔트 지역 전체를 여행했다. 500여 년 후 이 이야기를 쓴 이포리토라는 작가에 의하면, 피타고라스는 이 여행에서 차라투스트라를 만나 선과 악의 원칙에 관한 교리를 들었다고 한다.

새롭거나 혹은 오래된 교리에 대한 호기심과 진취성, 더 나아가 그것을 널리 알리고 교화하려는 것이 피타고라스 사상의 특징임은 어느 정도 확실하다. 이러한 특징은 방랑의 삶을 통해 드러났지만, 오랜 기간 수많은 제자들에 의해서도 알려졌다. 피타고라스학파의 철학자이며 채식주의자인 티야나의 아폴로니오스*의 이야기는 2세기에서 3세기에 걸쳐 살았던 플라비우스 필로스트라토스의 글에서 발견되었으며, 피타고라스의 방랑기로부터 거의 500년이 지나 일어난 일임에도 사실로 확인되고 있다. 아폴로니오스의 삶은 이탈리아 내에서도 그랬지만 끊임없는 여행의 연속이었다. 그는 넘치는 신의 가호 속에서 매번 잔잔한 바다에서 순풍을 맞으며 여행했는데, 스킬라와 카리브디스 사이**를 항해할 때조차 큰 문제를 겪지 않았다고 한다. 마법의 힘이 아폴로니오스를 둘러싸고 있어서 그는 숨겨진 마법의 능력자로 기록되기도 한다. 오리엔트를 여행할 때에는 바빌

---

* Apollonius of Tyana, 1세기경 활동한 그리스 신피타고라스주의 철학자.
** 그리스신화에서 좁은 바다(시칠리아와 이탈리아 사이에 있는 메시나 해협으로 추정한다) 밑에 스킬라와 카리브디스라는 괴물이 살고 있어서 다가오는 배를 양쪽에서 공격한다고 전해진다.

론의 마기와 인도의 브라만들, 에티오피아의 '나체수행자들'이 함께
했다는 기록도 있다. 아폴로니오스가 그들을 향해 요술을 부렸다고
보는 사람도 있었다. 하지만 그의 일대기를 살펴보면 피타고라스와
데모크리토스, 플라톤, 엠페도클레스의 사례를 들면서 오리엔트 여
행이 자신에게 그리스 세계의 지혜와 고대의 지혜를 비교, 습득하는
방법을 알려주었음을 이야기하고 있다.

지칠 줄 모르는 아폴로니오스의 첫 번째 여행지는 메소포타미
아의 바빌론과 수사였다. 아폴로니오스는 야만인*의 언어를 잘 아는
니네베 출신의 다미스라는 사람과 함께 다녔는데, 그는 오래된 도시
에서 점성술사(동방박사)와의 만남을 마치 보물을 발견한 것처럼 소
중하게 여겼다. 그럼에도 그 만남은 그리스인이 야만인들보다 우월
하다는 아폴로니오스의 신념에 힘을 실어주었다. 바빌론의 점성술
사와 무엇을 할 수 있는지를 묻는 다미스에게 아폴로니오스는 피타
고라스의 가르침이 옳았음을 강조하면서 이를 통해 신들을 숭배하
는 것에 대해 깨달았다고 대답했다. 자고로 철학자인 현자에게는 여
행하는 모든 장소가 다 그리스와 다름없으며, 황무지나 미개한 장소
로 여길 곳은 어디에도 없다고 대답했다.

오리엔트 중심부까지 여행했던 아폴로니오스의 진정한 목표는
인도였다. 마침내 도착한 그곳에서 철학자의 인상을 풍기는 프라오

---

* barbarian. 고대 그리스인들이 다른 언어와 문화를 가진 외국인들을 일컬어 부르던 말이다.

르테 왕을 만난다. 니네베 출신인 다미스의 통역으로 아폴로니오스가 말했다. "왕이시여, 철학자다운 면모를 갖추신 당신께 인사를 올립니다." 왕은 아폴로니오스의 말에 무척 기뻐하며, 평화를 사랑하는 사람으로서 삶의 방식과 권력을 행사하는 방법에 관해 설명했다. 그리고 통역에게 아폴로니오스만 남겨두고 물러갈 것을 명했다. 그때서야 왕은 아폴로니오스에게 만찬에 참석해줄 것을 그리스어로 정중하게 요청했다. 아폴로니오스는 왕이 처음부터 그리스어로 말하지 않은 사실에 당황했다. 왕은 델포이 신전에 새겨져 있는 '너 자신을 알라'라는 문구처럼, 자기 자신이 오만하고 사실은 인간에 대해서도 정확히 모르는 사람으로 비칠까 봐 두려웠다고 대답했다. 아폴로니오스는 왕에게 인도인들 중에서는 스승을 구하기도 힘들었을 텐데 어디에서 그리스어를 배웠는지 물었다. 왕은 자신이 어떻게 그리스어를 유창하게 구사하는지에 대해서 곧바로 대답하지 않고, 다음과 같이 말했다. 우리의 조상들이 이곳에 이주해왔을 때 원주민들은 조상들에게 약탈자인지, 철학자인지를 질문했다. 이 질문은 당시까지 그곳에 도착한 그리스인들에게 약탈 행위가 얼마나 광범위하게 퍼져 있었는지를 고려하면 당연한 것이었다. 또 철학에 대한 그리스인들의 높은 관심을 생각해도 당연한 것이었다.

왕은 그리스인들이 자신을 방문한 손님들에게 철학자인지를 물어보지 않는다는 것을 잘 알고 있었다. 인간의 천성 중 하나이지만 신의 경지와 가장 비슷한 철학하는 행위는 누구나 갖출 수 있는 것이 아니기 때문이다. 그리스 철학자들이 즐겨하는 묵상이 한편으로는 인도인들의 신중함과 비슷하게 느껴질 수도 있다. 사실 철학적 경험은 수많은 시련을 극복한 사람에게만 허용되기 때문이다. 프라오르테의 아버지는 그리스 문화 속에서 아들을 교육시키고자 했고, 어린 나이에 현자들에게 보내진 프라오르테는 그들의 자식처럼 키워졌다. 이 현자들은 함께 공부한 제자들 가운데 그리스어를 할 줄 아는 사람을 항상 편애했다. 이렇게 해서 아폴로니오스는 해적이 아니라 철학자 앞에서 통역도 없이 그리스어로 대화할 수 있는 행운을 누렸다. 왕은 진심으로 기뻐하며 아폴로니오스에게 어느 누구에게도 허락하지 않는, 자신만의 시간인 에우리피데스의 《헤라클레스의 아이들》을 읽을 때에도 자유롭게 만나러 와도 좋다고 덧붙였다.

오리엔트 그리고 동방의 빛

아폴로니오스는 기회를 놓칠세라 프라오르테 왕에게 몇 세기 전에 있었던 인도의 현인들과 알렉산드로스의 만남에 관해 물었다. 왕은 알렉산드로스가 만난 사람들은 진정한 현인들이 아니었다고 단언했다. 진정한 현인들은 이파시와 갠지스 강 사이에 살고 있는데, 이 지방은 알렉산드로스가 제대로 가보지 않은 곳이었다. 왕은 그곳 현인들 중 가장 나이가 많은 이아르카라는 사람에게 아폴로니오스를 환대해줄 것을 부탁하는 편지를 써주겠노라 약속했다. 왕은 이아르카에게 보내는 편지에 아폴로니오스를 아주 박식한 사람이라고 소개했지만, 사실 그는 이아르카나 아폴로니오스나 똑같이 지식을 더 쌓기를 열망하는 사람들이라고 생각했다. 그래서 아폴로니오스가 새로운 지식이 풍부한 조국으로 돌아가는 편이 나을지도 모른다고 생각했다.

아폴로니오스는 알렉산드로스가 머물렀던 마을의 경계선들을 넘어 걸음을 재촉했다. 니네베 출신의 통역관 다미스도 여전히 함께였지만, 이 여행에서는 그의 책무가 좀 줄어들었다. 아폴로니오스와 다미스가 그리스어를 할 줄 아는 인도 젊은이를 만났기 때문이다. 사실 두 사람이 머물렀던 마을의 주민들 모두가 그리스어를 할 줄 알았기 때문에 이상한 일은 아니었다. 뿐만 아니라 마을 여기저기에 고대 그리스신화 속 신들에게 바치는 조각상이 아주 많았다. 아폴로니오스가 왕으로부터 가지고 온 편지의 수신자인 이아르카 역시 그리스어를 할 줄 알았기 때문에 어려움 없이 대화할 수 있었다.

이아르카는 그 구역에 사는 브라만 현인들 가운데서도 가장 연장자였다. 그들은 모두 긴 머리에 하얀 옷과 터번을 두르고 맨발로 다니며 언덕 위에서 살고 있었다. 그들은 가난하게 생활하며 땅바닥에서 잠을 자고 공중부양의 능력을 가지고 있었다. 아폴로니오스는 조국으로 돌아와 이렇게 기록했다. "브라만 사람들은 땅 위에서 살지만 땅 위에 있지 않았다." 이아르카는 아폴로니오스의 수많은 질문에 대답한 뒤, 이번에는 인도의 현인들에 대한 아폴로니오스의 의견을 물었다. 아폴로니오스는 "당신들을 만나기 위해 나는 누구도 따라올 수 없을 만큼 긴 여행을 했습니다"라고 대답했다. 이 말은 브라만들이 물려받은 고대 지식에 대한 최고의 찬사였다. 아폴로니오스는 브라만들의 지식이 최고이며 신의 지식을 능가할 것이라고 말했다. 그리고 이렇게 덧붙였다. "제가 이미 알고 있는 지식 이상의 것을 당신들에게서 얻지 못한다고 해도, 적어도 더 이상 배울 것이 없다는 사실은 깨닫게 될 것입니다." 그때서야 이아르카는 궁금한 것을 마음 놓고 질문하도록 허락했다. 아폴로니오스가 이미 모든 것을 통달하면서 이곳에 왔다고 여겼기 때문이다. 즉 우주가 살아 있는 존재이고 네 개의 원소와 다섯 번째 요소인 천체aether로 이루어져 있으며, 또 신은 무수하게 많으며, 예측은 많은 경험이 요구되지만 가능한 일이라는 것 등을 그가 이미 알고 있다고 생각했다. 아폴로니오스는 주저하지 않고 가장 궁금했던 질문을 던졌다. 델포이의 아폴로 신전에 새겨져 있는 질문이었다. "당신들은 자신이 누구인지 아십니까?"

그리스인들과 마찬가지로 이아르카도, 그리고 모든 브라만들도 자기 자신을 안다는 것은 아주 어려운 문제라고 생각했다. 하지만 이아르카의 대답은 역시 놀라웠다. "우리는 모든 것을 안다네. 먼저 우리 자신을 알기 때문이지. 만일 자기 자신을 모른다면 우리 중 누구도 철학을 알지 못했을 것이네." 그러자 아폴로니오스에게서는 당연한 질문이 이어졌다. 그렇다면 당신은 누구십니까? 이아르카는 망설임 없이 대답했다. "우리는 신이네. 우리는 선한 인간들이기 때문일세."

아폴로니오스는 이아르카에게 깊은 신뢰를 느꼈다. 피타고라스의 가르침으로부터 배운 영혼의 전이설轉移說을 그 역시도 믿고 있음이 입증되었다고 생각했다. 이아르카는 그곳의 왕도 만날 수 있게 해달라는 아폴로니오스의 요청을 받아들이고 기꺼이 통역을 맡아주었다. 그곳에서 만난 왕의 첫인상은 불쾌하기 짝이 없었다. 단지 그가 그리스인이라는 이유로 경멸하는 태도를 보였다. 그러나 아폴로니오스의 이야기를 들으면서 자신의 왕국에 왔던 이집트 사람들이 그리스인에 대해 퍼뜨린 말들은 단순히 비방하기 위한 것이었음을 깨닫는다. 이집트인들은 스스로 현명한 성인이고 모두 고대 철학자들의 가르침을 이어받아 실행하며 성스럽게 살아가는 척 말하면서, 그리스인에 대해서는 오만할 뿐만 아니라 떠벌리기만 하는 사람들로 묘사했다. 아폴로니오스는 이집트인들의 오만함과 인도 현인들의 깊고 순수한 성격을 비교하지 않을 수 없었다. 그는 고향으로 돌아간 뒤에 훌륭한 철학자인 브라만들과 이아르카에게 감사와 안부의 편지를 보냈다.

아폴로니오스는 알렉산드로스가 전투에 가담했던 도시들을 다녀온 뒤에도 계속해서 풍부한 철학적 경험을 위한 여행을 멈추지 않았다. 소아시아와 아테네에서는 여러 학교의 학생들을 만났다. 로마에 이르러서는 철학자들에 대한 네로 황제의 적대감을 확인했다. 네로 황제는 공공장소에서 철학자들이 활동하는 것을 금지하고, 무소니오 루포를 감옥에 가두었다. 아폴로니오스는 로마에서 멈추지 않고 서유럽의 끝까지 여행하여 스페인 남서부의 카디스에 이르렀을 때에는 그리스에서 살던 때보다 훨씬 더 신을 잘 알게 되었다고 느꼈다. 그리고 아폴로니오스는 다시 리비아를 지나 시라쿠사로 갔다. 시라쿠사에서는 머리가 세 개 달린 괴물 같은 존재가 태어날 것이라는 놀라운 이야기를 듣게 되는데, 이는 곧 일어나게 될 일의 예언이었다. 로마제국에서 곧 갈바, 오토 그리고 비텔리우스로 황제가 바뀔 것이라는 예언이었다. 그는 시라쿠사를 출발하여 에트나 화산을 보기 위해 카타니아에 이른다. 그리고 다시 그리스로 가서 겨울을 보낸 뒤 배를 타고 히오스 섬과 로도스 섬을 거쳐 이집트의 알렉산드리아로 간다. 그곳에서 여러 사제들을 만나 대화를 나누고, 베스파시아누스* 황제를 만나 제국을 정복할 계획에 관해 듣는다. 불안해진 아폴로니오스는 알렉산드리아에 머물지 않고 이집트의 다른 도시를 여행한 뒤, 인도와 이집트의 철학을 비교하고 연구하기 위해 에티오피아로 가서 '나체수행자들'을 만난다.

나체수행자들은 나일 강에서 그리 멀지 않은 조금 높은 언덕 위에서 "아테네의 뜨거운 태양을 가져온 사람들처럼" 나체로 살고 있었다. 그들 중 철학자의 인상을 풍기는 가장 나이가 많은 노인이 아폴로니오스를 보며 선과 악의 갈림길에 선 헤라클레스의 선택에 대해 이야기해준다. 그러나 아폴로니오스는 "내가 이곳에 온 이유는 당신께 내 인생의 조언을 듣기 위함이 아닙니다. 나는 이미 오래전

---

* 서기 69년 로마제국에는 갈바, 오토, 비텔리우스 세 황제가 차례로 즉위했다가 죽는다. 그 뒤를 이어 베스파시아누스가 아홉 번째 황제로 즉위한다.

에 최상의 길을 선택했습니다"라며 헤라클레스의 선택은 자신과 무관하다고 말했다. 그는 피타고라스의 이론에 대해 이야기하며 그 이론은 '자신이 어떻게 살았는지뿐 아니라 과거에 누구였는지도 알게 되는 것'이라고 했다. 바로 윤회인데, 교리에 의하면 영혼은 계속해서 소멸했다가 다시 태어난다는 것이다. 그래서 그는 교리에 따라 고기를 먹지 않고 채식주의자가 되었다고 했다. 피타고라스는 모든 것을 극복하고 이겨낸 사람이며, 플라톤이 늘 아테네 사람들의 반감을 샀던 교리를 숭배했던 것처럼 아폴로니오스 자신도 피타고라스의 교리를 언제나 따라왔고 한 번도 배신한 적이 없다고 자신했다. 그러나 인도에서의 경험을 통해 그는 더 많은 것들을 명확하게 알게 되었고 앎의 경지에 이르렀다고 생각했다.

어린 시절 그는 이집트인들을 영혼을 감싸고 있는, 깊고 오래된 가르침을 이어받은 사람들로 보았다고 말한다. 하지만 그러한 지식이 인도의 현자들과 함께 살았던 조상들로부터 물려받은 것이며, 인도인들의 양자나 다름없었던 이집트인들로부터 받은 것이 아니라는 사실을 깨닫게 해준 것은 몇 세기 전에 그곳에 살았던 자신의 스승인 피타고라스의 가르침 덕분이었다. 아폴로니오스가 인도로 여행을 가기로 마음먹은 것은 피타고라스의 가르침을 따르기 위해서였다. 더 좋은 기후 속에 살면서 많은 지식을 얻고 신에게 더 가까이 다가가기 위해서였다. 피타고라스는 이집트에 살면서 교리를 완성했다. 원래 인도인이었던 고대 이집트인들이 여전히 인도의 이론을 따르던 때였다. 다만 후세의 이집트 학자들은 인도의 학문과 비교해가며 비방을 일삼았다. 아폴로니오스는 여행을 계속하며 피타고라스와 인도의 교리를 조화롭게 접목하여 동양과 서양을 연결하는 단일한 지식을 전파했고, 그 과정에서 그리스어는 철학과 사상을 대표하는 언어가 되었다.

아프리카 시골 청년, 기독교 성인이 되다

아우구스티누스

마리아 베테티니

카사고 브리안차
메디올라눔

로마
오스티아 티베리나

히포
카르타고
타가스테
마다우로스

아우구스티누스의 아프리카
쾌락의 거대한 소용돌이

사자시장. 이곳은 교부이며 서양 사상의 아버지 중 한 사람인 아우구스티누스Augustine of Hippo, 354~430가 태어난 알제리의 도시 이름이다. 아우구스티누스는 훗날 '히포의 아우구스티누스'라 불리는데, 이곳에서 주교로서 생을 마감했기 때문이다. 또한 후대에는 '아우렐리우스(황금 같은 사람)'라고도 불렸다.

　원래 그는 지금은 '수크 아라스'라고 불리는 타가스테에서 태어났는데, 수크 아라스는 아랍어로 '사자(아라스)'의 '시장(수크)'이라는 의미다. 근처 숲에서 사자가 자주 출몰했던 3세기 초까지만 해도 이곳은 로마제국 원형경기장에서 사용될 사자의 주요 공급원이었다. 아프리카 집정관이 다스리는 누미디아의 자치구에서 태어났기 때문에 오늘날 아우구스티누스의 자취는 몇몇 교회의 기초석에 비문으로만 남아 있을 뿐이다. 순례자들을 유혹하는 오래된 올리브 나무 그늘 아래서 묵상하기를 좋아했다는 전설 때문에 '올리브의 성인'이라는 별명이 붙었지만, 15만 명의 이곳 주민들 중 그의 삶과 업적을 알고 있는 이는 극소수에 불과하다. 이 사자시장은 아우구스티누스의 아버지인 파트리키우스에게 시청 공무원이라는 안정적인 일자리를 보장해준 곳이었다. 아우구스티누스는 파트리키우스와 베르베르인* 여성 모니카 사이에서 태어난 네 명의 아들 중 하나였다. 사자시장은 살기 좋은 도시였다. 해발 약 700미터 높이에 위치한 이 도시는 숲이 우거져 있었고 겨울에는 많은 눈이 내리는 높은 산으로 둘러싸여 있었다. 바다에서 멀리 떨어져 있으며 교육 수준이 낮고 가난하다는 점은 아쉬운 부분이지만, 지구온난화 이전의 타가스테는 1년 내내 봄처럼 온화한 기후였던 게 분명하다. 매우 명석했던 소년 아우구스티누스의 여행은 이른 나이에 시작된다. 그는 열 살이 넘자마자 타가스테를 떠나 마다우라(오늘날의 마다우로스)로 간다. 그곳에서 집으로 돌아와 지역 유지 로마니아누스의 경제적 지원을 기다리며 1년을 보낸다. 그리고 카르타고로 가서 스무 살이 되기 전에 공부를 마친다.

아우구스티누스는 마흔 살이 넘었을 무렵 쓴 《고백록》에서 카르타고에 대해 이렇게 썼다. "카르타고에 도착하자 어디든 내 주위에는 경건치 못한 사랑들이 심연에서 울부짖는 소리가 들렸습니다." 그곳에서 "나는 불결한 욕정으로 우정의 샘을 더럽혔습니다. 욕정의

---

* 북아프리카의 토착 민족으로 대부분 모로코와 알제리에 산다.

신인 타르타로스와 함께 희미한 빛마저 어둡게 만들었습니다". 이 책에는 사랑에 빠지고 싶어 하는 소년의 이야기가 나온다. 소년은 사랑이라는 그물망에 자신의 몸을 던져 그곳에 걸려들기를 갈망한다. 그리고 맹수와 검투사들이 싸우는 서커스를 보며 눈물 속에서도 행복을 느끼는 고통의 희열을 찾는다. 그는 "어두운 쾌락의 거대한 소용돌이 속에서 펄펄 끓는 송진의 강"에서 죄인의 모습으로 성장기를 보내고 난 뒤에야 마침내 빛을 보게 된다. 아우구스티누스가 《고백록》에 쓴 내용을 가감 없이 읽으면, 그가 처한 현실을 더욱 명확히 알 수 있다.

그는 지방 소부르주아 집안에서 태어나 남아선호 사상을 가진 아버지 밑에서 자랐다. 성인이 되어서야 세례를 받는데, 이는 그가 의도했던 바가 아니었다. 20세가 되었을 때 그는 마니교도가 되었다. 어머니는 자신의 아들, 아우구스티누스가 18세의 어린 나이에 결혼도 하지 않은 상태에서 가문도 보잘것없는 어린 소녀로부터 아들을 얻었다는 사실에 실망했지만 그보다 기독교로부터 멀어지고 있음에 낙담했다.

아우구스티누스는 농부의 아이들부터 돈 많은 귀족의 자제들까지 두루 어울리며 자랐다. 어린 아우구스티누스의 눈에 비친 귀족 자제들은 공부도 하지 않고 정원과 수영장이 딸린 집에 만족하며 살았다. 그들은 눈에 띄는 화려한 옷을 입고, 막강한 권력을 가진 로마 제국의 신흥 부호들이 신던 선명한 색의 양말을 모으는 데 골몰했다. 또한 오늘날 튀니스* 근처의 카르타고라는 거대 도시의 안락한 삶에 매료되어 있었다.

　그러나 오늘날의 카르타고는 폐허가 되어 잔해만 남아 있다. 기원전 146년, 제3차 포에니전쟁이 끝난 후 카르타고는 토양이 파헤쳐지고 소금이 살포되었다. 이후 율리우스 카이사르가 이곳을 식민지로 만들기 위해 퇴역 군인들을 보내면서 조금씩 재건되었으나, 반달족과 비잔틴 제국의 사람들이 떠나고 이슬람에 정복될 때까지 카르타고는 거의 천 년이 넘도록 '버려진 도시'가 되었다.

아이네아스의
땅을 향해

아우구스티누스는 서른이 되기 직전, 배를 타고 카르타고를 떠나 로마로 향했다. 이후 로마에서 반도 위쪽으로 거슬러 올라가 서로마제국의 중심지인 밀라노에 도착했다. 그리고 다시 브리안차의 카시치아쿰(지금의 카사고 브리안차)에 들러 몇 개월을 머문 뒤 로마를 거쳐 다시 아프리카로 돌아온다. 그의 여행을 추적하려면 현재까지도 전해지는 그에 대한 기록의 출처가 어디인지를 알아둘 필요가 있다. 사실 그것은 단순하면서도 놀랍게도 아우구스티누스 자신의 기록물

---

* 튀니지의 수도.

들에서 비롯되었다. 그는 저서《편지들》과《대화》, 특히《고백록》에서 자기 자신에 관해 이야기한다. 친한 동료인 포시디우스는《아우구스티누스의 생애》에서 그에 대해 조금 덧붙였을 뿐, 핵심적인 내용은 자서전과 다를 바 없는 그의 저술들 속에 담겨 있다.

그의 여정은 아우구스티누스의 수준 높은 문학 작품은 물론, 그의 사상적 배경을 이해하는 데 유용하다. 성경의 빈약한 미적 가치 때문에 기독교 교회와 맹렬히 투쟁하던 아우구스티누스는 386년 밀라노대성당에 속한 산타테클라교회에서 암브로시우스로부터 세례를 받았다. 이러한 영향 때문에 그는 모젤 강변에서 귀족으로 태어난 암브로시우스가 그리스어 교재로 쓴 성경을 문자 그대로가 아닌 사물에 빗대어 해석함으로써 빛나게 만들었다. 아우구스티누스는 아주 총명했지만 그리스어는 좋아하지 않았다. 이 사례는《고백록》5권에 언급되어 있다.

383년 여름, 이제는 성인이 다 된 한 아이의 아버지이자 훌륭한 수사학자가 된 아우구스티누스는 10여 년 전 영접한 마니교의 비과학성에 실망해 로마로 떠나기로 결심한다. 사후의 해석이지만 공식적인 핑계는 교양 없는 아프리카 학생들을 더는 참을 수 없다는 것이었다. 어쨌든 그는 대륙에서 어떻게 돈벌이를 하고 출세하겠다는 따위의 생각도 없이 로마로 향했다. 그는 동거녀와 아들뿐만 아니라 어머니에게도(아버지는 얼마 전 사망했다) 알리지 않았지만 어머니는 뭔가를 직감하고 항구까지 그를 쫓아왔다. 아우구스티누스는 어머니에게 거짓말을 했다. "어머니는 바다까지 나를 쫓아와 여행을 단

젊은 아우구스티누스와 그의 어머니, 성 모니카

넘시키거나 나를 따라가려는 희망을 품고 격렬히 껴안았습니다. 나는 출항하기 위해 바람을 기다리고 있는 친구를 홀로 둘 수 없다는 말로 어머니를 속였습니다." 하지만 어머니는 "좀처럼 나를 두고 돌아가려고 하지 않아서 배를 정박해둔 곳에서 가까운 키프리아누스의 교회당에서 밤을 꼬박 새우며 설득해야 했습니다". 결국 젊은 수사학자는 길을 떠났고, 로마에 잠시 머문 후 다시 밀라노로 가서 플라톤주의 책들을 접하게 된다. 처음엔 거부했으나 기독교인의 길로 그를 인도하는 암브로시우스의 가르침을 받아들인다.

그런데 이 장면은 다른 어떤 이야기와 매우 닮아 있다. 카르타고로 출발 장소도 같고, 아들을 둔 아버지라는 역할과 나이, 등장하는 주변인물도 이들 두 사람과 비슷하다. 소재도 그리 다르지 않다. 실망스러운 사랑, 배신, 전 인류를 구원하기 위한 위대한 여정 같은 것들이 그렇다. 아우구스티누스와 똑같이 아이네아스 역시 디도 여왕을 속이고 카르타고를 떠났다. 이 대목은 어린 시절 아우구스티누스가 문학과 문법 선생님들에게 매를 맞아 눈물을 흘리면서도 감동했던 이야기이다. 400여 년이라는 시간은 《아이네이스》를 쓴 베르길리우스에 비해 뛰어난 글솜씨는 아니더라도 적어도 아우구스티누스의 영혼을 더욱 정제시켰다. 《아이네이스》 4권에서 우리는 배신을 간파하고 "누가 사랑하는 여인을 속이는가?" 하고 소리치는 디도를 만날 수 있다. 디도는 "이성을 잃고 헛소리를 하며 분노에 찬 마녀처럼 온 도시를 뛰어다닌다". 디도는 제일 먼저 정략결혼이 발표되자 다음과 같이 항변하는 아이네아스를 만난다. "그건 내가 원치 않는 일이었소. 당신한테서 도망치려 한다니 말도 안 되는 소리요. 그런 일은 생각해본 적도 없소." 신탁에 따라 이탈리아로 가야만 하는 아이네아스에게 디도는 "떠나버려요"라며 소리친다. 그녀는 아이네아스가 떠나는 시기를 늦춰보려고 애쓰지만 아무리 눈물을 흘려도 그를 되돌리지는 못한다. 그리고 훗날 로마제국을 건국하게 될 아이네아스는 출발을 결심하고 배에 올라 떠날 준비가 되었다며 꿈에 부푼다. 여왕은 격노하여 연인의 칼 위로 몸을 던지지만 저 멀리서 아이네아스는 신의 전령 메르쿠리우스의 유명한 노래 〈자, 이제 그만 꾸물거려라Heia age, rumpe moras〉라는 독촉을 받으며 출발을 서두른다.

　물론 아우구스티누스가 자신을 표현하는 글들은 훨씬 점잖지만 감정을 속이지는 못했다. 게다가 아우구스티누스는 베르길리우스가 썼던, 신들의 독촉에 못 이겨 자신을 열렬히 사랑한 여인을 떠나는 아이네아스에 대한 디도의 지울 수 없는 고통과 후회의 절규를 자신의 글에 덧붙이고 있다. 아우구스티누스 자신의 이야기는 수사학적으로 빼어나게 구성했다고 생각할 정도로 아이네아스의 이야기와 많이 닮아 있다. 이는 훗날 히포레기우스, 또는 히포(알제리의 도시로 오늘날에는 '안나바'라 불린다)라 불리는 도시의 교부가 되는 그의 자전적 기록인《고백록》의 모든 부분에서 발견된다.

아우구스티누스는 노련한 문필가였으나《고백록》에는 눈에 띄게 불균형적인 몇 가지 장면이 있다. 그는 아버지의 죽음에 관해서는 단 두 줄만 썼다. 그러나 과일을 훔치는 소년들의 도둑질이나 서커스에 빠진 친구 알리피우스의 이야기에는 몇 페이지나 할애했다. 대체로 모범적이었지만 항상 그렇지만은 않았던 어머니의 삶에 대해서도 비교적 자세히 서술했다. 이는 수사학을 배우는 학생들이 키케로(많은 작품에서 툴리우스라는 이름을 쓴다)의 작품을 읽으며 그것을 본보기로 설득하는 법을 배우는 경우와 비슷하다.

아우구스티누스는 기독교적 삶의 선善과 진실에 대해 독자들의 공감을 이끌어내겠다는 목표를 두고 글을 쓰면서 신화와 역사를 언급하는 대신 단순히 자신이 살아온 삶을 이용하기로 한 것이다. 특히《고백록》은 두 주인공(아우구스티누스와 성경을 통해 이야기하는 하느님)을 중심으로 그들을 둘러싼 몇 개의 배경이 번갈아 등장하는 무대의 대본과 무척 흡사하다. 어쨌든 아우구스티누스의 여행에 관해서는 이야기의 필요에 따라 기록되어 있고, 등장하는 장소 역시 이야기의 배경에 필요한 경우에만 묘사된다. 이렇게 해서 마치 크레셴도*를 보는 것처럼 장면들이 하나하나 등장한다. 악의 장소인 마아우로와 카르타고의 극장들, 모든 유형의 만남이 이루어지기 때문에 모호하기만 한 도시의 도로와 광장들, 또 사적인 집들(여기에서 '사적인'이라는 형용사는 모르는 사람들도 별문제 없이 집주인의 방으로 들어갈 수 있었던 로마시대의 분위기 속에서 이해해야 한다. 《고백록》에서 아우구스티누스는 다른 사람들과 함께, 방에서 홀로 연구에 골몰하는 암브로시우스를 몰래 관찰하고 그를 방해하지 않으려 조심했다), 악(배를 훔침)이 이루어지는 공포의 장소이기도 하며 신의 경이로운 빛(밀라노에서 개종을 결심하는 계기가 되는)을 보게 되는 중요한 장소인 정원, 선과 악을 행하는 존재들을 위한 절대적 장소인 도시, 마지막으로 카르타고 해변에서 모니카를 위로한 은신처이며 근원적인 장소로 인식되는 교회에 관한 이야기가 나온다. 암브로시우스가 교회당을 빼앗기지 않으려고 밀라노 기독교인들과 함께 안에서 문을 걸어 잠근 것처럼, 유스티나 황후의 보호 아래 있던 아리우스파에게 교회는 유일한 은신처였다.

아우구스티누스는 《고백록》에서 이 모든 것들을 이야기한다. 아니 더 정확히는 우리를 무대 속으로 끌어들인다. 그는 자신의 작품이 마치 연극의 대본처럼 큰소리로 읽힐 것이라는 사실을 알고 있었다. 그렇다면 실제 여행은 어땠을까? 그가 눈물짓는 어머니를 남겨두고 모험을 위해 "그리고 나는 로마로 떠났다*Et ego Romam*"라는 표현으로 집약되는 바닷길 여행이 어땠는지 가까이에서 지켜본다면 무척 흥미로울 것이다.

---

* 점점 강도가 세짐.

카르타고에서 로마까지
아우구스티누스의 바닷길

지중해는 아우구스티누스가 살던 시기로부터 이미 6세기 전부터 군사적, 혹은 통상적 목적으로 로마 선박들의 왕래가 빈번했다. 배의 형태는 그리스와 페니키아의 배에서 유래했지만 돛을 이용한 항해 기술은 로마제국 시기에 크게 발달했다. 영국 선단의 항해술은 그로부터 천 년 후에나 등장한다. 아우구스티누스는 먼저 배를 타고 여행길에 올랐고 친구와 친척들이 그의 뒤를 따랐다. 아마도 그들은 노가 다섯 쌍이나 있지만 돛은 단 하나뿐인 홀쭉한 전선 대신, 세 개의 나무 돛대를 갖추고 있어 노가 필요 없는 큰 '화물선'을 탔을 것이다. 차이는 명백하다. 군사를 싣고 바다에서 싸우는 배는 바람의 영향을 받지 않고 속도를 낼 수 있어야 했다. 반면 상업용 배는 때때로 1,500톤도 넘는 짐을 운반해야 했기에 순풍이 불기를 기다렸다. 악천후에는 즉시 피할 곳을 찾고, 날씨가 좋을 때에도 정박할 항구는 찾아야 했으므로 항상 주변을 주시하면서 항해했다. 따라서 승객은 표를 산다고 해도 출발 날짜를 정확히 알 수 없었고, 겨울에는 아예 출발을 못 할 수도 있었다. 이 배들은 오늘날의 여객선처럼 시설이 잘 갖추어져 있지도 않았을 테고, 어쩌면 고기잡이배 수준에도 미치지 못했을 것이다. 선미에 하나 있는 선실은 선장과 조타수가 차지했다. 승객들은 여자건 남자건 갑판 위에 있다가 비가 오거나 바람이 불면 임시 천막 안으로 몸을 숨기는 게 고작이었다. 부자들은 노예를 데리고 다녔다. 침대도 없고 목욕물도 없는 곳에서——뱃사람이라면 전혀 문제가 되지 않을 일이지만——노예들은 가지고 다니는 천막이나 천으로, 혹은 자신의 몸으로 주인의 사생활을 보호했다. 그러나 이런 불편한 상황도 사흘 이상 지속되지는 않았다. 사실 잔잔한 바다에서 순풍을 받아 6노트, 즉 시속 10킬로미터 정도의 속도를 유지한다면 카르타고에서 로마(오스티아 티베리나 항구까지)까지는 70시간이 채 걸리지 않는 거리였기 때문이다.

아우구스티누스의 여행은 아마도 편안했던 것 같다. 그런데 2년 뒤 모니카가 뒤따라올 때의 항해는 조금 위험했다. 아우구스티누스는 책에 이렇게 썼다. 어머니는 "태풍이 불어올 때에도 뱃사람들을 격려했고, 덕분에 지옥 같은 항해를 처음 겪는 사람들은 공포 속에서도 무사히 목적지에 도착할 거라는 확신을 가졌습니다. 그 확신은 바로" 꿈속에서 목소리를 듣는 것처럼 "당신이 약속을 보여주었기 때문입니다"(《고백록》 제6권). 이 기록이 인용된 것이라는 주장은 부질없다. 문자 그대로는 아니지만 성경에서 인용되었음이 당연하기 때문이다. 〈사도행전〉에 로마 시민권자인 바울이 '반역 기독교도'라는 죄목으로 황제 앞에서 재판을 받기 위해 로마를 향해 여행할 때 이와 비슷한 이야기가 나온다. 바울 일행은 겨울에 항해를 중단했다가 다시 크레타 섬 가까이 간다. 하지만 섬에서부터 '유라굴로'라 불리는 바람이 불어와 표류하며 며칠을 보낸다. 바울은 낙담한 선원들에게 말한다. "내가 너희를 권하노니 이제는 안심하라. 너희 중 아무도 생명에는 아무런 손상이 없겠고 오직 배뿐이리라. 내

암브로시우스. 초대 가톨릭교회
의 교부이자 교회학자이다. 아우
구스티누스가 그의 설교를 듣고
개종한 것으로 널리 알려져 있다.

가 속한 바 곧 내가 섬기는 하느님의 사자
가 어젯밤에 내 곁에 서서 말하되((〈사도행
전〉 27장 22~23절)"그렇게 바울과 선원은
모두 무사히 로마에 도착한다.

　　그러나 아우구스티누스는 태풍에 대
해서 기록하지 않았다. 독자를 위한 설득
에 배경은 그다지 필요하지 않기 때문이
다. 그는 로마에 관해서도 자세히 설명하
지 않았다. 로마는 첫인상만으로 괴테의
삶에 어떤 영감을 주었던 도시다.《이탈리
아 기행》에서 괴테는 이렇게 말했다. "오
로지 로마에서만 나는 나 자신을 찾을 수
있었다." 아우구스티누스는 무엇보다 질
병과 마니교 신자들의 환대에 관해 기록
했다. 또한 아프리카 학생들에 비해서 훨
씬 교육을 잘 받았지만 교습비를 낼 때가
되면 모두 함께 아예 학교와 선생을 바꿔
버리는 학생들의 간계에 대해서도 기록
했다. 이탈리아는 장차 교부가 될 아우구
스티누스를 그리 융숭하게 대접하지 않
았다.

암브로시우스의 도시
밀라노에 서다

하지만 아우구스티누스는 로마의 집정관인
심마쿠스를 만나 자신을 변론할 수 있었던 것
에 만족했다. 심마쿠스는 흡족하여 그를 메디
올라눔에 있는 제국의 궁전에 추천해주었다.
심마쿠스는 암브로시우스 주교가 황제마저도
좌지우지하는 로마에 자신의 사람으로 교양
있는 비기독교인인 아우구스티누스를 심어두
고 싶어 했다. 그해는 빅토리아상 문제로 논
쟁이 들끓던 때였다. 즉 357년 콘스탄티우스
2세는 원로원에서 빅토리아 제단을 철거해버
렸다. 이후 그라티아누스 황제는 원로원 의원
들이 그 앞에서 충성을 맹세하고 회의가 열릴
때마다 의식을 거행해오던 조각상을 아예 없
애버렸다. 심마쿠스는 로마 집정관이 되자마
자 황제인 발렌티니아누스 2세에게 로마 전통
을 되살린다는 명목으로 제단을 다시 세울 것
을 간청했다.

　"황제시여, 우리가 여신상으로부터 얼마
나 많은 능력을 받았나이까. 후세에게도 똑같

아우구스티누스. 교부철학
과 신플라톤학파의 철학을
종합하여 가톨릭교의 이론
적 토대를 완성했다. 가톨릭
과 개신교에 여전히 지대한
영향을 미치고 있다.

이 물려주어야 하나이다." 그는 또 "모든 것은 신으로부터 옵니다. 아무도 알지 못하는 곳에서 위대함이 올 수 없나이다"라고 했다. 어쨌든 그는 기독교의 상징들 옆에 이교도의 제단을 유지하려고 했다. 374년에 밀라노 주교가 된 암브로시우스는 발렌티니아누스 2세에게 보내는 편지 두 통으로 심마쿠스 집정관에 대항한다. 암브로시우스는 과거의 선례를 들어가며 설득했다. "우리는 당신들의 조각상을 받아들일 수 없습니다. 당신들은 조각상 자체를 숭배하기 때문입니다. 당신들은 성상을 신으로 여깁니다." 황제는 결국 집정관이 아닌 암브로시우스 주교의 말을 듣는다. 이런 식으로 트리어 출신의 주교는 몇 년이 지난 뒤 테오도시우스 황제가 테살로니카에서 저지른 사건을 회개*하게 만든다.

아우구스티누스는 카르타고에 다다른 것을 이야기하기 위해서 《고백록》에 간결하고도 의미심장하게 "카르타고에 도착했다Veni Carthaginem"라고 쓰고, 로마에 도착한 것에 대해서는 서두르듯 "그리고 로마를 향해 출발했다Et ego Romam"라고 썼다. 반면 밀라노를 향한 여행은 흥분된 어조로 기록했다. "나는 암브로시우스 주교를 만나기 위해 밀라노에 도착했습니다Et veni Mediolanum ad Ambrosium episcopum" 그리고 "하느님의 아들은 나를 마치 아버지처럼 환대해

---

* 390년 그리스의 테살로니카에서 시민들이 폭동을 일으키자 진압하던 로마군이 살해를 당한다. 이에 격분한 테오도시우스 황제는 보복을 명령하고, 이에 로마군은 무고한 테살로니카 주민 7,000명을 학살한다. 암브로시우스는 이러한 보복 행위를 비난하며 밀라노에서 황제의 성전 출입을 금지한다. 결국 황제는 죄를 뉘우치고 참회한다.

주었습니다".

아우구스티누스는 수사학 교사이자 제국의 대변인으로 밀라노에 도착했다. 오늘날로 치면 대학교수이면서 동시에 총리의 자문위원이자 대변인쯤으로 볼 수 있을 것이다. 그는 그곳에서 황제와 황제의 신하들을 칭송하는 임무를 맡았으며, 궁정생활을 즐기고 도시의 귀족 가문과 교제하며 지냈다. 그런데 밀라노 생활에 대한 기록은 거의 없다. 우리는 밀라노가 306년부터 두 개의 둥근 성벽으로 둘러싸인 서로마제국의 수도였고, 조폐국, 콜로세움과 유사한 거대한 원형경기장, 헤르쿨리우스의 목욕탕과 서커스 경기장 등을 유적으로 가지고 있다는 사실만을 알 뿐이다. 제국의 궁전 안에는 아마도 아우구스티누스가 일했던 행정부 역할을 하던 왕궁도 있었다. 궁전은 황제가 도로를 이용하지 않아도 되도록 서커스 경기장과 연결되어 있었다.

밀라노 주민은 여러 지방에서 온 사람들로 이루어져 있었다. 인구의 대부분을 차지하는 원주민은 갈리아인*이었고, 그리스인, 아프리카인 그리고 특히 로마 군대와 제국 정부에 완전히 동화된 북유럽의 여러 부족 출신의 군인들로 이루어져 있었다. 암브로시우스의 시대에는 이미 여러 기독교 교회가 있었고, 암브로시우스는 여기에 몇 개의 교회를 더 건설했다. 지금까지 남아 있는 가장 유명한 교회는

---

* 기원전 58년, 율리우스 카이사르가 갈리아 지방을 이탈리아에 포함시켰다.

성 나자로, 성 심플리치아노, 오늘날 성 암브로시우스의 교회로 알려진 '순교자들의 교회당' 등이 있다. 아우구스티누스가 언급한 밀라노의 장소들은 모두 암브로시우스의 설교를 듣기 위해 그가 찾아간 교회들이었다. 훗날 아우구스티누스는 다음과 같이 말했다. "하지만 어떤 명확한 의도가 있었던 것은 아니었습니다. 무엇보다 그의 웅변술이 그렇게 칭찬받을 만한 것인지 확인하고 싶었습니다." 어쨌거나 이것은 그의 직무적인 관심이었다. 여기에 신참 부임자로서 도시의 주교에게 존경을 표하는 외교적 임무도 수행해야 했고, 어머니 모니카를 데려와야 하는 자식으로서의 임무도 잊지 않았다. 모니카는 385년 봄, 마침내 밀라노에 오게 된다.

모니카는 암브로시우스교회라 불리는 밀라노교회와 아프리카교회의 풍습의 다른 점을 흥미로워했다. 이러한 차이에 그녀는 당황했으나 아들이 열린 마음을 갖도록 도움을 주는 가르침을 제공했다. 그녀는 사실 아프리카의 풍습에 따라 밀가루 빵과 포도주를 가지고 몇몇 성인들의 무덤에 들렀다. 아프리카에서 이교도뿐 아니라 일반 지역 주민들이 행하는 풍습이었다. 그러나 암브로시우스 주교는 이러한 행위를 금지시키고, 신자들과 함께 물에 탄 포도주를 나누어 마시는 것으로 미사를 마무리했다. 모니카는 암브로시우스가 세운 다른 규칙들과 마찬가지로 이에 곧 적응했다. 아우구스티누스는《고백록》제6권 54번째 서간문에서 다음과 같이 적고 있다. "신실하고 신중한 기독교인이 지킬 수 있는 최고의 회칙은 기독교인 자신이 속한 교회가 작동하는 방식대로 행동하는 것입니다. 따라서 신념과 좋은 풍습을 거스르지 않도록 노력하지 않는 것은 무관심한 일이고 함께 살아가는 사람을 존경하지 않는 것입니다." 그리고 이렇게 기록했다. "나의 어머니는 밀라노의 교회가 토요일에 금식하지 않는다는 사실을 알고 혼란스러워했고 무엇을 해야 할지 몰라 불안해했습니다. 하지만 나는 전혀 개의치 않고, 다만 어머니를 기쁘게 해주기 위해 암브로시우스에게 조언을 구했습니다. 그는 그 자신이 행하는 것 이외에는 가르쳐줄 게 없다고 대답했습니다. 왜냐하면 만약 그녀가 최상의 규칙을 알고 있다면 우선적으로 그것을 지킬 것이기 때문이라고 대답했습니다. 나는 암브로시우스가 나에게 이유를 이야기해 주지 않고 그의 권한으로 토요일에 금식하지 않도록 권하려 한다고 생각했습니다. 그러나 그는 '내가 로마에 가면 토요일엔 금식을 한다. 그러나 이곳에 있을 때는 금식하지 않는다. 너 역시 다른 교회에 가서 문제를 일으키거나 사람들의 비난으로 고생하고 싶지 않다면 다른 교회의 규율도 잘 살펴보도록 해라'라고 덧붙였습니다."

'정원에서의 사건' 그리고 브리안차

아우구스티누스는 '하찮은 일들'에 동요하지 않고 자신의 일에 몰두했지만, 지식인으로서 자신의 길에 대해서는 매우 혼란스러웠다. 마니교도들은 그를 피했지만, 기독교 신자들은 암브로시우스 덕분에 그에게 관심을 갖기 시작했다. 이런 상황은 이미 돌이킬 수 없는 일이 되어가고 있었다. 어느 날 아우구스티누스는 황제를 칭송하는 연설을 하러 가다가 밀라노의 한 골목에서 술을 마시고 행복에 취해 자신의 인생을 노래하는 취객을 보며 부러움을 느꼈다. 그의 눈에는 적어도 그렇게 보였다. 고상한 수사학자가 밀라노의 광장과 광장 사이로 난 좁은 길을 동료와 비서들에 둘러싸여 황제의 궁전을 향해 걸어가는 것은 거의 상상할 수 없는 일이었다. 왜냐하면 건물 사이는 매우 비좁았으며 지난 세기까지 모든 도시가 그렇듯 위생 상태는 엉망이었기 때문이다.

아무튼 그곳에서 선과 악이 무엇인지 스스로에게 끈질기게 질문하던 아우구스티누스는 술주정뱅이의 웃음에도 화가 났다. 분명 자신의 의도와는 상관없이 아우구스티누스의 삶은 서서히 바뀌어가고 있었다. 당시 모니카는 아우구스티누스를 아주 어린 귀족과 결혼시킬 계획이었다. 아우구스티누스의 아들을 낳은, 이름도 없는 미천한 여인은 다시 아프리카로 돌아가서 그곳에서 영원히 순결을 지키겠다고 서약을 한 뒤 조용히 살아간다. 이 이야기는 훗날 수많은 소설과 전설의 소재가 된다. 또한 386년 아우구스티누스에게 물질이 아닌 본질적인 존재의 가능성, 즉 악의 문제에 대한 해답을 알려준 플라톤의 책들을 소개해준 사람 역시 '이름도 없는 미천한 신분의 남자'였다. 해결이 불가능할 것 같은 선악의 문제로 괴로운 며칠을 보내던 아우구스티누스에게 '정원에서의 사건'이 일어난 것이다. 정원(지금의 란초네 거리로, 그곳의 작은 교회에 기록이 있다)에서 낙심해 있

아우구스티누스의 《고백록》은 크게 두 부분으로, 즉 기독교에 귀의하기까지의 삶에 대한 반성을 담은 앞부분과, 성서의 내용을 해석한 뒷부분으로 나눠볼 수 있다.

던 그는 '성경을 읽으라'는 어린아이의 목소리를 듣는다. 〈로마인들에게 보낸 편지〉를 펼쳐 읽은 그는 기독교인으로서 사는 것은 은총에 의해 이루어질 뿐, 자신의 노력으로 이루어지는 게 아님을 깨닫는다.

결국 이 사건을 계기로 아우구스티누스는 기독교로 개종한다. 일을 그만두고 카사고 브리안차*(카시치아쿰)에 있는 친구 베레쿤두스의 초대에 응하기 위해 그는 가슴이 답답하다는 핑계를 대고 휴가

---

* 이탈리아 북부 롬바르디아 주의 도시. 1927년까지는 '카사고'로 불렸다.

를 받는다. 이는《고백록》제9권에 잘 나와 있다. "그곳에서 극심한 번뇌를 안고 너의 집에서 쉬고 있던 날, 봄기운 무르익은 정원에서 즐거움을 나누고 있었지."

사실 10월에서 2월 사이 카사고 브리안차는 봄이 한창인 시기가 아니다. 춥거나 비가 오는 기후임에도 불구하고 정신적으로 기분 좋은 장소를 표현하는 또 다른 수사학적 토포스*(《고백록》의 많은 부분에 나타나는 '이상적인 기쁨의 장소locus amoenus' 중 하나)일 뿐이다. 베레쿤두스의 집에 머무는 동안의 대화 내용은 명확한 지침을 주고 있다. 좋지 않은 날씨 때문에 토론의 대부분은 온천이나 테르메**에서 이루어졌다. 아우구스티누스의 생일인 11월 13일에도 따뜻한 테르메에서 꿀과 밀가루, 아몬드로 만든 파이(지금도 카사고에서 '행복의 파이'라는 이름으로 팔리고 있다)를 먹으며 대화를 나누었다.《행복론》은 토론을 이어가던 사흘째 되던 날, "우리를 목욕탕에 모이게 만든 뿌연 안개"가 비로소 사라져 초원을 산책할 수 있게 되었다고 기록한다. '질서'에 관한 대화를 나누며, 선과 악에 대한 의문 중 하나인 세상의 질서와 무질서에 대해서 아우구스티누스는 말미에 이런 의문을 남긴다. "어째서 이탈리아 사람들은 항상 맑은 하늘을 갈구하는데, 어째서 우리 가이툴리는 항상 메말라 있는가?" 가이툴리는 북아

프리카에 위치한 곳으로 비가 거의 오지 않는 지역이다. 몇 년이 흘러 '묵시'에 관한 대화에서 아우구스티누스는 악한 천사와 선한 천사의 차이점에 대해 설명하는데, 하느님의 자리로 오르고 싶어 하는 사탄의 오만한 죄를 북쪽에 비유한다. "북쪽 지방은 남쪽 지방의 반대편에 있는데, 이 때문에 그곳 사람들은 차갑고 어두운 사람들로 상징된다. 반면 남부는 따뜻하고 힘이 넘치는 사람들을 상징한다. 따라서 남쪽 지방에 사는 사람들처럼 선한 사람들은 힘과 빛이 넘친다. 반대로 악한 자들, 북쪽 지방에 사는 사람들은 차갑고 칙칙한 안개로 둘러싸인 어둠 속에서 산다." 이처럼 아우구스티누스에게 롬바르디아의 안개에 대한 기억은 강렬했다.

아우구스티누스는 정신적으로 안정을 되찾자 다시 그곳을 떠난다. 387년 2월, 아우구스티누스와 그의 어머니, 청년이 된 아들 아데오다투스, 동생 나비기우스, 제자 트리제치우스, 리첸지우스, 사촌 라르티디아누스와 루스티쿠스가 함께 지내던 베레쿤두스의 집에서 나온다. 그 자리에 아우구스티누스, 아데오다투스와 함께 암브로시우스에게 세례를 받는 친구 알리피우스는 없었다. 나중에 그가 갑자기 친구인 아우구스티누스를 만나러 오는 것을 보면 밀라노와 브리안차와의 정확한 거리를 알 수 있다.《아카데미아 학파에 대한 반박》에서 이야기한 '도시 여행(11월 10일~24일)'은 11월 말 별장으로 돌아오는 것으로 끝난다. 이 여행은 아마도 도보여행이었을 것이다. 그렇지 않다면 단 하루 만에 끝났을 것이다. '질서'에 관한 대화를 담아놓은 기록을 보면 "겨울이나 다름없는 그곳에 빛나는 태양과 맑은 하늘, 온화한 바람과 함께" 친구인 알리피우스가 왔다고 쓰여 있다. 집의 위치가 때로는 꽤 정확히 명시되어 있기도 했는데, 카사고에 있는 베레쿤두스의 영지(밀라노에서 50킬로미터를 넘지 않는 거리다)까지의 거리는 당시 또 다른 사람이 측정한 바레세 지방의 카사고(약 70킬로미터)의 거리에 비해 무척 정확했다. 이런 식으로 측정해서 '성 아우구스티누스의 순례길'이라는 사이트가 만들어졌다. 영적 순례를 원하는 여행자들에게는 꽤 유용하다. 이 순례길을 따라가다 보면 제노바에서 파비아까지 이탈리아 북부에 살았던 아프리카 출신의 수사학자 아우구스티누스의 흔적을 만나게 된다. 또 롬바르드족 리우트프란드 왕의 유물로부터 히포 레기우스에서 훔쳐 사르데냐 섬으로 가져갔던 사라센의 약탈물까지를 모두 볼 수 있다. 카사고 브리안차는 휴식을 취할 수 있는 중간 지점인데, 아우구스티누스 일행은 부활절에 맞추어 밀라노에 도착하기 위해 겨울이 끝나자마자 그곳을 떠났을 것이다.

국경 없는 여행,
빛을 본 자의 땅

개종을 위해 밀라노에 도착한 이들은 그야말로 초심자이면서 진실한 사람들로 받아들여졌다. 그들은 마침내 주기도문을 낭독할 수 있었으며, 특히 플라톤학파와 이교도들은 받아들이기 힘든 최후의 심판과 육신의 부활에 관한 교리를 받아들이고 암브로시우스를 추종하는 신도들이 되었다. '과거의 옷'을 벗어던지는 것은 부활 성야 전례의 중요한 의식이었다. 아우구스티누스는 아들과 친구 알리피우스와 함께 세례당에서 옷을 벗고 세 차례 몸을 씻은 뒤 청결한 옷을 받았다. 그리고 사람들의 갈채 속에서 주교의 손에 이끌려 성당 제단으로 인도되었다. 그렇게 387년 4월 24일 밤이 지나자 아우구스티누스의 밀라노 생활도 끝났다. 아우구스티누스는 아프리카로 돌아가 수도사의 길을 걷고 싶었다. 아마도 그는 10년 동안 마니교도로 살면서 치열하게 싸웠던 기독교를 오히려 받아들이고 암브로시우스를 찬양하게 된 것에 대한 어떤 변명을 내놓고 싶었는지도 모른다. 밀라노에서의 마지막 일주일 동안 그는 눈물을 흘리며 '끊임없이 찬송가를 부르지' 않을 수 없었다.

아우구스티누스 일행은 로마의 도로를 따라 항구 오스티아 티베리나에 당도했다. 하지만 바로 항해를 떠날 수는 없었다. 겨울이어서도, 궂은 날씨 때문도 아니었다. 항구는 훗날 테오도시우스에게 패배하게 될 찬탈자 막시무스의 함대에 점령당해 있었기 때문이다. 이들 일행은 암브로시우스의 보호를 받는 사람들이었기 때문에 항구에서 좀 떨어진 곳에 거주하는 부유한 기독교 신자가 반갑게 맞아주어서 숙박은 해결할 수 있었다. 항구에서 좀 떨어진 곳이었지만 무척 번잡하고 사람이 많았으며, 선원과 상인들을 위한 여관과 상점들이 즐비한 곳이었다. 《고백록》 제9권에서 아우구스티누스와 모니카는 그곳을 이렇게 묘사했다. "우리는 오스티나 티베리나 근처 사람들의 조용한 숙소에서 정원이 보이는 창문에 기대어 있었습니다."
지난날 묵시의 배경이 되었던 정원에서 또다시, 그러나 이번 여름에
는 어머니와 아들이 현 세계와 또 다른 세계에 대해 대화를 나누게
된 것이다. "활기찬 마을 분위기에 유혹되려 하는" 자신들의 영혼을
극복할 때까지 하늘과 땅과 함께 자연스럽게 흘러가는 것들에 대해
이야기했다. 그날의 대화에 대해 아우구스티누스는 이렇게 기억했
다. "모든 언어가 시작되고 끝나는 우리의 입에 공허한 소리가 울려
퍼지게 만드는 정신적 달콤함을 떨쳐내느라 탄식하며, 우리는 느슨
해진 마음을 다잡았습니다."

　　오스티아에서 떠나기 직전 모니카가 자문했다. "내가 지금 여
기서 무얼 하고 있는가? 무엇이 나를 이 땅에 잡아두고 있는가?" 그
리고 그녀는 며칠 뒤 세상을 떠났다. 아들 아우구스티누스의 괴로운
기록—처음에는 참고 견디지만 마지막에는 암브로시우스의 "시름
과 고통을 풀어주시는 우리의 창조주시니"라는 시구를 떠올리며 슬
픔을 토해낸다—이 끝나자, 다시 새로운 삶을 시작한 듯 세상의 아
름다움과 감성, 기억, 날씨, 시작의 어려움 등에 관한 이야기가 이어
진다. 사실 《고백록》 제13권 중 마지막 3권은 주교가 된 이후의 이야
기와 창세기의 중요한 절들의 해석, 또 시간과 영원의 관계에 대한
문제를 중점적으로 다루고 있다.

　　우리는 기독교도가 된 수사학자가 카르타고로 돌아가는 388년
여름의 행적을 살펴볼 필요가 있다. 그는 겨우내 마니교도인 옛 동
료들을 위한 글을 쓰며 시간을 보냈다(《가톨릭교회와 마니교도의 풍습》,

《자유의지》1권). 그 이후에는 계속해서 여러 곳을 여행했다. 카르타고, 타가스테, 히포 레기우스, 팀가드, 아수라스, 무스티, 밀레비스, 칼라마, 우티카, 키르타, 토브나, 모리타니의 카이사레아까지, 아우구스티누스는 40년 동안 여러 도시를 다니며 대중의 비판에 대항하고, 종교회의를 이끌고, 논쟁 해결을 위해 그를 필요로 하는 곳이면 어디든 찾아갔다. 이처럼 그의 모든 활동은 '기회에 응

히포가 이교도의 침입을 받자 아우구스티누스는 '하느님의 나라'와 '땅의 나라'를 대비해 설명함으로써 그리스도교를 옹호했다.

답한 활동들'로 정의할 수 있을 듯하다. 역사든 수사학이든 주어진 어떤 문제에 답을 쓰듯 아프리카의 어느 시골마을에서 태어난 야망 넘치는 청년은 그를 부르는 모든 기회에 응답한 것이다. 그렇게 수사학 선생, 황실 수사학자, 수도사, 사제, 주교로서 아우구스티누스는 히포 레기우스는 물론, 가이세리크가 다스리는 반달족으로 둘러싸인 지중해 주변을 여행하며 430년에 생을 마감할 때까지 고된 사제의 길을 포기하지 않았다.

페르시아에서 지식의 근원을 찾다

이븐 시나 · 알 가잘리

마시모 캄파니니

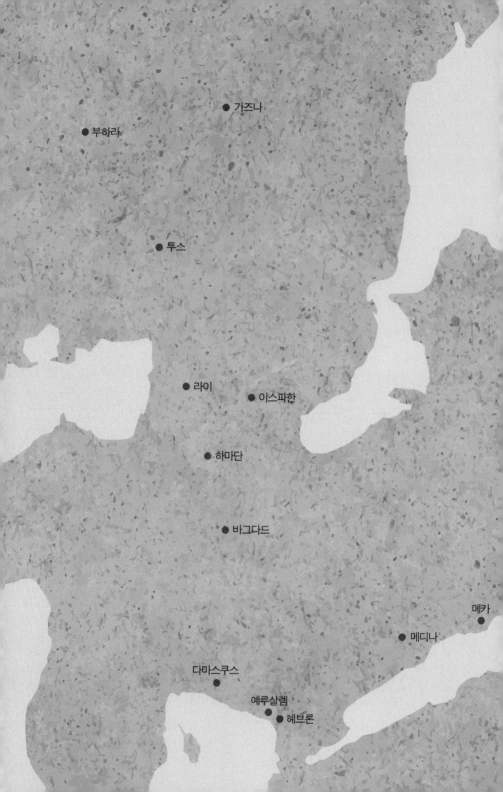

여행의 은유
영혼의 순례

이슬람에서 여행이 은유하는 바는 신비로운 생각과 감정이 함께 스며 있는 공통의 공간을 경험하는 것이다. 그리고 최초의 '영혼의 순례자'는 예언자 무함마드였다. 사실 그에게 여행은 신의 영역에 도달할 정도로 세속을 뛰어넘는 것이었다. 코란에는 이러한 승천, 또는 미라지mi'raj에 대해 암시하는 신비적인 구절이 있다(17장 1절). "성스러운 예배당에서 우리들이 증거를 보이기 위해 주위를 축복한 먼 곳의 예배당까지, 밤에 그 종을 데리고 여행하시는 분에 영광이 있으라. 참으로 알라께서는 잘 들으시고 잘 보시는 분이시다."

신의 종 무함마드는 메카의 카바사원에서부터 예루살렘의 알아크사사원까지 단 하룻밤 만에 다녀왔다. 그는 예루살렘에서 일곱 개의 하늘을 지나 신이 계신 곳까지 승천했다. 승천하는 과정은——승천하는 동안 예언자는 여러 개의 지옥을 보았으며, 자신과 비슷한 예언자들을 만났고 천사와 왕좌를 보았다——신기하게도 단테가 천국과 지옥을 여행할 때와 비슷하다. 실제로 미구엘 아신 팔라시오스와 엔리코 체룰리 등 명망 있는 학자들은 미라지에 관한 아랍 작품인 《계단》이 《신곡》을 구상하게 만든 원전이라고 말한다. 922년 순교하여 예수처럼 십자가에 달린 알 할라지를 비롯한 이슬람의 수많은 정신적 지주들은 무함마드의 하룻밤 여행처럼 기상천외한 경험을 반복했다고 전해진다.

여행의 은유는 한 마리의 새가 창조주를 찾아 하늘을 날아가 스스로 아무것도 아님을 깨닫고 초월의 경지로 들어서면서 신 앞에 자신을 내려놓는 깨달음의 이미지가 더해질 때 더욱 그럴듯해진다. 페르시아의 신비주의 시인 파리드 알 딘 아타르는 《새들의 언어 Mantiq al-tayr》라는 작품에서 영혼의 정화와 성장의 과정을 찬양했다.

"시는 알라와 마호메트, 네 명의 칼리프에게 보내는 종교적 기원으로 시작한다. 도입부부터 '부정신학'*의 전형적인 특징이 드러난다. '그분에 대한 모든 것을 말했지만 그분이 아니며, 그분은 신호가 아닌 다른 어떤 신호로도 존재하지 않으신다.' 이에 반해 모든 신학은 '그분의 모든 말씀이 말하는 그분 자신이다.'라는 주장을 무모하게도 인류학적으로 입증하라고 강요하는 것 같다. 신과 인간 사이의 소통 불능을 중재하는 것은 예언자의 법이나 셰이크shaykh**

---

* 신은 인간이 완전히 이해할 수 없고 인간의 언어로 묘사할 수 없는 초월적인 존재이므로 부정적인 표현으로 서술될 수밖에 없다고 하는 신학 사상이다. 하느님은 무엇이 아니라고 부정해나감으로써 긍정적 규정을 넘어서는 하느님의 무한성을 서술하고자 한다.

** 아랍어로 이슬람 지식인, 종교 지도자, 수장, 숭배하는 현인 등을 가리키는 호칭.

의 작품도, 스승이나 진실의 길로 인도하도록 선출된 정신적 지도자도, 또한 고행자나 '산파술'을 행하는 자도 아니다. 코란 속 후투티는 시바의 여왕(27장 28절) 곁에 사는 솔로몬의 전령으로, 아타르의 시에 등장하는 베르길리우스처럼 세상 저편에 사는 신비의 왕 시무르그Simurgh*를 찾아 수많은 새의 무리를 이끌고 긴 여행을 인도한다. 그러나 새들은 저마다의 의견에 때로는 주저하며 또 때로는 엄격하게 대하며 성실히 대답해주지 않는 후투티를 믿지 못하고 그를 따르기를 망설인다.

그 대화들은 중요한 일화마다 등장하며 시의 대부분(작품의 5분의 3 정도)을 차지하는데, 진실, 죽음, 야망, 사랑, 기쁨 등등의 주제를 제시하며 교훈적인 내용을 구성한다.

이 글을 옮겨놓은 몇몇 고서에서는 시의 마지막 부분에 '새들의 장소 Maqamat at-tuyur'라는 제목의 글이 등장한다. 이 글은 신비의 길을 여는 일곱 개의 계곡을 묘사하며 시작한다. 즉 영혼을 지나 탐색, 사랑, 지혜, 이탈, 통일, 방심, 파멸의 계곡이 단계적으로 나타난다. 차례차례 따라가다 보면 신비로운 목적지에 이를 수 있다(전형적인 그노시즘** 사상으로, 영적 입문의 여러 단계와 강도를 보여준다).

마침내 새들은 출발하지만, 단 몇 줄로 요약된 여행을 거치면서 10만 마리 새들 중 겨우 30마리만이 쇠약해진 상태로 슬픔의 장소에 도착했음을 알

---

* 고대 이란의 신화에 등장하는 불사조.
** 영지주의靈智主義. 고대의 통합적 종교 운동 가운데 하나로 기독교를 극복하려는 신비주의 사상이다. 영적인 지식을 지닌 사람만이 구원을 받는다고 믿었다.

려준다. 그리고 살아남은 새들과 시무르그의 만남으로 이야기는 마무리된다. '시무르그'와 '30마리의 새'는 사실 자기 자신의 목표에 도달하는 30마리 새를 상징하며, 이렇게 '영혼의 바다'를 향한 아타르의 탐험은 그것이 '신의 바다'임을 발견함으로 완성된다."

신을 향한 믿음 안에서의 영혼(시무르그와 동일시된다고 밝혀진 새들)의 파괴는 신비감과 결합되어 훨씬 높은 초월의 경지에 이른다. 그리고 물론 그곳에 이르는 경험을 하는 사람은 많지 않다.

여행의 메타포를 잘 보여주는 신비주의적인 '새 이야기'는 중세 이슬람의 저명한 두 철학자에 의해 완성되었다. 바로 페르시아 철학자들인 이븐 시나와 알 가잘리다. 두 사람 모두 정신적으로 자유롭지 못한 불안정한 여행가였으며, 삶도 마찬가지였다. 그들은 정치적이고 무거운 공적 책무를 짊어진 파란만장한 삶을 살았다.

이븐 시나의
공상 같은 이야기

이븐 시나(라틴어로는 아비센나Avicenna라고 불렀는데, 아랍어 이름은 Abu 'Ali Husayn Ibn 'Abdallah Ibn Sina이다)는 천재적인 유년시절과 청소년 시절을 보냈다. 하루 종일 부하라도서관에 틀어박혀 지내며 18세에 이미 과학에 관한 모든 것을 통달했다. 980년 부하라 근처 작은 마을의 페르시아인 집안에서 태어난 이븐 시나는 부하라 술탄의 위중한 병을 고쳐주면서 어린 나이에 이미 의사로서 명성을 날렸다. 스무 살부터 시작된 격정적이고 방랑적인 삶은 그가 페르시아 전 지역을 여행하도록 이끌었다. 그의 자서전을 보면 사실 그것은 '강요된' 여행이었다. 그는 부하라를 떠나 구르간즈로 가서 그곳 통치자를 위해 일하기 시작했다. 그가 태어난 도시를 떠날 수밖에 없었던 이유가 무엇이었는지에 대해서 그저 추측만 할 수 있을 뿐이다. 어쩌면 국내의 정치적 투쟁에 개입했다가 패배해서 떠나야 했을 수도 있고, 혹은 수니파 터키인들이 지배하는 곳에서는 용납되지 않는 '이단' 시아파의 가정에서 태어나 '사악한 신자'라는 낙인을 이겨내지 못해 떠났는지도 모른다. 어쨌거나 구르간즈로 간 이븐 시나는 몇 년 동안 평화로운 시간을 보낸다. 그러나 명확하지 않은 '필요'에 의해 평화롭게 지내던 도시를 다시 한 번 떠나야 했고, 이번엔 페르시아의 도시 곳곳을 돌아다니는 긴 방랑 생활이 시작된다. 사실 '정통주의'를 고수하는 가즈니 왕조(아프가니스탄)의 포악한 수니파 술탄 마흐무드가 그를 자신의 궁정에서 일하도록 강요했다. 이븐 시나가 아프가니스탄으로 가기를 거부한 것은 아마도 종교적 이유 때문이었는지도 모른다. 그러니 구르간즈로부터의 '도피'는 마흐무드처럼 폭력적이고 강압적이며 망상에 사로잡힌 통치자의 복수로부터 피신해야 할 '필요' 때문이었을지도 모른다. 물론 명석함에 대한 자부심과 스스로를 지키려는 열망, 자유에 대한 갈구가 젊은 철학자를 그렇게 만들었을 테지만 말이다.

구르간즈를 떠난 이븐 시나는 라이로 간다. 라이는 지금의 테헤란 근처에 위치한 도시로, 당시에는 다양한 문화를 갖추고 사회적으로도 활기 넘치는 도시였다. 그곳은 파크르 알 다울라 왕자의 미망인 알 사이다라는 여성이 통치하고 있었다. 이븐 시나는 이 여성 지배자와 언제나 우호적인 관계를 유지한 것은 아니지만 이번에도 궁정에서 일을 도와주며 라이에서 이삼 년 동안 잘 지낼 수 있었다. 그러나 파크르 알 다울라의 아들들 사이에 전쟁이 일어나면서 이븐 시나는 또다시 거처를 옮겨야 했다. 이번에는 하마단으로 가서 궁정 의사로서의 길을 걷는다. 그러나 그의 공적인 임무는 날이 갈수록 더 막중해졌다. 하마단의 술탄 샴스 알 다울라를 호위하며 전쟁터에 나가 수많은 임무를 수행해야 했다. 그는 결국 수상의 자리에까지 오른다. 그의 갑작스러운 진급은 몇몇 장교들의 반감을 사 잠시 직위를 잃기도 하지만 독보적인 의술 덕분에 수상의 자리를 다시 복귀한다. 샴스 알 다울라가 전쟁터에서 죽자 이븐 시나는 더는 하마단에 머무를 수 없다고 판단한다. 수상직을 계속 맡아달라는 제안도 있었지만 그는 이스파한의 통치자 알라 알 다울라와 접촉한다. 하지만 이런 음모가 발각되는 바람에 이븐 시나는 어느 잡화상의 집에 숨어서 글을 쓰며 때를 기다린다.

그곳에서 쓴 글이 훗날 《치료의 서書》의 기초가 된다. 은둔처에서 발각된 그는 요새 감옥에서 4개월을 보냈다. 한편 알라 알 다울라는 하마단을 침략해 그곳을 정복하지만 다시 퇴각해버렸다. 배신자라는 혐의를 뒤집어쓰게 될 처지에 놓이자 신변에 위협을 느낀 이븐 시나는 신비주의적 분파인 수피파 복장을 하고서 하인 몇 명과 충직한 제자, 나중에 그의 전기를 쓰게 되는 작가 알 즈자니와 함께 도주한다. 이후 그들은 수많은 역경을 헤치고 이스파한에 정착한다.

이스파한에서의 몇 년이 아마도 이븐 시나의 인생에서 가장 평화롭고 풍요로웠던 시절이었을 것이다. 이스파한에서 극진히 대접받은 이븐 시나는 여러 문화 모임을 주재하고 모든 교파에서 호평을 받으면서 자신의 지식과 지적 재능을 마음껏 펼칠 수 있었다. 술탄의 신하가 된 이븐 시나는 술탄을 수행하며 하마단을 향한 두 번째 침략을 포함한 몇몇 전투에 참여한다. 가즈니 왕조의 마흐무드가 페르시아를 침공하고 라이를 공격하기로 결정하면서 그의 운은 점차 기운다. 라이에서의 패배 이후, 마흐무드의 아들이 이끄는 군대에게 추격을 당한 알라 알 다울라는 이스파한에서의 위치도 위태로워졌다. 알라 알 다울라는 집이 약탈당하자 이븐 시나의 호위를 받으며 도피할 수밖에 없었다. 계속되는 도주와 방랑생활로 철학자는 심각한 배앓이를 겪는다. 장세척을 시도하며 치료하려고 애썼지만 상태는 더욱 나빠져만 갔다. 하지만 다시 이스파한으로 돌아와 건강을 회복하자 언제나 그랬듯 이븐 시나는 방탕한 생활을 이어갔다. 그러나 이제 그의 기력은 예전 같지 않았다.

알라 알 다울라가 하마단을 세 번째 침략할 때 그는 또다시 술탄을 수행하게 되지만 그것이 마지막 여행이 되고 만다. 이븐 시나는 여러 번의 불운을 겪었던 도시의 성벽에 기대어 죽음을 맞는다. 1037년 여름의 일이다.

중세 이슬람의 '르네상스'를 이끌었던 철학자 이븐 시나. 그는 열여덟의 나이에 모든 학문에 통달한 것으로 알려져 있다. 특히 《치유의 서》를 저술할 정도로 의학에 조예가 깊었다.

이븐 시나의 자서전은 알 즈자니가 편집하고 윤색했다. 그러나 그렇게 만들어진 자서전이 모두 정확한 것은 아니다. 다만 방탕한 여행과 세상에 대한 열정을 빼놓고 이븐 시나의 삶에 대해서 이야기할 수 없다는 것만은 분명하다. 우리는 그가 침실에서의 쾌락에 관대했으며, 식탁에서 포도주를 마시고 좋은 음악 듣기를 즐겼다는 사실도 알 수 있다. 이러한 방탕한 품행은 무슬림의 정신에 위배되는 것으로 훗날 알 가잘리에게서 혹독한 비판을 받게 된다. 알 가잘리는 이븐 시나가 적당한 포도주가 건강에 좋다는 사실을 잘 아는 의사였으면서도 알코올을 남용했다며 비판했다.

철학적인 면에서 이븐 시나는 이슬람 사상의 계파 혼종적 성향을 가졌다. 아리스토텔레스학파를 계승했으면서도 아리스토텔레스의 논리적인 사상과 복잡한 요소를 혼합하여 받아들였다. 또한 우주의 생성 체계 같은 신플라톤주의의 영향도 받았다. 백과사전 형태의 그의 저서들(《치유의 서》, 《지식의 서》, 《지시와 주의의 서》)은 논리학과 수학, 물리학뿐 아니라 형이상학에 대한 내용을 포괄적으로 담고 있다. 그는 중세 서양철학사상의 발전에 아주 중요한 역할을 했던 본질과 존재 사이의 차이에 주목했고, 그의 사상은 토마스 아퀴나스에게도 영향을 주었다. 이븐 시나는 피조물의 본질에서 우연히 발생한 것이 존재인 반면, 존재는 창조주의 고유한 본질을 이어받았다고 믿었다. 그러니까 본질은 존재를 능가한다는 것이다. 피조물들은 순수하게 존재 가능하며 신의 개입으로 필요한 존재가 된다. 반면 신은 '필요한 존재'로 스스로 필수적이며, 신이 존재하지 않는 것은 모순일 뿐이다. 피조물은 신에 의해 좌우된다. 비록 그 피조물의 창조가 자의적인 행위가 아니라 하더라도 그에 의해서만 존재할 수 있는 것이므로.

표면상 이븐 시나는 '합리주의자'라 할 수 있다. 외관상 이름을 붙이자면 그렇지만 그의 저서들은 비밀스럽고 영적인, 즉 신비주의적인 성향이 강하다. 그의 전기에서 보여주는 전체적인 흐름도 신비주의에 가깝다. 그의 저서 중 하나인《동양철학》에서도 그런 성향이 엿보인다. 프랑스의 철학자 앙리 코르뱅을 비롯한 몇몇 학자들은 이븐 시나가 계속해서 백과사전적인 글을 쓰면서 그노시스의 비밀을 아마도 시아파 교리와 접목하여 밝히려 한 것으로 본다. 이러한 '동양철학'은 매우 독특했으며, 계승자들은 신플라톤주의와 아리스토텔레스주의가 결국 모두 그리스철학에서 비롯되었으므로 진실에 대해 대중적이고 표면적으로 접근하는 데는 한계가 있었다. 디미트리 구타스 같은 또 다른 학자들은 어떤 것도 신비주의에서 유래한 것은 없으며, 특히 이븐 시나가 입증하려 했던 '동양적인 방법'이라는 것도 부정한다. 이슬람 철학에 대한 코르뱅의 글이 매혹적이긴 하나 신빙성이 없기 때문에 이러한 구타스의 주장이 더 호응을 얻기도 한다.

그럼에도 이븐 시나의 신비주의적인 세 권의 저서(혹은, 그가 썼다고 전해지는)는 지금까지도 전해져 내려와 그의 영혼을 지배했던 사상을 증명한다. 다분히 철학적인 이 책들 속에서 그가 추구하는 합리적 접근법은 균형이 맞지 않아 보인다. 앙리 코르뱅이 소개한 바에 의하면 '내면적 입문서'인 세 이야기책의 제목은《깨어 있는 아들Hayy Ibn Yaqzan》과《새》,《살만과 압살》이다. 적어도 앞의 두 작품은 영혼의 부활과 정신적 감각의 회복을 향해 어떻게 나아가야 하는지를 가르쳐준다. 두 이야기에서 이용한 목적론적 화법은 그의 저서《새 이야기》에서도 나타난다. 이 책에서는 자유를 향한 여행과 방향 전환의 과정에 대한 결론을 보여준다.

새는 당연히 영혼을 의미한다. 어느 날 새는 사냥꾼이 만들어 둔 덫의 유혹에 넘어간다. 다리와 날개가 사슬에 묶인 채 새장 바닥에서 힘을 잃어간다. 이제 은유는 점점 더 두드러진다. 물질과 육신의 포로가 된 영혼이 구속된 상태로 온갖 고통과 슬픔 속에서 괴로워하는 것이다. 갑자기 새(영혼)는 날기 위해 안간힘을 쓰는 자신과 비슷한 처지의 새들(영혼들)을 발견한다. 자신의 상황에서 벗어나기 위해 의식을 잃지 않고 설득하는 것이 그의 인생의 목표가 되었다. 이윽고 다리에서 사슬이 벗겨지고 새장 문이 열리자 새는 자유롭게 날 수 있게 되었다. 다른 새들 역시 함께 아주 먼 곳을 향해 날아간다. 위험한 여정이지만 저 멀리 목적지가 보이는 곳에 이르면 행복과 평화를 찾을 수 있을 것이다. 새들은 일곱 개의 산을 넘어 골짜기까지 날아가야 한다. 여섯 개의 산을 넘을 때까지는 엄청나게 험난한 여정이었지만 이윽고 일곱 번째 산의 정상에 이르자 찬란한 광경이 눈앞에 펼쳐진다. 푸른 초원과 아름다운 궁전, 화려한 성, 맑은 물이 흐르고 아름다운 노랫소리와 함께 달콤한 향기가 퍼져온다. 일곱 개의 산은 영혼이 천국을 향한 노정에서 극복해야 하는 천체를 의미한다. 이윽고 여덟 번째 산이 나타났다. 그것은 별들이 박혀 있는 천공이다. 여덟 번째 산꼭대기는 깊은 하늘 속으로 빨려들어간 모습이다. 여행자들은 천공의 경사에 익숙한 또 다른 새들, 그러니까 이미 천국에 다다른 새들에 의해 친절하게 인도된다. 그 너머에는 왕국이 있다. 바로 신이 살고 있는 천국이다. 새(영혼)는 환대를 받으며 신의 얼굴을 보게 된다. 대부분의 정통주의는 죽은 자들의 영혼이 눈부신

신의 얼굴을 직접 볼 수 있다고 믿는다. 실제로 그곳의 왕은 작은 결점도 없는, 형언할 수 없이 아름다운 모습이다. 왕과 가까이 있는 사람은 최상의 행복을 느낄 수 있고, 그에게서 멀리 떨어질수록 천국을 잃을 것이다.

그러므로 《새 이야기》는 신비한 여행을 상징한다. 더욱 자세히 연구해보면 이븐 시나의 알레고리는 예언자의 미라지(승천)라는 용어로 다시 나타나고 아타르의 새의 언어에 관한 알레고리를 예고하고 있다. 어쨌거나 이러한 신비주의적 이야기의 영감은 계속 전해져왔고, 코란 역시 그것을 바탕으로 하고 있다. 거기에서 어떤 종교적인 관련성을 찾는 것은 무의미하다. 왜냐하면 어조와 배경이 애매하고, 여행의 은유도 모두 그노시즘적 경험과 관련된 것이기 때문이다.

지식의 샘을 찾아서
알 가잘리의 영혼 여행

아부 하미드 알 가잘리는 철학적 요소와 수피즘*적 신비주의, 규범적인 문화를 종합하여 사상을 재구성했다는 점에서 위대한 무슬림이었다. 하지만 엄밀히 말하자면 그는 철학자라고 할 수 없고, 철학

---

* 이슬람교의 신비주의적 분파이다. 수피즘은 전통적인 교리학습이나 율법이 아니라 현실적인 방법을 통해 신과 합일되는 것을 최상의 가치로 여긴다.

자에 버금갈 만큼 생각하기를 즐겼다
고도 할 수 없다. 특히 저서《철학자의
모순》에서 그는 철학자들의 대표적 사
상들을 반박하고 비판했다. 철학자들
의 사상에서 입증이 어려운 점들을 찾
아내려고 노력하면서, 특히 이븐 시나
처럼 그리스적 형태의 이슬람철학 대
표자들의 주장에 대해 세 가지 면을 들
어 '이단'이라고 주장했다. 세상의 영
원불변성, 신이 모든 것을 안다는 것에
대한 부정, 육체의 부활을 부정함이 그
것이다. 알 가잘리는 적어도 방법론적
인 면에서 정확한 추리를 이끌어내 논

알 가잘리. 아리스토텔레스의 철학을
연구했으며, 이성과 신앙의 모순을 고
민하다가 오랜 방랑생활을 한다.

리적, 수학적 근거를 들어가며 명료하게 평가했다. 또 철학자들에
게 이의를 제기할 때는 신앙적 이론이 아닌 철학적 도구들을 이용했
다. 특히 알 가잘리는 이븐 시나에 대해 면밀히 연구하여 그의 사상
의 구조를 이용해(본질과 존재의 차이, 가능과 필요의 차이 등) 신의 존재
와 유일함에 관해 설명했다. 이는 그의 저서 중 코란 속 '빛에 대한'
구절(24장 35절)에 철학적 요소를 가미한 해설서인《빛과 빛 사이》와
《신이라는 아름다운 이름에 대하여》에서 특히 명확하게 나타난다.

'위장된 철학자'로서 알 가잘리는 진정한 철학 애호가였다. 개
인적으로 나는 그의 훌륭한 고찰과 업적이 높은 가치를 지니고 있다

는 점에서 알 가잘리를 철학자들과 동등한 위치에서 논해도 무리가 없다고 본다. 알 가잘리는 정치적인 사람이었으며 권력가였다. 그는 1058년 페르시아의 투스(지금의 마슈하드)에서 태어났다. 이슬람 지식을 깊이 연구한 끝에 1091년 니잠 알 물크라는 셀주크 왕조의 대신이 설립한 바그다드의 마드라사(대학교)에서 샤피이파의 법률을 가르쳤다. 이곳에서 알 가잘리는 그가 이룬 지식의 샘에서 물을 마시기를 갈망하는 제자들에 둘러싸여 점점 유명해진다. 셀주크 왕조와 아바스 왕조의 통치 아래 있는 술탄들의 왕국 특유의 어떤 유기적 감각을 지닌 사상가가 되어 시아파, 특히 이스마일파*의 이단적 탈선에 대항하는 수니파의 삐딱한 논객이 되었다. 이에 대해서는 이스마일파에 대항한 아바스 왕조의 칼리프 알 무스타시르의 명으로 쓴 《무스타시르》에 자세히 기록되어 있다. 어쨌든 알 가잘리는 궁정에서 직책을 가진 사람이 아니었음에도 궁정의 높은 권력가들과 가까이에서 지냈으며, 뚜렷한 주관을 가지고 자신의 주장을 펼쳐나갔다.

명성이 쌓여가면서 알 가잘리는 한편으로 회복할 수 없는 정신적 위기를 경험하게 된다. 스스로 신보다는 세속적인 삶 쪽에 가깝다는 사실을 깨닫게 된 것이다. 빈곤과 정신적인 것을 추구하기보다는 부와 명예의 유혹에 빠져들고 있는 자신을 발견한 것이다. 이후 극심한 정신적 불안 속에서 몇 개월 동안 제대로 먹을 수도, 말을 할

---

* 십이 이맘파에 이어 시아파의 두 번째로 큰 분파이다.

수도 없었다. 1095년 말, 가슴속에 한 줄기 빛을 비춰준(코란의 구절에도 나온 대로 "알라께서 이슬람을 위하여 그 가슴을 열게 한 자는 즉 주의 빛 위를 걷는 자"[39장 22절]) 알라신을 영접하면서 치료된 그는 바그다드를 떠나 무슬림에게 아주 중요한 '육체의 여행'을 결심한다. 바그다드에서 예루살렘으로, 그 뒤에는 메카와 메디나로 이어지는 성지 순례였다.

이 여행에 대해서는 자세히 알려져 있지 않다. 아라비아의 성지를 여행하다가 다마스쿠스에 머물면서 알 가잘리는 그곳의 우마이야 모스크의 미나레트*에 매일 올라가 혼자서 명상을 한다. 그 후 다마스쿠스에서 곧바로 팔레스타인 지역으로 가서 이슬람의 세 번째 성지인 예루살렘을 방문한다. 또한 헤브론으로 가서 하느님의 친구이며 일신교의 아버지인 아브라함의 무덤을 찾는다. 그의 정신적 변화에 관해서 쓴 성장소설 《수수께끼로부터의 구원》에서는 여행에 대한 언급 없이 하지(hajj, 성지순례)에 대해서만 언급한다. 메카와 메디나로의 성지순례는 건강한 상태의 신자라면 적어도 일생에 한 번은 꼭 해야 하는 일이었다. 하지만 그의 방랑은 육체적인 여행이라기보다는 정신적인 풍요를 위한 여행이었다. 우리는 다마스쿠스에서 명상에 전념하고, 예루살렘 알 아크사 사원에서 몸을 굽혀 절하며, 또 카바 주변과 메카에서 알라의 신전을 돌아다니는 알 가잘리

---

* 이슬람 건축에서 주로 모스크(사원)의 부수 건물로, 기도 시간을 알려주는 탑이다.

를 상상해볼 수 있다. 그의 영혼은 최고 권력자의 성스러운 이름을 계속 떠올리며 자신이 공부한 수피즘에 따라 알라의 '신호'를 찾으려는 열망에 사로잡혀 있었다. 신비주의적 삶의 여정을 따르고, 예언자들의 영혼을 좇아 육체를 움직이는 정신적 여행이었다. 그리하여 알 가잘리는 코란을 해석하고, 자신의 모든 것을 버린 뒤 코란에서 지식의 시초와 사상의 기초를 발견한다. 그가 이슬람 경전에 관해 분석한 글들을 보면, 모든 삶의 목적과 경험을 코란 원문에서 찾고 있음에 놀라지 않을 수 없다.

여기서 잠시 그의 책 《수수께끼로부터의 구원》을 보자.

"(메카와 메디나로의 순례를 마친 뒤) 내 자식들의 요청 외에도 몇 가지 중요한 문제들이 내 조국(페르시아의 투스)으로 나를 이끌었다. 고향으로 돌아왔지만 나는 무엇부터 해야 할지 몰랐다. 그러나 또한 신의 이름을 품고서 마음의 정화와 고독을 바라면서 은둔하고자 했다. 그러나 당시 가족에 대한 근심과 그들에게 내 존재가 필요하다는 이유로 완벽한 고독을 즐기고 싶었던 나의 의도는 이루어지지 않았다. 나를 가로막는 방해물 앞에서 (화가 났지만) 희망의 끈을 놓지 않고 계속해서 수행을 반복하기 위해 노력했다.

이런 상황이 10년간 계속되면서 나는 고독감 속에서 수많은 것들을 깨달았다. 나는 다른 사람들에게도 도움이 되도록, 특히 수피파 신도들에게 더 나은 삶을 사는 방법과 확실한 길을 알려주고 올바른 습관으로 존엄한 하느님의 길을 좇을 수 있도록 확신을 주려고 노력했다. 실제로 모든 지혜로운 사람들의 총명함, 모든 현인들의 지식, 종교적 규율의 연구에 몰두하는 모든 이슬람 울라마(법학자)는 삶과 수피즘적인 행동들을 수정하고, 아무리 어렵더라도 더욱 올바른 길로 가기 위해 함께 노력했다. 신비주의자들의 모든 움직임, 혹은 휴식은 내적으로든 외적으로든 예언의 공간으로부터 빛을 찾는다. 지상 세계를 비추는 또 다른 빛이 있을 수 없다.

그렇다면 신비주의적 여정이란 무엇을 뜻하는가? 가장 중요한 조건은 순수함이다. 즉, 존엄한 신의 뜻이 아닌 것은 모두 마음에서 비우는 것이다. 신의 이름으로 하는 명상으로 완벽하게 마음을 채우고 오직 습관적인 기도만이 정화의 경지에 도달하는 방법이다. 그리고 마침내 신 안에서 완벽하게 자신을 버리는 것이다."

알 가잘리는 알라 안에서 '자신을 버림'이라고 말한다. 이는 자기 자신과 의식마저도 잊는다는 뜻이지만, 일찍이 이슬람 성자인 알 할라주가 말한 것처럼 신비주의적 육체 안에 알라가 '내재함hulul'이나 알라와의 '일치ittihad'를 뜻하는 것이 아니다. 즉 자신의 정화됨, 자신의 정통성을 보여주는 것이다. 알 가잘리는 인간과 신 사이에는 좁혀질 수 없는 거리가 있다고 했다. 신의 존재적 우월성은 '닿을 수 있'거나, 혹은 누구도 신 자체가 될 수 있는 그런 존재가 아니다(그러나 알 할라주는 흥분된 어조로 소리쳤다. "나는 신이다!"). 이러한 정화와 확신에 대해 몇몇 역사가들은 알 가잘리의 신비주의 경험이 정신적이라기보다는 지성적이었으며, 저절로 생겼다기보다는 스스로 만들었다는 주장을 펴기도 했다. 어쨌든 알 가잘리는 수피즘을 기반으로 한 규칙을 철저하게 실천하면서 알라에게로 향하는 길, 신에 다가가는 방법을 새롭게 정립한 사람이다. 그것은 코란의 구절들에 대한 짧은 해설서인《코란의 진주》와 40권의 전집으로 구성된《종교학의 재흥再興》에 잘 나타나 있다. 이 두 책의 내용은 완전히 다르지만 그 본질은 하나다.

무엇보다 알 가잘리는 의식을 행동과 구분한다. 의식은 행동의 기초를 제공하는 전제조건이지만 지식의 가장 높은 단계를 행동이라고 했다. 이것은 이슬람 사상의 보편적인 태도이기도 하다. 행동은 믿음보다 우위에 있으며 올바른 종교적 수행이 올바른 신앙보다 우위에 있다는 것이다. 지식에 대한 지침은 단 열 가지 단계인 반면, 행동 지침은 서른 단계나 된다는 사실은 그리 놀랍지 않다. 알아야 할 열 가지 지식은 알라의 본질, 신성, 힘, 지식, 의지, 보고 들음, 행동, 업적(창조 등의), 심판의 날(종말론), 예언이다. 서른 가지 행동 지침은 외적 행위와 내면적 행위의 구분, 비난받을 행위와 칭찬받을 행위의 구분이 대부분이다. 외적인 행위는 기본적인 이슬람교도의 행동들, 즉 기도와 봉헌, 단식, 순례 등의 지침 외에 코란 암송, 하느님의 이름을 새김, 종교적 탐구, 정갈한 태도, 선을 명하고 악을 금지함, 순나sunna, 즉 무함마드의 규정에 따라 존재와 행함의 방법에 순응함 등이 있다. 이와 같은 외적인 행위와 내적인 행동 지침은 코란에 규정된 것이다. 그것을 공부하고 실천한다는 것은 바로 알라의 말씀을 공부하고 실천한다는 뜻이므로, 결국 알라께 복종하게 되는 것이다. 비난받을 행위나 육체의 쾌락을 추구하는 것, 알라의 규율에 어긋나는 행동들은 모두 영혼의 결핍에서 비롯되는 것이다. 그러므로 영혼이 알라에게 향하기 전에 먼저 칭찬받을 행동들로 자신을 정화해야 한다. 열 가지 칭찬받을 행동은 회개, 알라를 경외함, 고행, 역경을 이겨냄, 알라의 은혜에 보답함, 정직과 청렴, 알라께 충실함, 알라를 사랑함, 선에 대해서나 악에 대해서나 알라가 명하신 모든 것을 받아들임, 알라와의 만남을 준비하며 죽음에 대해 묵상하기 등이다. 이러한 행동들은 물질을 멀리하고 정신을 가까이 하기 위해 밟아야 하는 단계maqamat이기도 하며, 알라신과의 공동체를 향해 수피파 신도들이 따르는 여행의 특별한 과정이다.

신비주의적 지식의 마흔 번째 단계는 성서의 신비주의적 주석이며 정신적인 관점에서의 코란의 해설이다. 코란과 아주 밀접한 길을 걸었던 알 가잘리의 일생을 살펴보면서 이븐 시나의 문두스 이마지날리스mundus imaginalis(상상의 세계)를 표방한 신비주의를 떠올리게 되는 것은 놀라운 일이 아니다.

알 가잘리의 짧은 글《새의 편지Risala al-tayr》가 좋은 예다. 이글에 등장하는 새들은 아주 영향력 있는 앙카Anqa'의 보호를 받기로 한다. 앙카가 있는 먼 섬으로 향하는 새들의 여행은 늘 그렇듯 고단하고 위험하다. 끝없이 펼쳐진 사막을 지나 현기증이 날 만큼 높은 산들을 넘어 바짝 마른 영토를 지나면 또 꽁꽁 얼어붙은 땅이 나온다. 아타르의《새의 언어》에서처럼 수많은 새들이 비행 중 죽음을 맞는다. 더운 나라의 새들은 추위를, 추운 나라의 새들은 더위를 이기지 못해 죽는다. 그렇게 살아남은 새들은 앙카의 나라에 이르지만 절망스럽게도 그들 앞에 나타난 것은 궁전의 굳게 닫힌 문이다! 사실 그것은 사악한 통치자에게 거절당한 것이 아니라 새들이 고통을 통해 코란이 전하는 진실을 발견해가는 과정이다. 즉 "알라의 가호를 체념해서는 안 된다. 알라의 가호를 체념하는 것은 믿지 않는 무리들"(12장 87절)이다. 새들이 얻게 될 보상, 알라에게 바라는 영혼은 흔들림 없는 믿음이다. 그렇게 해서 새들이 모두 죽음을 맞더라도, 결국 원하는 것을 얻지 못한다 하더라도, 알라에 이르려는 노력을 통해 알라가 가슴으로 그들을 환대하는 은총을 주실 것은 확실하다. 알 가잘리는 코란의 두 구절을 인용했다. "누구든지 집을 뒤로 하여 알라와 그 사도에게로 거처를 옮기면, 그 후에 죽었을 때 이에 대한 보수는 알라께서 책임을 지실 것이다."(4장 100절) 또 "알라께 가는 길 위에서 싸우는 자들은 죽은 것이 아니라 도리어 살아 있는 것이다."(2장 145절) 이것이 바로 정신적 지하드jihad*, 위대한 지하드이며, 인간이 성장과정에서 만날 수 있는 가장 어려운 도전인 자기 자신을 이겨내고 정복하려는 노력이다.

알 가잘리의 모든 '정통주의'적 경향은 이 이야기에서 비롯한다. 할라주도 말했고 또 이븐 시나도 암시했듯이 신비주의적 영혼이 알라와 '일치'할 수 있는 가능성은 없다. 다만 알라에게 '다가갈' 수는 있다. 그리고 무엇보다 알라의 보호의 날개 아래 머무를 수 있다. 앙카의 나라로 날아가는 새들은 알라의 자비를 믿고 따른 것에 대해

---

* 아랍어로 고투, 혹은 분투를 의미한다.

질책을 받지만 결국엔 더욱 충실한 '무슬림('신의 의지에 믿음으로 몸을 맡긴 자'라는 뜻)'이 된다. 그런 의미에서 두 가지 '새 이야기'가 말하려는 바를 잘 살펴보면, 이븐 시나와 알 가잘리는 분명한 차이가 있다. 이븐 시나의 이야기는 문체에 구애받지 않은 그노시스적인 우화이고, 알 가잘리의 글은 타왁쿨tawakkul*, 즉 신에 대한 충실한 믿음과 계시에 의해 보장된 코란의 고백이다. 이것은 앞에서도 여러 번 보았듯이 신비주의적 여정의 가장 중요한 마까마** 중 하나이다.

알 가잘리의 글에 담겨 있는 평화로운 영혼의 암시는 우연한 것이 아니며 코란에서 가져온 것이다. '최후의 심판'의 날에 "그날 주님은 아무도 흉내 낼 수 없는 징벌을 가하시고, 아무도 할 수 없는 방법으로 포박하시리라. 오, 조용히 안식하는 영혼이여. 주님 계신 데로 돌아가라, 기뻐하고 기뻐하며, 내 종복들의 친구가 되거라."(89장 25~29절) 바로 여기서 신을 향한 여정에서 싸웠던 영혼의 여행은 끝나고, 신의 기쁨 속에서 영원한 휴식을 취하게 된다.

---

* '알라에 맡긴다'는 뜻으로 코란에도 여러 번 등장한다.
** 운율이 있는 짧은 산문 형식을 가진 아랍의 문학 장르이다.

여행, 의심을 없애는 과정

토마스 아퀴나스

파스콸레 포로

퀼른

발랑시엔

파리

볼로냐

비테르보

로마 로카세카

몬테카시노

포사노바

나폴리

중세, 학문을 위한
여행의 시대

중세시대의 여행은 특별한 경우가 아니면 시간도 많이 걸리고 불편할 수밖에 없었다. 그럼에도 불구하고 중세시대는 '대이동의 시기'였으며, 지식인들 또한 예외가 아니었다. 이에 대해서는 물론 중세 초기와 후기를 구분하여 생각할 필요가 있다. 그러나 확연한 차이점을 빼면, 중세는 학교 시스템(카롤링거 왕조부터 시작된)의 체계가 정립되기 시작한 시기였다. 그리고 학문을 연구하는 사람이라면 긴 여행을 주저하지 않았다.

대표적인 예로 캔터베리의 안셀모*를 들 수 있다. 1033년 이탈리아의 아오스타에서 태어난 안셀모는 학문을 연마하기 위해 노르망디의 베크에 있는 수도원으로 간다. 이탈리아 파비아 출신의 란프

---

* Anselmo d'Aosta(1033~1109), 이탈리아 출신의 기독교 신학자이자 철학자로 캔터베리의 대주교를 지냈다.

랑코 신부 덕분에 변증법 연구에서 탁월한 명성을 가진 이 수도원에 매혹되었기 때문이다. 베크수도원에서 30년 이상을 지내며 수도원장과 대수도원장의 자리에 올랐다. 우연한 기회에 영국으로 가게 된 안셀모는 1093년 캔터베리 대주교로 임명되어 이 도시로 이주한다. 이후 그를 쫓아내려던 영국 왕 윌리엄 2세와의 대립 때문이기도 하지만, 주교의 자격으로 수많은 여행을 시작한다. 이 여행은 외교적 목적의 여행이었지만 순수하게 교리를 연구하기 위한 여행이기도 했다. 그는 클뤼니, 리옹, 로마(교황 우르바누스 8세를 만나기 위해), 카푸아 등을 여행하고, 1098년에는 바리로 가서 종교회의에 참석한다. 1099년에도 종교회의 참석차 로마에 머물다가 1100년 윌리엄 2세가 숨을 거둔 뒤에 다시 캔터베리로 돌아온다. 그러나 새로운 국왕 헨리 1세와 다시 대립하면서 1103년에는 또다시 베크, 샤르트르, 로마, 리옹, 클뤼니로 여행을 떠난다. 그리고 1106년 캔터베리로 돌아와 3년 뒤 죽음을 맞는다.

스콜라철학의 시대인 13세기 중반, 알베르투스 마그누스*의 여행을 살펴보면 이동한 지역이 훨씬 더 다양해진다. 12세기 말에서 13세기 초 사이에 슈바벤의 라우잉겐에서 태어난 그는 대학 생활을 이탈리아 파도바대학교에서 마친다(볼로냐에서 지낸 적이 있다는 이야기도 있으나 정확하지 않고, 베네치아와 롬바르디아 지역에서 짧게 체류했던 것은

---

* Albertus Magnus(1193~1280), 독일의 신학자, 철학자, 자연과학자.

확실하다). 그 후 도미니코 수도회에 들어가 견습 수사로 쾰른수도원으로 보내졌다. 이후 힐데스하임수도원에서 강사로 지내다가, 작센주의 프라이베르크(혹은 프라이부르크 임 브라이스가우에 있었다는 말도 있으나 정확하지 않다), 레겐스부르크, 스트라스부르로 계속해서 이동한다(여기서 강사란 수도원에서 수사들을 가르치는 일을 말하며 오늘날 대학에서 순수한 학문을 가르치는 것과는 달랐다). 그 후 알베르투스 마그누스는 신학을 전문적으로 공부하기 위해 파리로 간다. 그곳에서 두각을 나타내 잠시 교수로 활동하다가 1248년 쾰른으로 돌아가 도미니코회의 새로운 스투디움studium*을 창립한다. 1254년에는 튜튼족(현재의 독일뿐 아니라 플랑드르, 보헤미아, 오스트리아까지 포함하는 도미니코회 관할 지역 사람들을 말한다)의 관구장으로 선출되어 파리를 비롯한 이탈리아의 여러 지방(밀라노와 로마 등)을 돌아다닌다. 그러다가 알베르투스는 1257년 피렌체의 사제회에서 보직을 내려놓고 다시 쾰른으로 돌아가 수사들을 가르치는 일에 몰두한다. 1259년에는 다시 발랑시엔의 사제회에 들어가 도미니코 수도회의 미래를 위한 기초 연구에 참여한다. 이듬해에는 레겐스부르크의 주교로 임명되었으나 2년 만에 그만두고 이탈리아 비테르보의 교황청에 들어갔다가 다시 오르비에토로 옮겨간다. 1263년에는 교황의 사절과 독일 십자군의 설교자직을 맡아 독일의 주요 도시들을 돌아다닌다. 뷔르츠부르크에서 다시 교

---

* 오늘날 우리가 사용하는 의미의 대학을 말한다.

수직을 맡고 쾰른으로 돌아갔다가 다시 2년 동안 스트라스부르에 머문다. 그리고 마지막으로 쾰른으로 돌아가 1280년 죽음을 맞는다. 말하기도 숨 가쁜 여정이 아닐 수 없다.

　토마스 아퀴나스*가 열정적으로 여행을 다닌 것은 아니지만 눈여겨볼 가치는 충분하다. 일대기를 훑어보는 것만으로도 그의 삶을 짐작할 수 있다. 1224년에서 1225년경 로카세카**에서 태어난 토마스 아퀴나스는 이탈리아의 라치오 주와 캄파니아 주에서 어린 시절을 보낸다. 추측컨대 토마스 아퀴나스가 대여섯 살 무렵, 당시 선망의 대상이었던 수도원장으로 만들겠다는 부모의 뜻에 따라 그는 몬테카시노의 수도원으로 보내진다. 1239년경에는 프리드리히 2세가 세운 나폴리대학에 입학해 수학한다. 그 당시 나폴리대학은 프리드리히 2세의 명령으로 탁발 수도회의 모든 회원이 제명되는 사건이 일어나 대학에서 공부하는 수도사는 그를 포함해 단 2명뿐이었다(특별한 허가 덕분이었다). 겸손한 청년 토마스는 수도회의 관심을 끌기에 충분했고, 1244년 4월 도미니코회의 수도사 옷을 입게 된다. 그리고 며칠 후 토마스는 수도회의 스승인 요하네스 폰 빌데스하우젠을 따라 나폴리를 떠나 로마, 볼로냐 등지를 여행한다. 여행하는 동안 토마스가 몬테카시노 수도원장의 꿈에서 멀어지고 있다고 여긴 가족들은 토마스의 형 리날도와 고위 관리였던 피에르 델레 비네를 끌어

---

* Thomas Aquinas(1224~1274), 이탈리아.
** 이탈리아 남부 나폴리 근처의 도시.

토마스 아퀴나스와 그의 스승 알베르투스 마그누스. 토마스 아퀴나스는 스승의 연구를 이어받아《신학대전》을 완성했다.

들여 토마스를 납치한다. 토마스는 뜻하지 않게 1년간 로카세카의 집에 '감금'된다. 그러나 토마스의 뜻을 꺾을 수 없음을 확인한 가족들은 결국 그를 놓아준다.

그리하여 1245년 토마스는 파리로 가서 알베르투스 마그누스 밑에서 공부를 마친다. 알베르투스 마그누스가 1248년 쾰른에서 새로운 스투디움을 창립할 때 토마스도 참여한다. 1252년 파리로 돌아와 처음에는 수습생(교수 후보자를 말하며, 지금의 대학 연구원과 비슷한 신분)으로 지내다가 1256년 봄에 교수가 된다. 1259년 6월, 옛 스승과 함께 도미니코 총회에 참석하기 위해 발랑시엔으로 간다. 도미니코 수도회원의 규칙은 교수들이 대학 본거지와 수도원들을 오가며 교대로 직무하도록 하는 것이었으므로(파리의 신학 교수는 빨리 공부를 마치고 자격증을 받은 뒤 유럽 전 지역을 두루 돌며 강의할 수 있도록 했다), 토마스는 파리에서의 첫 직무기간을 마치고 1259년 바로 이탈리아로 돌아와 나폴리에 머문다. 1261년부터는 오르비에토의 도미니코수도원에서 강의를 맡아 진행하면서 교황청에서도 일을 하게 된다. 4년 뒤인 1265년, 그동안 이루지 못했던 신학문을 창시하라는 임무를 띠고 로마로 간다. 이후 로마의 스투디움은 토마스 아퀴나스와 동일시되어 이어져 내려온다. 로마에서 지내던 토마스는 1268년 파리로 호출되어 두 번째 직무기간을 보내다가(도미니코 수도회 교수 중에서는 흔하지 않은 특권이었다) 1272년 봄에 마친다. 신학문의 연구는 그의 선택에 따라 파리와 나폴리 등의 수도회에서 계속 이어졌다. 1274년 초, 교황 그레고리우스 10세가 그리스 교회와의 타협을 위해 리옹에 소집한 공의회에 참석차 다시 여행길에 오른다. 이미 건강이 안 좋은 상태였던 토마스는(1273년 12월, 가족들이 꾸민 미스터리 납치 사건처럼 이번에도 진실은 알 수 없으나 갑작스럽게 저작 활동을 그만둔다) 여행 중 머리를 나뭇가지에 심하게 부딪친 뒤로 종종 의식을 잃기도 하며 점점 병이 깊어진다. 토마스는 잠시 들러 성 그레고리오에 대한 강연을 해달라는 몬테카시노 수도사들의 요청에 응하기 위해 가던 도중, 조카딸 프란체스카가 있는 마엔차의 성에서 여행을 멈춘다. 그곳에서 병세가 빠르게 악화되자 죽음을 직감한 토마스 아퀴나스는 자신을 포사노바수도원으로 옮겨줄 것을 부탁한다(다른 기록에 의하면 토마스가 무리하게 로마로 길을 재촉하다가 포사노바에서 멈췄다고도 하고, 수도원의 수도사들이 말에 실어 그를 데려왔다고도 한다). 1274년 3월 7일 토마스는 포사노바수도원에서 숨을 거둔다. 남아 있는 기록을 토대로 토마스 아퀴나스의 중요한 육로여행(육로로만 여행한 것은 아니지만)을 모두 계산해보면 거의 30년 동안 1만 5,000킬로미터 이상을 돌아다녔다고 한다.

서로 다른 유럽에서

앞에서 살펴본 것처럼 중세시대의 여행은 빈번했으나 불편했다. 바닷길을 통한 이동은 확실히 빨랐지만, 사실 라틴족은 돛을 이용한 항해를 발달시키지 못했다(삼각돛을 이용한 아랍인들과의 차이점이다). 게다가 비용도 만만치 않았고, 바다가 평온하지 않은 계절에는 여행을 할 수 없었다. 배를 정박하는 일도 쉽지 않았다. 중세시대의 서유럽 국가들은 4월부터 11월 초까지만 배를 탈 수 있었기 때문에 나머지 달은 바다가 모두 '폐쇄' 상태였다(로마시대에서부터 내려온 《폐쇄된 바다mare clausum》의 기록을 보면 그들은 9월 14일부터 5월까지는 배를 타지 않았으며, 14세기 초까지도 11월 11일부터 3월까지는 통상 바다를 폐쇄했다고 한다). 이탈리아에서 프랑스까지 가려면(반대로 갈 때에도) 일반적으로 세 가지 경로가 있었다. 첫 번째는 피사에서 마르세유까지, 제노바에서 몽펠리에까지, 그리고 치비타베키아에서 에그모르트까지(파리까지 가려면 론 강을 따라 다시 올라가야 했다) 바닷길을 이용하는 방법이다. 두 번째 방법은 강줄기를 이용하는 것이다. 토마스 아퀴나스는 주로 이 방법을 이용했다. 반면 육로를 이용한 여행은 기간이 한없이 길어졌다. 특히 말을 타고 이동하는 여행이 허용되지 않는(병에 걸렸을 때를 제외하고) 도미니코 수도사들은 더했는데, 말은 주로 사람보다는 짐을 싣고 다니는 데만 이용했다(필사한 책을 비롯해 값나가는 물건들은 더 무거웠다).

육로여행은 손님을 대접하는 데에도 문제가 있었다. 사실 현재와는 많이 다른 유럽의 풍경을 상상해볼 필요가 있다. 도시의 구조는(플랑드르와 시칠리아는 훨씬 사정이 나았지만) 지금보다 훨씬 더 체계적이지 않았다. 따라서 여행을 시작할 때 날마다 숙박할 곳을 미리 정해두어야 했다. 일을 위해서든 공부를 위해서든 이동이 잦아지면서 서유럽 사람들의 손님맞이에 대한 인식이 바뀌어갔다. 중세 초기까지 손님맞이란, 특히 귀족과 고위 성직자들에게는 잠잘 장소뿐 아니라 필요한 모든 서비스까지 제공하는 것이었다(오늘날로 말하자면 '서비스'이지만, 당시로서는 그야말로 '관리' 수준이었다). 중세 초기 여러 마을의 교구를 방문하는 성직자들에 대한 손님맞이가 좋은 예다. '성직자가 방문한' 마을은 풍부한 음식과 다양한 선물을 마련해야 하며 때로는 손님이 미리 작성해준 목록에 맞춰 물목을 준비하기도 했다(오늘날 배우나 가수 같은 스타들이 순회공연을 갈 때 그들이 원하는 대로 미리 준비해두는 것과 비슷하다). 몇몇 나쁜 예로 리치몬드의 부주교는 말 97필과 개 21마리, 맹금류 3마리를 이끌고 브링들린턴수도원을 방문해 그곳을 쑥대밭으로 만든 적이 있다. 반면 브뤼헤의 성 안드레아스수도원 수도원장은 1188년 랭스의 대주교의 방문을 거절했다. 대주교가 방문에 앞서 은화 40마르크의 '보너스'를 요구했기 때문이다. 그것은 수도원이 파산할 정도의 금액이었다(빚을 진 수도사들은 한시적으로 다른 수도원으로 보내지곤 했다). 14세기에도 대주교가 방문에 앞서 '보상'을 요구하는 일이 비일비재했다. 그것도 지역에 따라 값이 달랐다.

이처럼 방문자를 받는다는 것이 시대에 따라서는 파산에 이를 정도로 부담스러운 일이기도 했다. 만일 방문자가 중요 인물이 아닐 경우(시민이든 성직자든) 다행스럽게도 의무는 줄어든다. 일반적으로 손님맞이의 의무는 잠자리만 제공하면 되고 식사는 손님이 알아서 해결했다. 이러한 현상은 중세 후기로 가면서 조금씩 달라졌다. 숙박업소가 생겨났는데 처음에는 단지 음식점으로 사용되던 장소가 차츰 손님이 묵을 수 있는 여관으로 바뀌었다. 대학이나 은행, 병원 등 지금도 우리 삶에 없어서는 안 될 모든 주요기관들과 마찬가지로 여관도 중세시대에 생겨난 산물이다. 어쨌든 여관은 특히 일반인 여행자들에게 유용했으며, 맞아줄 장소를 준비하는 게 필수였던 토마스 같은 사제에게는——토마스뿐 아니라 도미니코회 수도사들 모두——숙소를 정해놓음으로써 여행이 훨씬 편해졌다(수도사들은 가난한 시민들에 비해 융숭한 대접을 받을 수 있었지만, 그들 역시 규정이 정해져 있어서 사흘 이상 머물지 못했으며 인원수도 제한이 있었다).

토마스가 방문한 곳은 모두 유럽의 도시들이었다. 그중 인구가

8만에서 20만 명으로 늘었던 (12세기에서 14세기 사이에) 파리는 13세기에 가장 큰 도시였다고 해도 과언이 아니다(그 시기에 인구가 8만이 넘는 도시는 많지 않았다. 피렌체, 밀라노, 제노바, 베네치아, 런던 정도로 추정된다). 더욱이 당시 파리는 두 개의 강줄기 사이로 생활권이 나뉘기 시작했는데, 이러한 도시 구조는 19세기까지 이어진다. 오른쪽 강 유역은 거의 대부분 수공업 노동자들의 구역이었으며, 주요 종교시설과 함께 지식인 노동자들은 '리브 고슈Rive gauche'에 집중되어 있었다. 리브 고슈는 스콜라학파와 여러 단체의 중심지였을 뿐만 아니라 탁발 수도사들의 주요 수도원이 집중된 거점지대였다.──도미니코회(생자크), 프란체스코 수도회(코르들리에), 아우구스티누스 수도회, 가톨릭 수도회의 거점이었다(반면 베네딕토 수도회와 기사단은 성채 바깥쪽에 있었다)──그들은 약 470미터의 거리를 두고 분리되어 있었다. 사실 수도원들 사이는 최소 약 500미터의 거리로 규정되어 있었다. 파리 체류 당시 토마스 아퀴나스는 거의 생자크에만 머물렀다. 중세 말기에는 필리프 2세가 축조한 성벽 동쪽으로 거대한 수도원이 현재의 생자크 거리, 퀴자 거리, 생제르맹 거리 사이의 넓은 구역을 차지하고 있었다. 노트르담은 이미 오래전부터 건축이 시작되어 항상 그곳에 서 있었는데도 토마스의 눈에는 13세기가 흘러감에 따라 그 구조도 함께 점점 변형되고 있는 거대한 공사장처럼 보였다. 우리 눈에도 중세의 전형적인 유물들이 당시에 살았던 사람들에게도 오래전부터 그곳에 있었던 것처럼 느껴졌다는 것이 놀라울 뿐이다.

토마스 아퀴나스의 여행
의심과 진실

토마스 아퀴나스는 끊임없이 돌아다니며 살았음에도 불구하고 몸이 뚱뚱해서(제자인 레미지오 데이 지롤라미는 그를 '키 큰 펭귄 같은 체구' 혹은 직설적으로 '펭귄'이라고 표현했다) 여행은 물론 단순히 걷는 것조차도 좋아하지 않았을 것처럼 보였다. 굴리엘모 토코(14세기 베네벤토의 수도원장으로 토마스를 시성諡聖했으며, 수도회의 유명한 교수 중 한 사람이다)가 이야기한 유명한 일화가 있다. 토마스는 볼로냐수도원에 있을 때 사색에 잠겨 산책을 하곤 했다(그의 부주의함은 수많은 일화에도 등장하며, 속담이 되었을 정도로 유명하다). 어느 날 볼로냐에 대해 잘 모르는 다른 수도원의 사제가 왔는데 수도원장이 급한 심부름을 시키게 되었다. 그래서 수도원에서 처음 마주치는 사제에게 도시의 안내를 부탁하라는 지시를 함께 받는다. 그런데 그가 처음 만난 사제가 하필이면 토마스였다. 물론 바로 동행을 시작했지만 토마스는 손님의 걸음을 쫓아갈 수가 없었다. 손님은 그가 유명한 교수인 줄도 모르고 화를 냈다. 뒤뚱거리며 따라가던 토마스는 빨리 걷지 못함을 거듭 사과했다.

굴리엘모가 말한 또 다른 일화를 보면, 토마스의 체구가 이점으로 작용할 때도 있었다. 토마스가 몇몇 동료들과 배를 타고 여행을 할 때였다. 배가 자꾸만 강의 지류를 따라 거꾸로 흘러가려 하자 선원들은 밧줄을 당겨 배를 강가에 대려 했다. 하지만 강의 흐름을 이

토마스 아퀴나스는 인간이 물질적인 것과 정신적인 것이 만나는 지평선과 같은 존재라고 보았다.

기기는 어려워 보였다. 이 모습을 본 토마스가 배에서 혼자 내려 밧줄을 당기자 순식간에 배가 정박되었다고 한다. 다른 동료들이 도와주려고 배에서 채 내리기도 전에 말이다(굴리엘모는 특히 초월한 듯한 토마스의 표정을 강조했다. 사람들은 애초에 토마스의 몸무게 때문에 휩쓸린 것이라고 그를 생각했을지도 모를 일이다).

굴리엘모는 토마스의 여행과 관련된 일화를 이야기하기 좋아했다. 또 다른 이야기는 배를 타고 파리에 가다가 일어난 일(1268년의 일로 추정된다)로, 위험하지만 흔히 일어날 수 있는 일이다. 그날은 엄청난 폭풍우가 몰아쳐 선원들까지 모두 공포에 떨고 있었다. 그런데 죽음의 공포 앞에서 오로지 토마스만이 강한 정신력으로 무덤덤하게 상황을 지켜보고 있었다. 굴리엘모는 그 상황에서 기적이 일어났다는 이야기를 하려는 게 아니라(토마스는 평범하지만 독특한 사람이었다), 토마스가 자신을 철저하게 컨트롤하는 사람이라는 것을 강조하고 싶었다(아니, 하느님은 토마스에게 어떤 상황에서도 이성의 판단에 따를 준비가 되어 있는 신체를 선물하신 것이 분명하다).

우리는 오직 그의 전기를 통해서 토마스의 실제 여행을 짐작할 수 있다. 하지만 토마스 자신이 남긴 글에서는 여행을 은유적으로 표현한 경우가 많다. 그는 아리스토텔레스의 《형이상학》 3권의 유명한 구절들을 주석하면서, 여행을 의심에 대한 진실 탐구와 비교한다. 즉 여행을 하며 만나는 사람들로부터 답을 찾아내면서 의심을 없애는 것, 그것이 진실을 탐구하는 사람들이 제안하는 '여행의 목적'이다. 어디로 가야 하는지 모르는 사람은 곧바로 목적지에 이를 수 없으며(우연히 목적지를 찾게 되지 않는다면), 따라서 어느 누구도 먼저 의심하지 않고서는 곧바로 진실을 찾을 수는 없다. 스콜라주의에 입각한 토마스는 그 이론에 다른 목소리를 내지 않았다. 그는 진실이란 의심과 문제제기를 통해서만이 도달할 수 있다고 주장했다(데카르트보다 훨씬 앞서 확립한 것이다). 이것은 중세시대의 엄격한 교리와 관련짓지 않더라도 충분히 설득력이 있는 이론이다.

청어와 정어리
특이한 기적

여행이란 한편으로 여러 가지 음식을 비교하는 것을 의미한다. 호메로스의 오디세우스는 낯선 땅에 도착할 때마다 제일 먼저 동료들에게 그 지역 사람들이 빵을 먹는지 안 먹는지를 알아보라고 했다(이렇게 해서 빵의 소비를 문화의 지표와 동일시했다). 중세시대의 여행가들은 아주 다양한 식습관과 기호를 경험할 수 있었을 것이다. 색다른 음식과 맛을 경험하기 위해 굳이 아랍이나 동방으로 갈 필요는 없었다. 이미 오래전 비잔틴 문화를 경험한 라틴족에게는 다양한 음식이 그리 기이한 것도 아니었다. 크레모나 출신 류트프란드 왕이 비잔틴 황제로부터 제공받은 '혐오스러운' 축제에 대해 증언한 바에 따르면 마늘, 양파, 파 그리고 각종 오일에서부터 생선 액젓까지(고대 로마인들이 먹던 '가룸garum'이라는 것으로 액젓과 거의 흡사하다) 모두 갖추어져 있었다고 한다. 그러나 아드리아 해만 건너도 음식은 완전히 달라졌다. 특히 올리브오일의 사용법이 달랐는데, 올리브오일은 주로 서유럽에서만 사용되었다.

토마스는 유럽의 경계를 넘어본 적은 없지만 어쨌든 나폴리와 중남부 이탈리아, 그리고 쾰른과 파리 등의 북유럽이라는 비교적 다른 두 문화 사이를 왕래하며 지냈다. 말년에는 이 두 문화와 연관된 관습에 관한 기록이 많은 부분을 차지했던 것 같다. 앞에서 본 바와 같이 토마스는 자신의 교리 때문에, 그리고 존경받을 만한 품성을 지닌 덕분에 성인의 반열에 올랐다. 당연히 기적 따위를 바라는 사람이 아니었다. 그런데 이런 사실에 조금 어긋나는 사건이 있었다.

그가 경험한 다양한 음식 문화와 관계되는 일이었다. 토마스는 여행 중 죽음을 맞이했다. 조카딸인 프란체스카가 있는 마엔차 성에 머무는 동안 그는 식욕을 완전히 잃고 삶을 포기했던 것 같다. 의사는 토마스의 식욕을 되살리기 위해 먹고 싶은 게 무엇인지 물었다. 그러자 토마스는 신선한 청어가 먹고 싶다고 대답하는 게 아닌가.

분명히 파리나 쾰른에 있을 때 먹었던 음식인 듯싶다. 하지만 이탈리아 티레니아 해에서는 청어가 전혀 잡히지 않았다. 총명한 의사는 죽음을 앞두고 있는 이 위대한 인물의 소원을 거절하기 어려워 고민에 빠졌다. 일단 시장으로 간 그는 마침 항구에서 정어리 한 자루를 가지고 오는 생선 장수를 만났다. 의사는 짐을 내려놓아달라고 하고 그 안에 혹시 다른 생선이 섞여 있는지 살펴보았다. 그런데 믿을 수 없는 일이 일어났다. 그 안에는 신선한 청어가 바구니 한가득 있던 것이다. 의사는 그것이 근방에서 즐겨 먹는 음식이 아닌데다 생선 장수가 정어리만 사왔을 것이 분명하므로 어리둥절했지만 기쁜 마음으로 환자에게 가지고 왔다. 굴리엘모의 전기는 교훈적인 말로 이 에피소드를 마치고 있다. 토마스는 기적을 바랐던 마음이 죄스럽다며 자신의 억지스러운 요구를 후회하고 청어를 먹지 않았다. 그러나 피에트로 디 몬테산조반니의 증언은 굴리엘모의 교훈과 상관없이 훨씬 간결했다. 그는 "토마스가 기적의 청어를 먹었다De quibus etiam arengis comedit dictus frater Thomas"고만 전했다.

위의 두 번째 증언은 사실이 아니라 할지라도 훨씬 더 설득력이 있다. 어떤 인간도 죽음의 문턱에서는 그처럼 복잡한 생각을 할 수 없기 때문이다. 죽음을 앞둔 인간이란 어떤 목적이나 원인이 없이도 (향수 때문일 수는 있다) 단순히 과거에 먹었던 음식을 다시 먹고 싶을 수 있다. 이렇게 말하는 게 좋을 듯싶다. 토마스의 인생은 끊임없는 여행의 연속이었음에도 불구하고, 결국엔 자신이 태어나 공부를 시작하고 사제가 된 곳에서 멀지 않은 장소에서 숨을 거두었다. 그러나 그의 인생은 독특하고 이국적인 경험으로 점철되어 있었다. 세상을 떠나기 전 신선한 청어를 먹고 싶었던 욕구는 인생의 다른 시점, 다른 문화, 그리고 다른 경험의 흔적인 것이다.

서양에서 온 선비, 중국의 마음을 훔치다

마테오 리치

필리포 미니니

차오저우

난징

베이징

광저우

난창

마카오

자오칭

고아

코친

마체라타

로마

피렌체

코임브라

리스본

중국인의 영혼에 파고든
'기이한' 사람

1610년 5월 11일, 마테오 리치는 베이징에서 사망했다. 중국의 개방된 네 개의 도시(가장 먼저 개방된 자오칭 시는 다시 폐쇄되었다)에 흩어져 살던 10여 명의 동료, 약 28년 동안의 선교활동을 통해 생겨난 2,000여 명의 가톨릭 신자, 그를 알고 존경하던 100여 명의 중국인 사대부들, 왕가의 대신들과 고관들, 그리고 황제도 그의 죽음을 애도했다. 며칠 후 마테오 리치의 동료들은 중국인 고관들의 도움을 받아 외국인 이마두利瑪竇를 안장할 땅을 하사해줄 것을 황제에게 간청했다. 황제 만력제는 이 간청을 받아들여 도시 성벽 밖 환관에게서 압수한 집터에 그를 안장하도록 했다. 이것이 베이징에 생긴 예수회 신자의 첫 무덤이었다. 줄리오 알레니*는《마테오 리치의 생애》

---

* Giulio Aleni(1582~1649), 이탈리아의 문학가이자 수학자, 천문학자로 예수회 회원이었다.

에서 "환관은 황제가 내려준 특권에 대하여 재상인 여태산에게 물었다. '고대로부터 지금까지 어떤 외국인에게도 무덤이 허락되지 않았거늘, 어째서 리치 선생에게만은 허락된다는 말입니까?' 재상이 대답했다. '고대로부터 지금까지 이 나라에 온 외국인 중에 리치 선생만큼 덕과 지식을 갖춘 사람을 보았는가?《기하학원론》을 번역한 것만으로도 그의 묘지를 만들기에 충분하네.'" 그리고 이렇게 덧붙였다. 리치는 "사당과 동상도 지어줄 만한 가치가 있는 분이다."

재상은 외국인 리치를 중국 역사에서도 좀처럼 능가하기 어려운 훌륭한 덕과 지식을 겸비한 사람이라 생각했다. 재상이 평가하는 덕과 지식의 기준은 수많은 저서와 공적에 있었다. '서양에서 온 선비'는 중국 사람들에게 '중국Paese di mezzo'* 외에 다른 세계가 있음을 보여주었고, 그 세계는 명나라 말기의 중국과 적어도 비슷한 수준의 지식과 덕이 존재하는 곳이라는 사실도 알게 해주었다. 비록 믿을 수 없을 만큼 긴 시간이 걸렸지만, 중국인들이 모르는 세계에 눈을 뜨고 리치와 그의 동료들을 두려움 없이 받아들이게 되었다는 뜻이었다.

마테오 리치의 놀랄 만한 업적과 활동을 보면, 그가 중국인과 다름없는 삶을 살았다는 것을 알 수 있다. 수많은 중국의 선비들은 그를 가리켜 '기이한 사람'이라고 불렀는데, 리치가 남긴 철학 작품

---

* Paese di mezzo는 이탈리아어로 中國을 '가운데 나라'라는 문자 그대로 옮겨 쓴 것이다. 세상의 중심이라는 의미를 강조했다.

과 그에게 붙인 호칭만 봐도 우리는 충분히 납득할 수 있다. 리치와 친한 친구였던 이지조는 책 서문에 '기이한'이란 '대단한, 비범한'이라는 의미이며 '완벽한 인간'에 가까운 뜻이라고 설명했다. 그가 마테오 리치에 대해 소개한 글이다.

서태西泰 선생은 9만 리나 되는 긴 바다여행을 하면서 위험한 나라들을 수없이 지나고 많은 어려움과 위험을 이겨낸 끝에 중국에 도착했다. 그러나 그는 중국인들을 두려워하지 않았고 오히려 많은 사람과 친구가 되었다. 그는 사람들에게 아무것도 요구하지 않았으며 아무런 구분 없이 친분관계를 유지했다. 어쨌든 처음부터 독특한 사람으로 여겨졌다. 게다가 그는 거세한 사람도 아니었으나 결혼도 하지 않았고, 말수가 적고 절제하는 생활을 했다. 그는 매일 하느님을 섬기는 일만 생각했다. 그래서 나는 그를 방랑하는 수도사라고 생각했다.

그를 잘 알게 되면서 차츰 그가 정의를 따르고 진실을 찬양하며 이단을 거부한다는 사실과, 손에는 늘 책을 들고 있으며 다 읽은 뒤에는 처음부터 마지막 단어까지, 혹은 뒷부분부터 거꾸로도 모두 외울 수 있다는 것도 알게 되었다. 그는 삶과 죽음에 관계된 교리를 완벽히 알았고, 천문학에 능했으며, 지도를 그리는 능력도 있었다. 또 수학과 유교 학자들이 모르는 것을 많이 알고 있으면서도 계속해서 지식을 쌓아갔으며 (……) 그를 만난 지 이제 10년이 되었는데 그동안 서태 선생은 더욱 완벽해졌다. 불필요한 말과 행동, 생각은 모두 사라진 반면, 점점 완벽해지고 있는 인품은 하늘과 인간과 자기 자신과의 조화 속에서 점점 더 순결해졌다. 덕의 시대가 이르기를 기다리면서 곳곳에 자취를 남기고 공격적인 대화는 절대로 하지 않았다. 그를 잘 모르는 사람은 그를 이해하기 힘들 것이다. 그러나 그를 이해하기 시작하면 모두 기쁜 마음으로 그에게 빠져든다. 나는 가끔 그에게 조언을 부탁하곤 하는데, 그의 말을 따르면 대부분 일이 잘 해결된다. 반대로 그의 말에 귀 기울이지 않았다가 후회를 하는 일이 종종 있었다. 따라서 나는 그를 '완벽한 인간'이라 생각한다. '완벽한 인간'이란 자연과 비슷하지만 보통 사람과도 다르지 않다.

또 다른 문학가 왕 지아즈는 이렇게 덧붙였다.

나는 서 선생*을 통해 이마두 선생을 알게 되었다. 이 선생은 서양 끝에서 왔다. 그는 수염이 많고 말수가 적다. (……) 서양은 중국에서 10만 리나 떨어진 아주 먼 곳이다. 같은 하늘, 같은 땅에 있지만 이 두 지역은 교류하지 못했다. 첫 교류는 이 선생이 파견되어옴으로써 시작되었다. 수많은 나라를 거쳐오며 그가 선택한 나라가 바로 중국이었다. (……) 그의 종교적 가르침은 사람들에게 덕을 가르치고 인간관계를 중요하게 여기며 하느님을 섬기도록 격려하는 말들뿐이었다. 그것은 요, 순, 주공, 공자의 가르침과 크게 다르지 않다. (……) 나는 이 선생의 책을 끝까지 읽고 나자 대단한 사람이라는 생각에 마음 깊이 존경하지 않을 수 없었다!

---

* 서광계로 추측된다.

마테오 리치는 이탈리아 예수회 선교사로, 중국에 천주교를 처음 소개했다. 중국에 살면서 서양의 발명품을 소개함으로써 중국인들의 마음을 사로잡았다.

'기인'이란 무엇을 뜻하는지 묻는 사람에게 공자는 이렇게 대답한 적이 있다. "기이한 사람은 인간으로서는 기이하지만 하늘과는 가깝다." 무엇이 마테오 리치로 하여금 이처럼 깊숙이 중국인의 영혼에 파고들게 만들었을까? 무엇이 그를 '중국의 아들'처럼 여기게 만들고, 베이징의 사당에 모실 만큼 위인으로 생각하게끔 만들었을까?

소명을 깨닫다
신부가 되다

마테오 리치는 1552년 10월 6일, 이탈리아의 마체라타에서 약재상을 하던 조반니 바티스타의 장남으로 태어났다. 그의 형제자매는 열한 명인지 열두 명인지 확실하지 않다. 어릴 적 갖게 된 중요한 소양은 훗날 마테오 리치가 중국에서 보낸 편지에도 썼지만, 어머니처럼 집안일을 돌봐주던 할머니 라리아에게서 지대한 영향을 받았다. 어린 시절 마테오는 집에서 니콜로 벤치베니라는 사제에게 특별교육을 받았다. 그러다가 1561년 예수회학교가 문을 열자 제1회 입학생으로 등록했다. 이곳에서 1566년까지 인문학 공부를 한다. 그 후 잠시 약재상 일을 돕다가, 16세에 로마의 사피엔자대학에 들어가 법학을 공부한다.

마테오는 3년 동안 법학부에 재학했지만 법 조항과 재판에는 열의를 갖지 못했던 것 같다. 계속 예수회에 다니던 그는 결국 다른 소명을 깨달아 1571년 8월 15일, 퀴리날레에 있는 산탄드레아교회의 수련자 양성소의 문을 두드린다. 마테오는 수련자들을 교육하는 교수 파비오 데 파비 신부가 병에 걸려 그 자리를 대신한 부교수 알레산드로 발리냐노의 눈에 들어 총애를 받는다. 이 일은 훗날 중국 진출의 임무를 맡게 되는 계기가 된다. 마테오는 수련자 교육이 끝나고 피렌체로 가서 약 1년 동안 인문학을 공부한 뒤 로마로 돌아와 1573년부터 로마대학에서 수사학과 철학을 공부한다. 철학 분야에는 수학도 포함되어 있었는데, 산술뿐 아니라 기하학, 천문학, 지리학, 지도 작성법, 시공간의 측정에 관한 과학도 함께 공부해야 했다. 그 시기에 마테오 리치는 갈릴레오와 케플러의 친구이자 유명한 수학자인 크리스토퍼 클라비우스가 세운 아카데미에 다닌다. 리치는 그를 '나의 스승님'이라 부르며 과학과 기술을 배운다. 또 경이로운 암기술과 엄격한 인문학 교육 덕분에 당시로서는 생경했던 중국문학에도 관심을 갖게 된다.

이듬해 배를 타고 인도로 떠난 14인 예수회 그룹에 합류한 마테오 리치는 1577년 5월에 우선 로마를 떠나 포르투갈의 코임브라에 도착해 신학과 포르투갈어를 공부했다. 이후 리스본을 떠나 6개월 남짓의 행복한 여행 끝에 1578년 9월 13일 인도의 고아에 도착한다. 그리고 거의 4년 동안 고아대학과 코친대학을 다니면서 고전문학을 가르쳤다. 그곳에서 당시로서는 치명적이었던 말라리아에 걸리기도 했으나 신학 공부를 멈추지 않았다. 그리고 1580년 7월 코친에서 신부 서임을 받는다. 3년간의 신학 공부를 마치고 1582년 여름, 예수회의 동아시아 순찰사였던 알레산드로 발리냐노의 부름을 받고 마카오로 향했다.

'용의 나라'
문 앞에서

수십여 년 전부터 예수회와 다른 종교 계파들은 이른바 '용의 나라'로 들어가기 위해 노력했지만 모두 실패했다. 서양 지도에서 마르코 폴로가 '캐세이Cathay'라 지칭한 지역의 동남쪽에 묘사된 나라인 중국은 포르투갈 사람들에게는 꽤 잘 알려진 나라였는데, 이는 포르투갈 사람들이 광저우 시 박람회에 정기적으로 드나들며 소식을 전해주었기 때문이다. 그들은 20여 년 전부터 약 1,000여 명으로 이루어진 커뮤니티를 구성해서 중국인들이 통치하고 있던 마카오에 거주허가를 받아 체류할 수 있었다.

마카오는 중국과 일본, 필리핀, 동남아시아를 잇는 전략적으로 중요한 항구로 예수회 사람들이 대학과 교회를 세워 운영하고 있었다. 1577년 발리냐노가 그곳에 순찰사로 파견되었다. 일본에서 배가 올 때까지 기다리면서 발리냐노는 몇 개월 동안 독특한 중국 문화에 관해 공부했다. 그 과정에서 중국이 거대하고 신비한 나라이며 외국과의 모든 교류를 끊고 있지만 아주 오래되고도 세련된 문화를 갖고 있음을 알게 되었다. 국가의 엄격한 운영 체계로 볼 때 기독교를 전파하려면 새로운 방법이 필요하다는 것도 깨달았다. 무엇보다 행정과 법정에서 쓰이는 '만다린어'라 불리는 공식 언어를 공부할 필요가 있었다. 서양인 누구도 아직 알지 못하는 언어를 습득한 뒤에는 두 번째로 중국의 문화, 특히 나라를 지배하고 있는 유교에 관해 공부해야 했다. 발리냐노는 외국인이 아무것도 모르는 한 나라에 대해 배우려면 그 나라에 살면서 관습을 습득하는 방법밖에 없다고 판단했다. 즉 그들에게 기독교적 메시지를 전하기 위해서는 중국인들 사이에서 지내면서 지배계층과 가까워질 필요가 있었다. 순찰사는 이를 위해 마테오 리치와 함께 유럽을 떠나 인도에 머물던 미켈레 루제리를 중국으로 불렀다. 미켈레 루제리는 발리냐노보다도 아홉 살이나 많았고 수도회에 들어가기 전에 나폴리에서 변호사 일을 했기때문에 세상 경험이 풍부했다.

루제리는 1579년 7월, 마카오에 도착해 만다린어를 공부하기시작했다. 그리고 광저우 시 박람회에 참가하는 포르투갈 상인들을따라 중국 대륙으로 들어가려고 여러 차례 시도했다. 선교활동이 사사건건 어려움에 부딪히자 루제리는 순찰사에게 젊고 기억력이 출중하며 선교에도 능한 마테오 리치를 불러줄 것을 요청했다. 그러나수도원에서는 마테오가 신학 공부를 마치기를 원했다. 결국 그는 신학 공부를 마치고 1582년 8월 7일에야 마카오에 도착하게 된다. 대학에서 함께 공부했던 스페인 동료의 증언에 의하면, 그해 성탄절쯤에는 마테오가 통역 없이 만다린어로 대화할 수 있는 수준이 되었다고 한다.

이듬해 9월, 루제리가 앞서 시도했던 일들이 결실을 맺으면서, 특히 자오칭에 살던 광둥성 총독에게 시계를 선물한 덕분에 루제리와 리치는 그 도시에 거주해도 좋다는 허락을 받아냈다. 또 지방관인 왕판으로부터는 교회로 쓸 수 있는 집을 지어도 좋다는 허락도 받았다. 두 사람은 외국인에게 허용된 불교 승복을 입고 그들의 관습에 따라 종교인으로 살라는 명을 받았다. 그들은 머리와 수염을 깎고 회색 승복을 입었다. 이렇게 시작된 중국에서의 생활은 18년이 지나서야 황제 만력제의 부름을 받게 된다. 유럽 대사 자격으로 하사품을 전하기 위해서였다. 온갖 고초와 전대미문의 경험들을 이겨낸 끝에 맺은 결실이었다. 자오칭의 문턱을 넘은 지 5년이 지난 후 루제리는 중국 황제를 방문할 예정인 교황(식스토 5세)의 사절단을 구성하기 위해 로마로 돌아간다. 그러나 그렇게 노력을 기울였던 교황 방문은 실패로 돌아가고, 리치는 혼자서 베이징으로 가는 길을 개척해야 할 상황에 놓이게 된다.

서양에서 온 선비
드디어 베이징에

발리냐노로부터 받은 지시는 분명했다. 중국의 왕궁에 들어가 황제를 개종시키고 자유로운 기독교 선교를 허락받는 것이었다. 견고한 통치체계와 위계질서를 지닌 거대한 나라 중국에서의 포교는 아래로부터가 아닌 위로부터 시작해야만 했다. 마테오 리치는 중국을 동화시킬 새로운 방법을 고안해내느라 밤낮으로 조바심이 났다. 자오칭에 거주하는 6년 동안 서양 스님은 자신의 수학적, 문학적, 철학적 지식을 토대로 그 지방의 언어와 문학 등에 관심을 기울이려고 노력했다. 특히 그곳에 도착하고 1년이 지난 뒤부터는 당시까지 중국인들조차 모르고 있던 대륙의 지도를 그리고 이를 중국말로 옮기는 데 몰두했다. 이를 탐탁지 않게 여긴 새 총독은 그의 집을 몰수하고 도시에서 추방했지만, 리치는 북쪽으로 조금 더 떨어진 곳에 다시 머물러 살 수 있도록 허가를 받았다.

그리하여 1589년 쑤저우에 두 번째 근거지를 만드는데, 마테오는 이곳에서 또다시 말라리아에 걸린다. 다행히 그는 병을 이겨내지만 그를 도우러온 두 명의 젊은 동료가 목숨을 잃는다. 이런 난관을 이겨내고 중국에 입성한 지 12년이 지나서야 비로소 책이나 신문을 통해 그의 문화적·종교적 메시지가 알려지기 시작한다. 1594년부터는 또다시 발리냐노의 지시에 따라 중국어로 책 쓰는 법을 배워, 서양문학도 유교사상과 공통점이 많다는 것을 소개할 기회를 얻는다. 이때부터 리치는 다시 머리와 수염을 기르고 유자儒者 복장을 하고, 비서의 수행을 받아 가마를 타고 다니기 시작했다. 또한 유교 고전인 '사서四書'의 라틴어 번역을 마쳤는데, 이는 중국에 도착한 예수회 사람과 외국에서 중국의 생소한 문화를 알고 싶어 하는 사람들에게 큰 도움을 주었다.

마테오 리치는 1595년 난창으로 들어가 세 번째 근거지를 마련하고, 자신의 첫 번째 중국어 작품인《교우론》을 소개했다. 이 책을 계기로 그는 '서태'라는 이름으로——'서양에서 온 선비'라는 뜻으로, 중국 사람들은 그를 서태라 부르는 것을 좋아했다——널리 알려지게 되고 중국 전역에서 계속 책을 낼 수 있는 행운을 얻는다. 또 그가 가지고 있는 해시계와 자명종, 지구의, 혼천의, 아스트롤라베, 물시계, 크리스털 프리즘, 유화, 악기 등도 중국인들의 관심을 끌기 시작했다. 1596년에는 서양의 기억법에 관해 로마대학에서 이탈리아어로 썼던 논문을 기초로《서국기법》을 중국어로 썼다.

1598년 말 마테오 리치는 처음으로 베이징에 발을 내딛었지만 일본의 조선 침략으로 중국에도 전운이 감돌자 난창으로 되돌아온다. 1599년 초에는 남부의 수도인 난징에 네 번째 근거지를 만든다. 임진왜란이 끝나고 명나라는 몇 가지 큰 변화를 겪는다. 그리고 1601년 1월 24일, 마테오 리치는 드디어 베이징에 입성한다. 환관들의 손에 국사를 맡기고 국정을 돌보지 않던 황제 만력제는 국고를 들여서 베이징에 온 리치와 그의 동료 네 사람을 궁정의 외딴 곳에 머물게 하고 그가 죽을 때까지 그곳에 두었다. 황제는 리치가 절대로 베이징 밖으로 나가지 못하게 하면서도 그를 만나주지는 않았다. 황제는 생전 처음 보는 신기한 진상품을 보내온 외국인이 어떻게 생겼는지 보기 위해 화가를 시켜 리치의 초상화를 그려오게 했다.

베이징에서 지낸 9년 동안 리치는 자신의 인생에서 중요한 몇 권의 책을 출간하는데, 이 중 몇 권은 중국인 친구들과 선비들의 도움을 받아 완성되었다. 1602년에는 이지조와 함께 6개의 판에 모든 대륙을 담은 거대한 종이 지도를 만들었고, 1603년에는 풍응경의 격려로《천주실의》를, 1605년에는《25개의 복음》을 간행했다. 1607년에는 서광계와 함께 유클리드의《기하학 원본》6권을 우선 번역하여 출판했는데, 그러는 동안 이지조는 클라비우스의《아스트롤라베 사용법》을 번역하여 출판했다. 이듬해 마테오 리치가 처음 종이에 그린 세계지도를 접한 만력제는 그것이 제대로 만들어진 지도라는 것을 알고 비단에 12장의 견본을 만들어둘 것을 명한다. 같은 해에 리치는 스토아철학의 입장에서 중국 선비들과 나눈 10가지 대화를 편집하여《기인십편》을 출판하는데, 이 책은 중국인들에게 큰 호응을 얻었다. 그해 말에는 향후 200여 년간 유럽에 중국을 알리는 데 결정적인 기여를 하는《중국에서의 기독교와 예수회 선교 입문》을 집필하기 시작했다. 벨기에 동료 니콜로 트리고는 리치가 죽은 뒤 베이징에서 그가 이탈리아어로 작성한 원고를 가져다 라틴어로 번역한 뒤, 1615년에 이탈리아의 아우구스타에서 자신의 이름으로 출간하기도 한다. 한편 리치는 마르코 폴로가 명명했던 '캐세이'라는 곳이 사실은 중국이고, 유럽이 만든 모든 세계지도가 수정되어야 한다는 것을 보여주었다.

1610년 5월 11일, 과로에 시달리던 서태는 몸져누운 지 불과 며칠 만에 평온히 임종을 맞는다. 마테오 리치는 서양의 학문에 대한 중국인들의 관심을 이끌어냈고 그들 마음의 빗장을 연 주역이었다. 리치는 바로 이 점 때문에 신념을 가지고 미래를 바라보았다. 마테오 리치는 몇 명이나 개종시켰는가 하는 질문을 받으면 아직 결실은 커녕 씨조차 뿌리지 못했다고 답하곤 했다. 유구한 역사를 가진 오만한 중국이라는 밭을 모두가 존경해 마지않는 인품과 과학으로 일구었을 뿐이었다. 리치는 수천 년 중국의 역사에서도 찾아볼 수 없었던, 그리고 이전에는 상상하지도 못했던 인간의 품성과 과학이라는 방법으로 중국에 다가선 것이다.

'서양에서 온 선비'가 총명함과 지식과 덕의 힘으로 열어 놓은 중국의 문은 애석하게도 한 세기 만에 다시 닫힌다. 리치의 후임인 니콜로 롱고바르도가 라틴어의 '천주'와 중국어의 '천(天, Tiasn)', '상제(上帝, Tianzhu)'의 번역을 두고 이의를 제기하는데, 이는 몇 해 동안 예수회 사제들 간에 논쟁거리가 되어 중국에 들어오는 다른 종교회로도 점점 확대된다. 논쟁은 리치가 유교사상을 지나치게 호의적으로 정립해놓아 가톨릭의 독자성에 해를 준다는 판단으로 번져갔다. 이러한 문제는 다른 종파들과 예수회가 대립하게 만들고, 결국 가톨릭으로 개종한 유교 학자들은 공자를 섬기고 조상에게 제사 지내는 관습을 계속 지켜도 좋다는 리치의 견해가 옳은지 시시비비를 가리기에 이른다.

이 문제는 17세기와 18세기 초까지 중국 교회 전체를 점령하다시피 해서 로마에서의 판결(1704년의 종교재판소의 판결과 1742년 교황 베네딕토 14세의 칙서 '엑스 구오 신굴라리Ex quo singulari'의 발표로 신자들의 제사를 금지함)과 중국에서의 서양 종교의 추방이라는 극단적인 결과로 이어진다. 제사 문화에 대한 기독교의 부정적 대응은 이후 2세기가 넘도록 중국에서 이탈리아를 비롯한 서양에 대한 인식을 나쁘게 만들었고, 리치에 대해서도 침묵하게 만드는 가장 큰 원인이 되었다. 그럼에도 불구하고 마테오 리치는 문명 개혁의 대표자로 평가되는 마르코 폴로에 뒤지지 않을 만큼 혁혁한 공적을 세운 인물이라는 점을 부정할 수 없다.

이성과 과학, 기술로
중국에 서양을 심다

리치가 중국에 심어놓은 서양의 이미지는 무엇일까? 그리고 그는 이탈리아와 유럽 르네상스의 어떤 교훈들을 선택하고 이것들을 어떻게 중국에 전파했을까?

　　이 질문에 대한 답을 얻기 위해서는 《교우론》의 서문을 다시 읽어볼 필요가 있다. 리치는 여기에 중국 황족인 건안왕의 이야기를 서술해놓았다. 건안왕은 "서양은 공명하고 도덕적인 나라다. 나는 우정에 관한 서양의 견해를 듣고 싶다"고 요청했다. 이 이야기를 리치는 "유럽의 대국은 이성을 기본으로 대화하는 나라다. 그들이 우정에 대해 어떻게 생각하는지 알고 싶다"로 약간 다르게 쓴다. 건안왕은 유럽을 유교의 중심사상인 덕이 지배하는 나라로 인식한 반면, 리치는 합리성에 근거한, 혹은 보편적으로 입증이 가능한 담론을 만들어내는 능력, 즉 이성을 중심으로 유럽을 인식했다는 점을 확인할 수 있다. 마테오 리치는 수많은 중국인들이 읽고 경탄해 마지않는

《천주실의》를 언급하면서 이렇게 말했다. "우리 유럽인들이 사물을 이성적으로 판단하지 못하거나 이해하지 못하는 무지한 사람들이 아님을 모두 잘 알고 있다." 같은 저서에서 리치는 유럽인들이 모두 이성을 바탕으로 하고 있으며, 그것은 인간 세계에서 태양이 세상을 위해 존재하는 것과 같은 이치라고 했다.

'서양에서 온 선비'는 또 이렇게 말했다. "이성이 진실임을 보여주는 모든 것은 진리임을 인정하지 않을 수 없다. 이성이 거짓임을 보여주는 모든 것은 거짓이라 단정하지 않을 수 없다. 인간이 내면에 가지고 있는 이성은 온 세상을 밝게 비추고 있는 태양과 같다. 진리에 의해 입증된 이성을 저버리는 것, 혹은 타인들이 전해주는 진실을 외면하는 것은 어둠 속에 숨어서 태양 대신 등불을 찾으려는 것과 바를 바 없다." 그는 또 "이성적 판단의 본질과 기능은 무척 광범위해서 지식인이나 성인조차도 모두 알 수는 없으며 (……) 혼자서는 모두 알 수 없지만 한 민족이라면 가능하다. 또한 한 민족이 알 수 없다 해도 수많은 민족이라면 가능하다. 고귀한 인간에게 가장 필요한 것은 이성적 판단이다. 이성이 있으면 모든 것이 잘 해결되지만 이성이 없으면 모든 것이 부조리해진다. 누가 이를 이상하다 여기겠는가?"라고 말했다.

리치는 이성에 관해 이야기할 때 아리스토텔레스의 논리적 형식과 변증법을 주로 이용했다. 그는 이러한 논리학과 변증법이 서양인들이 받아들인 것과 같은 방식으로 중국인들 사이에서 발전되지는 않았다고 생각했다. 하지만 그가 중국에 가르쳐준 신학과 과학은 이성에 관한 논리학과 변증법을 토대로 발전한 것이기 때문에, 리치는 이러한 논리학과 변증법을 철학 서적들(정확히 말하자면《천주실의》와《기인십편》,《사서》)뿐 아니라 유클리드의《기하학 원본》의 번역서를 비롯한 여러 과학 서적과 산술, 천문학, 지리, 지도학 지침서들, 시간과 공간의 측정법 등을 통해서 가르쳐주었다. 무기제조에 이용되는 금속제련과 같은 선진적인 기술의 전파뿐만 아니라, 자명종과 해시계 등 각종 시계 제조기술 발전에서 리치의 기여를 기억할 필요가 있다. 수사학뿐만 아니라 수학과 논리학은 중국에 아직 알려지지 않은 또 다른 학문과 긴밀하게 연계되어 있다. 이것은 서양에서 고대로부터 이어져 내려온 기억이론과 기억기술에 관한 것이다. 리치는 이것을 습득하고 독특한 방법으로 발전시켜《서국기법西國記法》이라는 이름으로 장시 성 총독에게 헌정한 책을 통해 중국에 전파했다.

또 한 가지 중요한 점은 리치의 서양건축에 관한 지식이 중국에서도 빛났다는 것이다. 리치는 미켈레 루제리와 함께 자오칭에 집을 지었는데 이것이 중국의 첫 번째 유럽식 건축물이었다. 리치는 또한 유화와 동판, 크리스털, 직물, 제본 등 아직 중국에 알려지지 않은 수많은 서양 문물도 전파했다. 이러한 기술들과 악기에 대해 리치는 이렇게 썼다. "금이나 그 밖의 장식을 이용하여 제본한 책 역시 모두들 경이로워했다. 사람들은 천문학 책뿐만 아니라 유럽의 아름다움과 광장의 건물, 탑, 극장, 다리, 교회 등 세계 각국의 건축물에 관한 책을 좋아했다. 또한 여러 가지 악기도 그들은 전혀 본 적이 없었다."

리치는 중국인들의 신뢰를 얻기 위해서 병원, 담보를 맡기고 돈을 빌리는 금융기관, 공공복지와 같은 유럽의 사회제도에 관련한 정보를 제공하고 이것들이 꽤나 유용하다는 것을 알렸다. 이러한 모든 것들이 종교 덕분에 유럽 사회에서 잘 조직화되었다는 이미지를 심으려는 것이었다. 리치와 그의 중국인 친구들이 서양의 과학과 기술, 예술의 전파에 힘쓴 이유는 사실 세 가지 중요한 목표를 위해서였다. 첫 번째는 더욱 광범위하고 단단한 사회의 구성을 고무하는 것이었다. 그리고 두 번째는 이러한 제도들이 사회에 가져다주는 지식과 풍요를 함께 나누도록 사회적 인식을 형성하기 위한 것이었다. 그는 유교와 예수회 모두가 가지는 자비라는 계율이 어떻게 이러한 목표에 영향을 주는지를 터득했다. 마지막 세 번째는 지식의 교류를 통해 중국 지식인 계층의 신임을 얻어내려는 것이었다. 마지막으로 과학에서 이루어낸 권위를 이용해 서양에서 통용되는 종교의 가치를 드높이는 것이었다. 리치가 이그나티오스*의 가르침과 클라비우스의 가르침으로부터 수리 자연과학과 신학 사이의 밀접한 연관성을 깨닫게 되었다는 점을 놓쳐서는 안 된다. 즉 과학을 신학에 기본적으로 필요한 예비지식으로 본 것이다.

---

* Sanctus Ignatius de Loyola(1491~1556), 성직자, 예수회 창립자.

유럽, 중국이라는
새로운 세상을 알게 되다

유럽이 중국에 관해 얻게 된 완전히 생소한 지식에 대해 마테오 리치는 《입문》에서 이렇게 강조했다. "유럽에 이미 많은 책이 나와 있지만 우리가 직접 더 많은 것을 소개한다 해서 불쾌해할 사람은 없을 것이다. 우리는 이 나라에서 30년을 살았고, 가장 부유하고 중요한 도시인 난징과 베이징에서 지위 높은 사대부와 관리들과 계속해서 이야기를 나누었다. 우리는 그들의 언어로 이야기했고, 그들의 관습과 풍습에 관해 많은 것을 배웠다. 그리고 밤낮으로 노력한 결과 마침내 우리 손으로 그들의 책을 쓸 수 있는 성과를 거두었다. 중국에 올 수 없는 사람들, 우리처럼 직접 정보를 얻을 수 없는 사람들도 이 책을 통해 많은 것을 알게 될 것이다."

특히 《편지들》에서 리치는 유럽이 중국을 바라보는 끔찍한 관점에 대해서 지적한다. 그는 이러한 근본적인 차이를 인도를 떠나 중국으로 가도록 명령받았을 때 가졌던 '도약'이라는 이미지로 표현한다. 이런 비유는 포르투갈인들에 의해 정복된 인도와 동남아시아의 도시들에 대해 유럽이 느낀 역사적, 문화적 연속성의 파기를 의미했다. 마카오에서 겨우 몇 개월을 보낸 유럽 젊은이의 눈에 비친 중국은 무지하지만 자부심이 지나치게 강한 나라였다. 중국에 대한 이러한 유럽인들의 무지는 당시 유럽이 제작한 세계지도의 실수에서 가장 명확히 드러난다. 그 시대 유럽에서 사용하던 세계지도에는

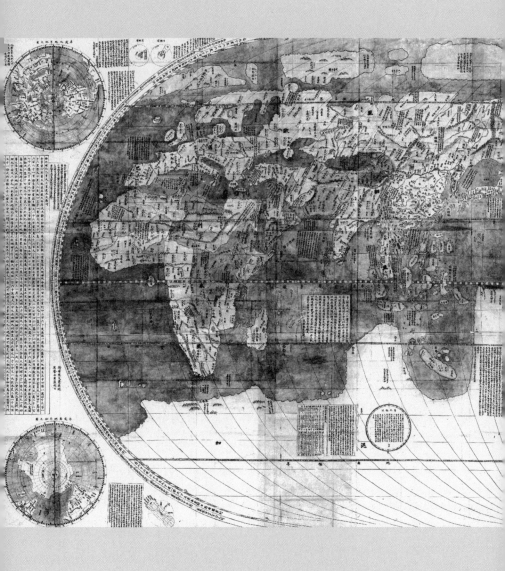

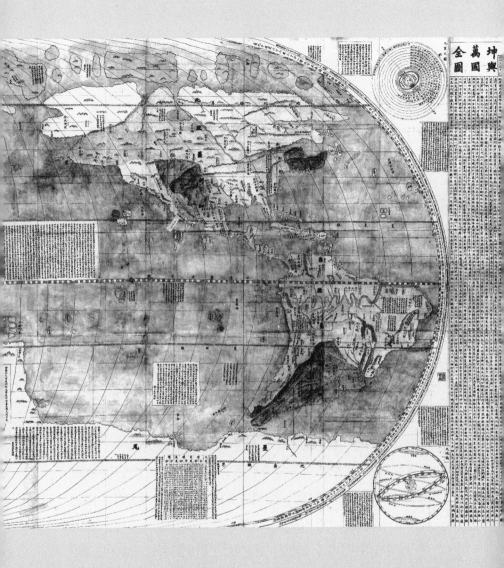

마테오 리치가 이지조와 함께 1602년에 편찬한 곤여만국전도. 유럽에서 제작된 세계지도를 모본으로 삼았으나 중국과 일본, 우리나라 지도들도 참고해서 굉장히 정확도 높은 지도를 완성했다.

3세기 전에 마르코 폴로가 '캐세이'라 칭했던 이름으로 중국이 표시되어 있었다. 훗날 캐세이가 사실은 중국이라는 사실을 밝히고 유럽의 지도를 수정한 사람이 바로 마테오 리치였다.

중국과의 교류에 있어서 또 다른 어려움은 중국의 외국인을 향한 두려움이었다. 리치는 이를 가장 극복하기 어려운 장애물이라고 생각하고 이에 대해 자세히 기록했다. 더욱이 외국인에 대한 두려움에 중화사상이 더해져 중국은 다른 민족을 야만인이라 생각하고 그들로부터 어떠한 것도 배울 것이 없다고 생각했다. 또한 자신들이 세계의 중심이기 때문에 스스로 '중국中國'이라 칭했다. 리치가 '오만함'이라 표현한 이것은 극복하기 어려운 세 번째 요소였다.

리치가 유럽에 소개한 중국의 가장 중요하고도 함축적인 단어는 바로 '세계'였다. 중국은 영토, 역사, 문화, 언어, 행정 등 모든 것을 자급자족하는 유기적인 나라이며, 유럽 대륙 전체와 비교해도 손색이 없는 지구상의 유일한 '또 다른 세계'였다. '또 다른 세계'라는 표현은 리치가 편지에서 언급한 말이다. 리치는 중국을 유럽인이 교류해왔던 다른 어떤 국가와도 다른 '세계'로 인식했다. 지리적으로도 광대한 '세계'일 뿐만 아니라 유구한 역사, 풍부한 천연자원과 모든 국민이 자급자족할 수 있는 경제적 풍요, 정치·사회 구조의 완벽함, 중국인으로서의 강한 자부심까지를 모두 포함하는 하나의 '세계'였다. 리치의 눈에 비친 중국은 "동양에서 발견한 자연적·초자연적인 경이로움"이었다.

만약 중국을 유럽 대륙과 동등한 의미로 하나의 '세계'라 한다면, 그것은 중국이 유럽과는 완전히 다른 세계이며 특히 기독교 문화와 완전히 다르다는 것을 인정해야 함을 의미한다. 중국의 다른 점은 언어와 풍습, 정치와 행정조직, 종교적 다원주의와 상대주의에서도 나타난다. 이것들은 유럽이 유일한 진실이라 믿는 단일 종교와 전혀 다르다. '하늘의 아들'인 황제라는 한 인간에게 정치와 종교의 권력이 집중되어 있으며, 백성들은 완전히 세속화된 이 지상에서 천국을 찾으려 했다. 리치는 중국인들이 문자를 통해 알게 되는 것 이외의 다른 우수성은 인정하려 하지 않으며, 전쟁과 무기를 싫어하여 외국인을 배척하고 방어 태세를 갖추어 스스로를 지키려 한다는 사실에 놀라워했다.

당시까지 선교는 정복한 나라와 사람들에게 전해주는 것인 반면, 중국은 스스로를 결코 외세에 복종하지 않는 '황제의 나라'라고 여겼다. 심지어는 무적함대를 이끌던 펠리페 2세의 스페인처럼 세계적인 강대국의 존재를 무시할 정도로 자급자족적인 나라였다. 리치는 정복하기 위해 군대를 이끌고 중국에 들어간 사람이 아니다. 몇 안 되는 동료와 그곳에 들어갔고, 지식에 갈증을 느꼈으며 그리스도를 알리기 위해 오랜 기간 홀로 그곳에 남았다. 마카오, 고아, 로마 등 항상 멀리 떨어져 있었던 알레산드로 발리냐노를 비롯한 동료 예수회 수도사들의 지원을 받으며 평생을 중국에 머물렀다.

두 세계 사이의
경계에서

마테오 리치는 두 가지 의미에서 중국을 '다른' 세계라 생각했다. 하나는 유럽-기독교의 차원을 넘어 정치·사회·지리적으로 유일하다는 의미로서의 세계이며, 다른 하나는 유럽과 비교하여 완전히 다르다는 의미에서의 세계이다. 리치는 순종이 그로 하여금 "세계의 끝을 찾아가게 만들었다"고 표현했고, 지구가 둥글기 때문에 끝이 없다는 사실도 모르는 바 아니지만, 사실 그는 두 세계의 '경계'를 찾으려고 노력했다. 두 세계 사이의 경계를 찾아 자신의 인격이나 저작을 이용해 그 나름의 경계가 되려고 했다. 그런 점에서 마테오 리치는 진정 근대시대를 연 위대한 선각자 중 한 사람이었다.

이러한 '세계'와 잘 동화하기 위해 리치는 중국을 세심하게 연구했다. 우선 중국어를 자유자재로 구사할 수 있도록 노력하고 사서와 오경을 암기했다. 사서를 라틴어로 번역(지금은 소실되고 남아 있지 않다)하고 주석을 달았다. 또한 이에 대적할 만한 변증법적 작품을 쓰고자 불교와 도교 등 고전 공부에 매진했다. 교리 안에서 자신이 가지고 있는 지식을 총동원해 유교의 고서들에서 가져온 주제를 바탕으로 자신의 지식을 소개했다. 그리고 이를 문화적 간극을 메우는 데 활용했는데, 이것은 중국문학에 길이 남을 작품을 만들고 기독교를 전파하기 위해 꼭 필요한 일이었다.

그래서 그가 이용한 방법은 중국 선비들에게 중국 문화와 유럽 문화 사이에 놀랄 만큼 공통점이 많음을 보여주는 것이었다. 리치가 중국어로 쓴 첫 번째 작품으로 중국 지식인들에게 큰 반향을 불러일으킨 책은 《교우론》이었다. 그들은 책 속에서 이마두 선생이 말하는 중국과 유럽에 대한 견해에 주목했다. 유럽과 중국이 세상의 두 중심이라는 인식이었다. 그러니까 이제껏 서로의 존재에 대해 모른 채 나뉘어 있던 두 중심이 성공적으로 연결되어 경이로운 힘을 발휘하게 되었다고 여겼다.

이러한 성공은 무엇보다 두 세계의 독특한 공통점으로부터 얻은 결과다. 즉 유교사상을 신봉하는 수많은 중국 지식인들과, 예수회의 가르침과 이그나티오스 데 로욜라의 정신을 가지고 중국에 온 소수의 서양 지식인들의 사상과 감정 간의 '우연'하고도 다행스러운 동질성에서 비롯한 결과였다. 그들은 중국이라는 땅에서 만나 서로를 알아가는 수확을 거두었다. 또한 그들의 돈독한 우정은 인간의 삶이란 우주의 명령에 순종하고 공동선을 추구할 때 비로소 정의롭고 행복할 수 있다는 데 의견을 같이 하게 되었다. 마테오 리치는 아리스토텔레스와 토마스 아퀴나스로부터 행복한 삶이란 공동선을 추구할 수 있는 인간 공동체에서만 가능하다는 것을 배웠다. 또한 이그나티오스로부터는 전 인류를 인종과 언어와 관습의 차이를 넘어서 신의 유일한 섭리와 가르침 아래 하나의 민족으로 대하도록 가르침을 받았다. 이그나티오스가 예수회를 창립하면서 규정했던 '모든 민족에 대한 범우주적 사랑'이란, 창조주이며 예언자이고 심판관이며 구원자인 유일한 하느님이 주관하는 유대교-기독교의 개념과 동

마테오 리치가 한문으로 쓴 《천주실의》. 유교의 상제가 기독교의 하느님이라고 소개한 부분이 이채롭다.

일하며, 이는 정의와 질서의 기본 원칙이다.

유교 경전을 공부하고 수많은 중국 선비들의 삶을 체험하면서 리치는 많은 차이가 있다는 점도 발견했지만, 자연의 질서와 하늘의 규칙에 따라 실천할 때 비로소 얻을 수 있는 덕과 행복한 삶의 보편적 토대를 알게 되었다. 즉 자신과 이웃을 사랑함이라는 최고의 덕성을 가능하게 하는 기본 교리는 다르지만, 자비심도 박애 정신도 모두 개인의 관심이나 동정심, 스스로의 만족을 위해서가 아니라 우주적 질서와 규율에 따라야만 정당화될 수 있다는 점은 같았다. 이러한 공통 개념은 근본적으로 고대로부터 이어져 내려온 서양의 이교도와 이그나티오스의 기독교 정신과 유교 문화의 바탕인 이성을 토대로 하고 있으며, 인간 역사상 최초로 두 세계의 연결이라는 과제를 성공으로 이끌 수 있었던 가장 큰 원동력이었다.

마테오 리치의 업적은 적응이라는 방법을 이용해 두 세계를 연결했다는 데 있다. 그것은 리치나 발리냐노가 고안해낸 방법이 아니라 이그나티오스가 만든 〈회헌〉의 규정과 로마인과 유대인의 계율에서 비롯되었다. 리치는 그 계율들을 해석하여 타고난 신중함과 박애 정신으로 탁월한 방법을 찾아 실천했다. 물론 실수를 할 때도 있었지만 주어진 환경 안에서 소통의 유일한 방법은 적응력을 키우는 것이었고, 어떤 경우에도 자존심을 버리고 '타협'하는 유연한 자세를 보였다. 하지만 스스로에 대한 자부심과 맡은 임무의 중요성에 대해서는 확고한 신념이 있었다. 꿈에서 받은 포양 호수(중국 최대의 담수호) 위에 나타난 하느님의 질책은 그의 작품에 영감을 주었고, 타고난 성격과 훌륭한 인품이 힘을 발휘하게 만들었다.

마지막으로 마테오 리치에 관한 결정적인 부분을 짚고 넘어갈 필요가 있다. 천성적인 덕성 위에 예수회학교에서 배운 지식 덕분에 그는 중국과 유럽을 비교하는 일을 탁월하게 실행할 수 있었다. '용의 나라'와의 만남이라는 경기를 치른 것은 오늘이 어제보다 덜 중요하지 않다는 측면에서 이루어진 것이다. 미개하다고 여겼던 나라였지만 곧 유럽 문명과 경쟁이 가능할 정도로 뛰어난 나라임을 인정하고, 리치는 스스로 훌륭한 경계가 되어 두 문명의 만남을 성공적으로 이끌었다. 역사적으로 오래되고 이해하기 난해한 문명 앞에서 문제를 풀어야 하는 도전을 피할 수 없었던 리치는 지식과 도덕적 삶을 통해 중국과 서양 사이의 차이를 인정하고 타협함으로써 승리를 거둔 것이다.

세 개의 시민권을 가진 철학자

고트프리트 빌헬름 라이프니츠

프란체스코 피로

런던 ●

● 헤이그

● 하노버

● 베를린

● 라이프치히

드레스덴 ●

● 마인츠

● 프라하

● 파리

빈 ●

베로나 ●

● 트리에스테

볼로냐 ●

● 피렌체

● 로마

● 나폴리

역마살
인생

라이프니츠의 삶은 여행으로 점철된 인생이었다. 그의 지적 경험은 고향인 라이프치히를 떠나면서 드러나기 시작했다. 라이프치히는 그에게 아무것도 해준 것이 없었으며——법학 박사가 될 가능성마저 막혀 있었다——아버지(라이프니츠가 6세 때)와 어머니(18세 때)가 죽은 뒤에는 친척들과도 모든 연결의 끈이 끊어진다. 그는 예나와 알트도르프(뉘른베르크 근처의 대학도시), 프랑크푸르트 등을 옮겨다닌 끝에 1668년부터 마인츠의 왕실에서 일을 하게 되었다. 그는 주교이며 선제후인 요한 필립 폰 쇤보른의 고문관이면서, 대신인 요한 크리스티안 본 보이네부르크의 조수이자 집사로 일하게 되었다. 라이프니츠의 두 후원자는 모두 칼뱅파에서 뛰쳐나온 가톨릭 신자였으며, 두 사람 모두 젊은 루터파 직원인 그에게 직접적인 압박은 가하지 않을 정도로 상식적인 사람들이었다.

　　1672년 3월, 라이프니츠는 루이 14세로 하여금 네덜란드와의 전쟁을 멈추고 기독교 세계의 이집트 지배를 위해 터키에 대항할 새로운 십자군을 파병할 것을 설득하는 첫 번째 외교 임무를 안고 파리로 향한다. 하지만 갑작스러운 두 후원자의 죽음으로 라이프니츠는 '임무정지' 상태로 파리에 혼자 남겨진다. 그리고 이집트 원정에 관한 임무도 즉시 중단되었다. 후원자의 사망으로 비록 수중에 돈은 없었지만, 그는 임무가 사라져 자유롭게 공부할 수 있는 시간이 아주 많아졌다.

이 시기가 아마도 라이프니츠가 과학자로서, 또 철학자로서 명성을 얻는 데 가장 중요한 시기였다. 1673년 그는 그동안 만들어온, 사칙연산이 가능한(파스칼이 만든 계산기는 두 가지 연산밖에 하지 못했다) 계산기를 왕립협회에 소개하기 위해 잠시 영국에 다녀온다. 1676년 가을에는 수학 발전에 관한 정보를 얻기 위해 다시 영국으로 갔다가 하노버로 향한다. 이곳에서 보이네부르크의 또 다른 친구 브라운슈바이크-뤼네부르크의 요한 프리드리히 왕정에서 일하기로 했기 때문이다. 네덜란드를 지나면서는 그곳의 과학계 인물들과 교류하기 위해, 특히 스피노자를 만나기 위해 잠시 머무른다(1676년 11월 18일 ~21일경). 이로써 라이프니츠의 '자신의 운명을 찾아 떠난 여행'이라 부를 만한 젊은 시절의 여행은 일단락된다.

1676년 12월부터 1687년 11월까지는 하노버에서 도서관 사서와 왕정 일에 전념하며 지낸다. 1679년 요한 프리드리히가 사망하자 그는 새로운 공작(후에 선제후가 된다) 에른스트 아우구스트의 신임을 얻어야 했고, 이를 위해 잠시 하르츠광산의 경영을 정상화하러 떠난다. 하지만 얼마 후 볼펜뷔텔의 안톤 울리히 공작과 친구가 되어 하노버와 볼펜뷔텔(오늘날까지 남아 있는 대규모 도서관 탄생에 기여한 도시다)을 오가게 된다.

라이프니츠는 외교가, 과학자, 저술가, 철학자 등 많은 직함을 가지고 있었다.

마침내 에른스트 아우구스트로부터 브라운슈바이크 가문의 새로운 가계도를 만드는 임무를 맡게 된 라이프니츠는 다시 한 번 많은 여행의 기회를 얻는다. 이번에는 공공문서보관소 방문과 공식 외교관으로서의 두 가지 임무를 가지고 떠나는 여행이었다. 1687년 11월 독일 남부를 거쳐 이듬해 봄에 빈으로 간다. 그곳에서 라이프니츠는 유럽 내에서 프랑스의 독주에 대항하기 위해 독일 기독교와 독일 가톨릭 사이의 동맹을 주선하는 역할을 맡아 여러 번 황제를 만난다.

1689년 3월부터 1690년 3월까지 라이프니츠는 브라운슈바이크의 계보 조사를 위한 연구의 범위를 이탈리아로 확장한다(이를 통해 이탈리아 구엘피Guelfi라는 성으로부터 나온 벨프Welf 가문의 계보를 찾는 성과를 거둔다). 그는 여러 도시를 신속하게 다니며 자료를 수집함은 물론 문학가들의 모임에도 참여한다. 트리에스테, 베네치아, 페라라,

볼로냐, 로레토, 로마를 차례로 방문했고, 5월 초에는 솔파타라 화산과 베수비오 화산을 보기 위해 나폴리에 잠시 머물다가 로마로 돌아온다. 로마에서는 11월까지 머물며 바티칸도서관을 살펴보고, 여러 지식인, 정치인들과의 만남을 갖는다. 그리고 피렌체로 가서 친구인 안토니오 말리아베키의 주선으로 더 많은 지식인과 정치인들을 만나는데, 그중에는 프란체스코 레디*와 빈첸초 비비아니**도 포함된다. 1월부터는 다시 볼로냐, 모데나, 파르마, 브레셸로, 페라라, 로비고를 여행한다. 로비고에서는 반가디자수도원을 방문해 브라운슈바이크 가문의 역사를 찾는 연구를 수행한다. 이후 또다시 베네치아로 갔다가, 1690년 3월 25일부터 30일까지 빈과 아우크스부르크, 프라하, 드레스덴 등을 방문하기 위해 알프스 산맥을 넘는다. 그리고 6월 20일, 2년 7개월 만에 하노버로 돌아온다.

이 '그랜드 투어'를 마친 뒤 라이프니츠는 또다시 몇 년 동안 하노버와 볼펜뷔텔을 오가며 지낸다. 그러나 하노버를 떠나야겠다는 마음은 오래도록 바뀌지 않는다. 특히 1698년 이후에는——에른스트 아우구스트의 뒤를 이어 게오르크 루드비히가 선제후가 되었는데, 그는 훗날 영국의 왕 조지 1세가 된다. 라이프니츠는 그와 끝까지 가까워지지 못한다——베를린으로 간다. 베를린에는 브란덴부르크-프러시아의 왕과 결혼한 조피 샤를로테 공주가 살고 있었는데, 그녀는

---

* Francesco Redi(1626~1697), 이탈리아의 의사이자 작가.
** Vincenzo Viviani(1622~1703), 이탈리아의 수학자이자 천문학자.

라이프니츠를 높게 평가했다. 또 황제 레오폴트 1세와의 친분으로 1700년 다시 빈을 방문한다. 빈에는 1708년 가을에도 방문을 하는데, 이 여행이 길어져 1709년 3월까지 독일 전역을 돌아본다. 1712년 11월에는 독일에서 표트르 1세의 여행을 수행했다가 12월 중순에 다시 빈으로 간다. 그곳에서 1714년 9월까지 머물다가, 앤 여왕이 죽고 조지 1세가 영국 왕위에 오르자 다시 하노버로 돌아온다. 하지만 귀환은 그리 행복하지 않았다. 그의 마지막 후견인인 조피 공주(이전 선제후였던 에른스트 아우구스트의 부인)가 사망하자 왕정이 그를 적대시했기 때문이다. 그는 영국 왕의 수행도 금지된 채 하노버에 남아 브라운슈바이크 계보를 완성하는(일부분은 이미 1707년에 발행되었다) 임무만 수행하게 된다. 라이프니츠는 하노버에서 1716년 11월 14일 숨을 거둔다.

세 개의 시민권을 가진
라이프니츠

그 시대에 수천 킬로미터를 여행한 사람은 흔하지 않았다. 당시의 마차는 그리 편하지 않았다. 따라서 라이프니츠가 '엄청난 여행가' 였다는 표현에는 어느 정도 의혹이 남는다. 그의 작품 속에서는 여행에 관한 이야기나 방문한 장소, 생소한 생활습관, 처음 보는 경치에 관한 언급은 좀처럼 찾아보기 힘들다. 적어도 그가 직접 쓴 편지나 글만 살펴본다면 라이프니츠에게 여행은 단지 사람들을 만나기 위한 수단이었던 것 같다. 라이프니츠가 만난 사람들은 사회적으로 저명한 인사들이 대부분이었지만, 어떤 목적이나 자료 수집을 위한 경우가 많았다. 즉 그들과의 만남은 브라운슈바이크 가문의 역사를 조사하기 위해서가 아니면, 과학과 철학 분야의 궁금증을 해결하기 위해서였다. 라이프니츠가 독특한 자연(솔파타라 화산, 베수비오 화산 같은)에 매료되어 이 기준에서 벗어난 경우도 있지만, 이 또한 의도된 관심이기도 했다. 그러니까 라이프니츠는 지구의 역사에 관심이 있었기 때문에 화산 지역을 방문했고, 이를 토대로 《프로토게아 Protogaea》를 저술했다. 우리가 살펴본 그의 여행은 순전히 그가 직접 쓴 글들과 자료들(가끔 공간의 문제를 야기하기도 하지만), 하노버 왕정이나 직접 접촉한 유럽의 석학들에게 보낸 수많은 편지 등에 근거한 것이다. 라이프니츠는 복잡한 소통망의 중심에 있는 사람답게 새로운 사람들을 만나기 위해 다녔고, 당연히 이미 만들어놓은 관계들도 유지하기 위해 이곳저곳을 여행했다.

라이프니츠의 여행은 우리가 주로 하는 일상의 단절이나 새로운 경험, 또는 낯선 현실과의 비교라는 '여행'의 낭만적인 감성과는 좀 거리가 있어 보인다. 라이프니츠의 여행의 특징을 살펴보면, 매번 '살인적인 여정'을 강행한다. 우리는 짐작조차 할 수 없는 그의 야망과 체력에 대해 궁금증을 갖게 된다. 아니, 이 두 가지 궁금증을 무시하더라도 우리에게는 그의 행동에 대한 더욱 중요한 세 번째 궁금증이 남는다. 분명 여행을 하며 새로운 환경에서 새로운 사람을 만나

면서도 매번 어디에서 무엇을
해야 하며 누구를 만나야 하는
지 이미 알고 움직였다는 점이
다. 더 정확히 말하면 라이프
니츠는 그 자신이 충성스러운
시민이었던 세 개의 '공화국'
내에서만 머물면서 여행을 했
다는 것이다.

이 세 개의 '공화국'은 신
성로마제국과 보편교회, 그리
고 학자들의 공동체를 말한다.
첫 번째 신성로마제국은 외교
관으로서의 라이프니츠가 가
장 관심을 가졌던 공화국이다.
30년전쟁이 채 끝나지 않은

루이 14세가 신성로마제국 독일을 위협하자, 라이
프니츠는 황제의 관심을 돌리기 위해 대주교를 통해
이집트 원정을 제안하기도 한다.

1646년에 태어난 그는 일생 동안 루터파와 칼뱅파로 이루어진 독일
의 영주들과 로마 가톨릭인 황제 간에 협정을 체결할 필요가 있다고
느꼈다. 이 합의는 단순히 독일 내부의 평화를 보장하기 위함이 아
니라 유럽 전체의 평화를 보장하기 위해 필요한 것이었다. 1677년에
쓴 그의 정치에 관한 주요 저작인《독일의 태생적 우월성》에서 그는
제국이 연방체와 연합체의 중간적 방향으로 발전하는 것을 상상했
다. 이렇게 해서 제국의회가 일종의 각각의 군주국을 대표하는 기관

이 되고, 궁극적으로는 유럽의 주권국가들에게 확대되어 교황과 황제의 권위가 유럽의 균형과 중재를 보장하는 체제로 변형되는 것이다. 이것은 명백히 새로운 틀로 고대 '기독교 공화국'을 복원하려는 꿈이었지만, 유럽의 균형을 찾는 작업은 지속적인 목표가 되었다. 이러한 목표는 루이 14세의 팽창주의에 맞선 포괄적 동맹과 촘촘히 엮인 결혼동맹이라는 한층 현실적인 수단을 통해 이루어지게 된다. 이렇게 이야기하는 것이 유쾌하지는 않지만, 라이프니츠는 귀족층의 결혼을 중매할 목적으로 이탈리아에 온다.

　라이프니츠의 두 번째 관심은 보편교회였다. 당시 여러 종파들이 화합하지 못했기 때문에 유럽의 평화는 불가능해 보였다. 라이프니츠는 이 문제에 대해서도 '원대한 계획'을 해결책으로 제시했다. 그는 '관용'이라는 이름으로 종파적 차이를 극복해야 한다고 주장한다. 즉 가톨릭, 루터파, 칼뱅파 등 유럽 교회들의 화합을 목표로 이성을 통한 종파 간 대화를 구상한다.

　라이프니츠의 세 번째 정체성은 '문학공화국'*을 의미하는 학자들 공동체의 일원으로서의 정체성이다. 라이프니츠의 원대한 계획에 따르면 '문학공화국' 역시 자체적인 역할을 가지고 있다. 문학

---

* 문학공화국République des Lettres은 14세기 이탈리아에서 탄생해 전 유럽으로 퍼져 나간 상상 속의 국가(공동체)이다. 르네상스와 계몽주의 시기 지식인들은 국가, 종교로부터 자유롭고 평등과 보편성에 기초한 유토피아적 공동체를 상상하고 있었다. 왕조적 야망, 종교 전쟁, 거대 국가들 간의 대립에 의해 피로 물든 당시의 유럽에서 학자(오늘날의 지식인)들은 국가와 종교적 신념이 다를지라도 자유롭게 학문과 과학을 토론하는 문화가 형성되어 있었다. 문학공화국은 바로 이들의 정신 속에 존재하는 보편적 지식인 공동체였다.

공화국은 고대적인 것과 근대적인 것을 화합시켜야 한다. 즉 신앙의 튼튼한 기반인 자연에 모든 것의 근원이 있다는 고대의 학문과 새로운 학문을 화합시키는 것이 문학 공동체여야 한다는 것이다. 따라서 그는 굳건하게 자리 잡은 '학파'라는 울타리 안에 갇혀 있는 학자들의 성향인 '당파 정신'을 강하게 비판한다. 특히 데카르트를 논쟁의 대상으로 삼았는데, 라이프니츠는 데카르트를 이전의 문화적 전통과의 완전한 단절로 보았다.

이러한 세 종류의 정체성은 서로 연계되어 있으며 어느 하나에 귀속되지는 않는다. 30년전쟁이 끝난 직후, 여러 가지 이유로 라이프니츠는 스스로 설익은 일종의 '유럽주의자'가 되고자 했다. 이는 어느 정도는 사실이었다. 하지만 이러한 유럽주의는 점점 다양해지고 점점 대립적이 되어 가는 정치·종교·문화적 세력 간의 공존을 전제로 한다는 점을 기억해야 한다. 어쩌면 라이프니츠를 힘들게 했던 것은 이 세 개의 시민권을 실질적으로 융합하려 애썼기 때문인지도 모른다.

상상 속의 여행
라인 강에서 배를 타고

라이프니츠의 인생에서 가장 중요한 여행은 아마도 파리 여행이었을 것이다. 그는 파리에서 예기치 않게 4년 이상을 체류하게 되었다

(아마도 라이프니츠는 그곳에서 영원히 살고 싶었을지도 모른다). 그러나 파리 여행 이전에 또 다른 여행이 있었는데, 이 여행은 약간 미스터리한 부분이 있다. 왜냐하면 이 여행의 유일한 단서는 라이프니츠가 직접 작성한 글에서 발견되지만 그것이 정말 있었던 일인지 꾸며낸 이야기인지는 알 수 없기 때문이다. 어쨌든 이 이야기는 청년 라이프니츠가 어떤 생각을 가지고 유럽 곳곳을 여행하기 시작했는지 알 수 있게 해준다.

스트라스부르에서 라인 강을 따라 마인츠로 내려온 지 2년 2개월이 지났다. 눈부신 가을 하늘 아래 마치 바쿠스가 나타난 것처럼 평온하기 그지없다. 양쪽 제방의 보호를 받으며 강줄기를 따라 내려오는 여정은 오랜 걸음에 지친 여행객에게 보다 안락한 길을 제공해주었다. 주변은 너무도 평화로워서 마치 작은 언덕들이 자신을 뽐내고 헤르시니아 숲의 요정들이 기쁨에 들떠 춤추고 있다는 것을 누구나 믿을 수 있었으리라. 그러나 짐승들의 짝을 찾는 울부짖음이 대기를 진동시키고 돌고래들은 평소보다 더 활기차게 날뛰면서 다가올 폭풍우를 예고하듯이, 화려한 평화를 누리려는 독일의 욕망도 금세 평화를 잃을 것을 예고하고 있었다.

강들의 왕인 라인 강도 아마도 미래의 운명을 알고 있는 듯 그리 오래 지속되지 않을 자유를 만끽하고 있었다. 실제로 지금 가엾은 라인 강은 사정없이 건너다닌 군대에 의해 갈기갈기 찢어지고, 함선들로 뒤덮였다. 건설된 다리들에 짓눌려 행복했던 지난날을 떠올리며 한탄하고 있다. 하지만 이제 불행한 생각은 떨쳐버리자. 어쨌든 나는 더욱 자유로워지기 위해서 스트라스부르에서 배를 한 척 빌렸다. 날씨가 좋지 않을 때를 대비해 지붕이 있고, 음식을 해먹고 잠자리를 마련하는 데 아무런 불편이 없으나 그리 크지 않은 배였다.

　　라인란트팔츠 주의 한 농부가 우리 일원으로 합류했는데, 앞으로 알게 되겠지만 그 남자는 전혀 우둔하지도 않았고 자신의 종교적 특징인 세심함과 기지가 넘치는 성격을 가지고 있었다. 사실 독일에서 칼뱅주의자들은 다른 종파 사람들보다 교활하다고 알려져 있는데, 이런 생각은 농부들 사이에도 널리 퍼져 있었다. 우리는 그가 선원 대신 노를 잡겠다고 약속하여 기꺼이 배에 태웠다. 그런데 우리가 제방을 막 떠났을 때 라인 강 여행에서 흔히 만나게 되는 유대인 한 사람이 큰 소리로 우리를 불렀다. 내 반대에도 불구하고 돈에 욕심이 난 선장은 배를 돌려 제방으로 돌아갔다. 그 사람이 배에 오르자 비로소 우리는 본격적인 항해를 시작했다. 나는 지난밤을 꼬박 새워 무척 피곤했기 때문에 작은 침대에 몸을 눕혔다.

이 이야기는 조금 더 이어진다. 가톨릭교도인 선원이 라이프니츠에게 칼뱅파 농부와의 언쟁을 판결해달라고 요구해온 것이다. 라이프니츠는 내키지 않았지만, 칼뱅파 농부에게 심판관이란 자신의 신앙에 기초한 판결을 피하고 오로지 싸움의 발단이 된 명분과 증거만을 검토하면 된다는 사실을 상기시킨다. 불행하게도 배에서 일어난 종교적 논쟁이 어떻게 해결되었는가는(그리고 여기서 유대인은 어떤 역할을 하는지) 궁금증을 남긴 채 이야기가 중단된다. 1671년 9월의 이 '라인 강의 일화'가 흥미로운 것은 두 가지 이유 때문이다. 첫째는 라이프니츠가 가을날 라인 강변의 아름다움을 설명하면서 자신의 시적 영감에 대해 이야기하는 몇 안 되는 구절이기 때문이다. 하지만 아름다운 경치를 묘사한 이 대목이 매우 치밀한 목적으로 쓰였다는 사실을 주목해야 한다. 그러니까 우리에게 당시 진행되고 있던 전쟁을 상기시켜, 이후 시도된 (미완의) 종파 간 대화에서 자신의 선택을 명확하게 알려주려는 목적이 있었다. 그는 종교 문제에서 평화적인 입장(정치적 이유도 역시)을 대변하는 글을 쓰고 있다. 바로 그렇기 때문에 라이프니츠는 신성로마제국의 시민인 것이다.

두 번째는 배에 탄 종파가 다른 네 사람의 갈등 사례가 칼뱅파 농민의 격한 감정에 의해 우연히 일어난 일이 아님을 강조하고 있기 때문이다. 네 사람의 갈등은 '단순'하고도 필연적으로 일어날 일이기 때문에 이 갈등을 받아들여야만 한다는 것을 강조하기 위한 전형적인 형태의 문제제기이다. 이 일화는 아마도 라이프니츠가 문제의 어려움을 잘 알고 있기 때문에 중단되었을 것이다. 그는 특히 기독교적 전통과 교리의 정통성의 필요에 대해 잘 알고 있었다(그렇기 때문에 그는 삼위일체를 부정하는 기독교인들과 유대인, 이교도에게 절대로 관용을 베풀지 않았다). 반대로 라이프니츠는 순전히 합리적 관점이나 신앙과 이성 사이에 양립 가능한 수준에서 종교의 토대를 찾는다. 아주 어려운 일이긴 했지만 그는 이 길을 계속 걸어간다. '이성에 따른 기독교'라는 그의 사상이 이러한 여정에서 나타나는 것이다.

상상 속의 국가,
그러나 현실적인 국가

'라인 강의 일화'를 쓸 당시 라이프니츠는 이집트정복계획*을 지원하기 위해 파리에 있었다. 하지만 그 임무가 실패로 돌아갔다고 해서, 또 수중에 돈이 바닥을 보인다고 해서, 유럽 문화의 중심지가 된 도시를 빈손으로 떠날 수는 없었다. 그는 파리에서 크리스티안 하위헌스, 아르노, 말브랑슈와 회의론자인 시몽 푸셰, 그리고 박식한 반데카르트주의자 피에르 프랑수아 위에, 발터 폰 취른하우스(스피노자의 친한 친구 가운데 한 사람)를 알게 되었고, 데카르트와 파스칼의 미공개 저작들을 읽을 수 있었다. 평생 파리에 머물고 싶었던 라이프니츠는 1675년 수수께끼 같은 글을 써서 영국 과학아카데미에 회원가입을 신청한다. 아마도 이 글은 궁정에까지 전해졌을 것이다.

문학공화국은 피타고라스라 불리는 원조 그리스 출신의 탐험가가 유럽으로부터 옮겨놓은 다른 세계(미국)의 식민지다. 그는 나라의 일부분을 벌채하고 개간해서 그곳에 메르쿠리우스**가 그에게 소개했던, 그리고 우리가 '축복'이라 부르는 일종의 마약을 심은 장본인이다. 우리는 그것을 담배처럼 연

---

* 프랑스의 루이 14세가 독일 신성로마제국을 위협하자, 이러한 위험을 방지하고 그의 관심을 다른 데로 돌리기 위해 대주교 필리프는 루이 14세에게 이집트원정계획을 제안한다. 유럽의 전쟁을 외부로 돌리기 위한 제안이었다.

** 로마신화에서 상인의 수호신.

기로 흡입하지만 가루 상태로 복용하면 설탕처럼 아주 달콤하다. 이 식민지가 미국의 다른 농장들보다 탁월한 이유가 바로 여기에 있다. 유럽은 그것으로부터 나쁜 것을 뽑아냈기 때문에 미국과 우리(독일) 공화국들 간에 엄청난 교역이 이루어지게 되었다. 하지만 이 교역은 이후 무지와 빈곤이 고착화된 땅에서 온 미개인들에 의해 완전히 붕괴되었다. 이 미개인들은 주민들을 갑자기 덮쳐 그들의 집을 파괴했다. 이 전쟁은 식민지로 하여금 스스로 부양할 수 없게 만들었으며, 유럽은 매년 '하사품'이라 부르는 식량을 이 식민지에 보내야 했다. 그러나 이러한 일이 정기적으로 일어나지는 않았고, 하사받은 물품들은 종종 망가지거나 별생각 없이 모든 사람을 칭찬하는 이곳 주민들의 나쁜 습관 때문에 너무 많은 양이 보내지곤 했다. 이런 방법으로 오는 축복에 대해 경멸로 시작하는 헌사가 이를 증명한다. 불행은 주민들이 이 상품을 싼 가격에 양도했기 때문에 시작되었다. 따라서 유럽 내에서 이 상품은 항상 넘쳐났고 가격이 하락했다. 하지만 조제 방법만 안다면 이 약에서 추출한 액체만큼 귀한 것은 또 없다. 이것은 진정 베르길리우스의 작품 속에서 아폴론이 아우구스투스에게 마시게 한 신들의 음료이며, 아리스토텔레스의 작품에서는 아테네 여신이 알렉산드로스에게 마시게 했다는 불멸의 액체이다.

이야기는 위대한 군주 루이 14세에 대한 설명으로 이어진다. 그는 재무장관인 콜베르의 조언에 따라 식민지에 대한 상품 공급을 합리화하기로, 즉 국립아카데미에만 재정을 지원하기로 결정했다. 라이프니츠는 만족스러웠지만, 군주는 어느 것이 진정으로 축복을 내리는 것인지 정확하게 조언 받을 필요가 있다고 강조한다. 그렇지 않으면 하사받은 사람들이 '청동으로 만든' 동상이 아니라 '밀랍 동상'을 선택할(잘못된 선택을 할—옮긴이) 테니 말이다. 라이프니츠는 위험을 직감하고는 여기서 멈춘다. 이 이야기는 복잡하게 얽혀 있다. 과학 발전에의 진정한 기여를 통해서만 위대한 왕의 명예욕을 만족시켜줄 수 있다는 생각을 알리기 위해 저자는 다른 세계의 식민지 주민들이 제공하는 '마약'에 세 가지 다른 정체성을 부여할 수밖에 없었다. 즉 흡입하면 아부처럼 잠시 동안 즐거움을 준다. 그런데 만약 분말로 섭취하면 매우 달콤하다. 하지만 영원히 죽지 않기 위해서는 그것을 증류해 액체로 만들 필요가 있다. 사실 복잡한 은유가 작동해 접근할 수 없는 문제와 연결되어 있음은 두말할 필요가 없다. 과학자들의 활동이 권력에 종속되지 않고 어떻게 과학 발전에 필요한 제도를 만들어낼 수 있겠는가? 비록 연금과 같은 하사품을 제공해주는 주체가 바뀐다 해도 당시로서는 해결하기 어려운 문제였고, 아마도 오늘날에도 해결되지 않는 문제일 것이다.

이 이야기의 주된 가치는, 비록 깨지기 쉽고 고립된 것일지라도 '문학공화국'을 진정한 영토적 실체로 만들고자 하는 데 있다. 라이프니츠는 다른 이야기에서도 문학공화국을 하나의 섬(유토피아 문학의 전형적인 모델에 따르면)이나 지도를 만들 필요가 있는 나라로 묘사하면서 이러한 예지력을 발휘한다. 이렇게 해서 그는 '공화국'의 정치적 은유와 그의 지식 이론 속 어디에나 등장하는 여행의 은유와 결합시킨다.

이처럼 은유를 연결고리(즉 당시의 일상적인 정의에 따르면 '연속된 은유')의 기초로서 일종의 국가처럼 사용하려는 시도는 17세기 문학 공화국이 가지고 있었던 새로운 특징들을 짐작하게 해준다. 이 개념에 대해 역사가들이 보여주었듯 '문학공화국'의 형상은 인문적 분위기 속에서 태어났으며, 이러한 상상 속의 국가를 종종 '군주'로 칭했던 에라스무스 시대의 유행을 따라한 것이다. 당시 '공화국'은 점점 더 뛰어난 구성원을 가지고 에토스*를 공유하는 복합적 조직체로서 인식되었다. 이 에토스는 다른 사람들의 장점을 인정하고 모방하지 않으며 모욕하거나 말이 통하지 않는 사람과는 대화를 하지 않는 것이다.

'문학공화국'에서는 두 가지의 커뮤니케이션 수단을 가지고 있었다. 하나는 인쇄된 서적(17세기 중반에는 《주르날 데 사방Journal des Savants》, 《악타 에루디토리움》, 《문학공화국 뉴스》 같은 잡지가 만들어지기 시작했다)이고, 다른 하나는 서신 교환(프랑스의 마랭 메르센과 데카르트의 서신 교환, 1660년대와 1670년대 영국의 헨리 올덴버그의 서신집 같은)이었다. 다양한 학문 분야에 관심을 가진 사람들(여러 분야의 철학자들)을 연결해주는 이러한 교환망의 성장은 확실히 큰 장점이 있다. 종교적 교파와 국가 이익에 따라 분열된 유럽에서 '재능 있는 사람'인 철학자, 문학가, 탐험가, 근대적 의미의 과학자들이 서로 토론을 이어갈 수 있었기 때문이다. 그들은 정부 당국이나 교회가 아니라 대중들에

---

* 민족 혹은 사회별로 특징지어지는 관습 혹은 특징을 지칭하는 데 사용되고 있다.

게 판단을 맡기면서 종교적으로 위험한 주제에 관해서도 토론했다. 또한 '공화국' 내 이들 지식인 사이에서도 위계질서가 존재했고 그와 함께 존중과 복종이라는 자체적인 규칙도 있었지만, 이러한 위계질서가 사회적 위계질서와 일치하지는 않았다.

헨리 올덴버그의 경우를 보면, 그는 한때 자연과학자로 알려졌으나 파문당한 유대인 스피노자에게 편지를 쓰면서 공손함을 잃지 않았다. 라이프니츠 자신도 광학 문제에 대한 정보를 얻기 위해 스피노자에게 편지를 썼다. 종합해보면 분명히 편지를 쓰는 데 있어서 자유롭고 평등한 곳은 아니었지만, '공화국'은 분명 종교 사회적 장애물을 넘어서게 해주는 그런 곳이었다. 즉 17세기 유럽의 위계적이고 분열된 사회는 만족할 만한 곳이 아니었다는 측면에서 볼 때, 자유로운 공화국은 커뮤니케이션을 희망하는 사람들에게 자유로운 배출구가 되어준, 경계를 넘어서는 교류의 장이었다. 라이프니츠 자신도 자크 보발에게 보낸 편지에서 국가의 신분 상황이 훨씬 더 나쁘다는 사실을 인정하면서 문학공화국의 상황과 비교하는 수사적 장치를 사용했다. 라이프니츠가 '문학공화국'의 은유적 표현에 극도로 신중했다는 점은 그의 끊임없는 여행을 이해하는 또 다른 요소이다. 라이프니츠는 완전히 모르는 것을 알아내기 위해서 여행을 한 게 아니다. 아직도 밝혀지지 않은 것들이 수없이 많이 잠재되어 있고, 완전한 교통망도 갖추어지지 않은 조국의 지도 제작자, 혹은 지리학자로서 여행을 했던 것이다.

1676년 스피노자를 방문하는, 얼핏 보기에는 모호한 그의 행동을 설명할 수 있는 것은 바로 이러한 소명 의식이다. 스피노자의《신학정치론》을 읽은 뒤 취른하우스와 함께 이에 대해 논했던 라이프니츠가 스피노자의 이교도적 성향을 몰랐을 리 없다. 자신 앞에 열려 있는 형이상학이라는 '지옥' 앞에서 넋을 잃고 있는 스피노자를 생각해서는 안 된다는 것도 잘 알고 있었다. 그렇다면 라이프니츠가 스피노자를 만나고자 한 이유는 무엇일까? 우선 친구인 취른하우스에게 들은 바에 의하면, 스피노자는 데카르트 철학의 해설자였으며 당시 최고의 비평가였기 때문이다. 이 사실만으로도 그와 이야기를 나누고 더 자세히 알아야 하는 이유는 충분했다. 또 스피노자는 아주 중요한 형이상학 책을 썼지만 취른하우스와의 대화만으로는 명백히 판단할 수 없었기 때문이기도 했다. 마지막으로, 유명한 철학자가 될 사람을 개인적으로 안다는 것은 라이프니츠 자신의 '문학가로서의 성공'을 위해서도 유리하다고 생각했기 때문이다. 사실 라이프니츠는 그 후에도 내내 스피노자와의 만남과 자신이 했던 질문들을 떠올리며 그의 모습과 인상에 대해 서술한다. 매우 강한 비판을 하기도 하고 때로는 그를 추켜세우기도 했다. 이렇게 해서 이교도와도 평화롭게 대화할 수 있는 자신의 능력을 뽐내고 싶어 했다.《인간의 지적 이해에 관한 새로운 분석》에서 라이프니츠는 "어느 것이 타당한지에 대해 말할 때 그를 인용하지 않을 수 없다"고 강조한다. 어쨌든 몇몇 철학자들은 라이프니츠가 순진하고 또 호기심을 견디지 못하는 사람이라는 데 동의했다. 이는 그의 독특한, 그리고 두드러진 성격 중 하나였다.

재발견을 위한,
결국은 발견을 위한 여행

라이프니츠의 호기심을 끈 것은 사람만이 아니었다. 그는 자연의 아름다움, 특히 잃어버린 것을 되찾아 자신의 연속성을 만들어내는 과거의 흔적과 기록, 사료, 유적들에도 관심이 많았다. 이탈리아 여행은 모두 이런 재발견을 위한 것이었다. 특히 로마는 라이프니츠에게 있어서 고고학적 연구를 수행하는 데 이상적인 장소였던 모양이다. 그의 흥미로운 과학 저술들 중, 1689년에 쓴 《포라노무스》를 보면 라이프니츠는 아우구스티누스와 집정관들의 시대에 도시 내부에서의 보병대와 친위대의 정확한 숫자와 배치를 조사하기 위해 빈에서 가져온 고서를 자주 이용했다. 그러니까 라이프니츠는 바로크시대의 로마에서 고대 로마를 추적했으며, 일반적인 방법과는 다르게 로마를 재건해냈다. 또한 그는 고대의 수공업 기술에 대해 면밀히 조사했다. "고대의 저수조와 수도관은 우리 시대 기술자들의 이해를 뛰어넘는 방식의 방수 재질로 만들어진 것 같다. 고대인들은 우리도 모방하기 어려운, 섬세하게 묘사된 유리 동전도 가지고 있었다. 코린토스*의 동상, 무라석으로 만든 병, 여러 종류의 흙과 테라코타로 만들어진 도자기들 역시 조사해볼 만하다."

---

* 고대 그리스의 도시 국가.

라이프니츠에게는 과거를 재건해내는 고고학적 취향이 있었다. 그는 고고학자들에게 기술 발전에 유용한 특이성을 찾아내는 노력을 하도록 조언한다. 유물과 문서는 결국 여러 방법으로 재사용할 수 있는 정보의 저장소이자 매체이다. 역사 연구에 대한 데카르트의 혐오와는 반대로 라이프니츠는 역사 연구를 과학과 기술 연구와 연결하기 좋은 것으로 해석한다. 결국 그의 이탈리아 여행은 이러한 두 가지 차원을 엮어놓은 것 같다. 지적인 측면에서 그의 여행은 잃어버린 갈릴레이의 흔적을 찾는 여행이었다. 라이프니츠는 로마의 물리-수학 아카데미의 연구 성과를 매우 진지하게 연구하여 새로운 '동력 과학'이라는 이상적인 결과를 만들어냈다(이것이 바로 훗날 '동력학'이 된다). 또 로마교회의 책임자들과 함께 코페르니쿠스 학설의 문제들을 다시 연구할 것을 제안했고, 피렌체에서는 비비아니와 같은 갈릴레이 추종자들과 만나게 된다. 물론 이런 태도가 순수한 의도에 의한 것만은 아니었다. 라이프니츠는 자신의 동력학이 갈릴레이의 논문 〈두 개의 신과학에 대한 논쟁과 증명〉의 유산이라고 인정받고 싶어 했다. 그가 이탈리아에 관심을 보였던 이유는 이탈리아 전문가 그룹에 들어감으로써 데카르트가 장악한 헤게모니에 균형을 맞출 수 있었기 때문이다.

하지만 라이프니츠는 이탈리아 여행에서 얻은 또 다른 성과는 만족스럽지 않았다. 그는 이탈리아가 커다란 철학적 논쟁을 적절하게 중재하기에 적합한 장소가 아닐지도 모른다고 생각했다. 그는 자신의 오랜 친구인 위에가 데카르트에 반박하는 글(《데카르트에 관한 철

아이작 뉴턴과 별개로 무한소 미적분을 정리했고, 최초의 기계적 계산기 라이프니츠휠을 발명했다.

학적 연구》(1689))을 쓴 것을 알고 미완성으로 남은 또 다른 글을 작성하기 시작한다. 이 역시 라인 강의 일화와 함께 젊은 시절의 추억이 두드러진 기록이다. "독일은 완전하지는 않지만 만족할 만한 평화를 만끽하고 있었다. 군대가 동쪽으로 물러났기 때문에 라인 강 지역이 입은 피해를 복구했고, 친구들에게 초대 받은 에우티미우스는 프랑스를 다시 방문해 지성이 넘치는 도시 파리로 가기로 결정했다. 그는 힘들게 파리로 들어가 센 강의 다리 위에서 위에를 만났다."

　이탈리아에서 얻은 즐거움이 프랑스와의 소원해진 관계를 보상해주지는 못했다. 그러나 기대 이상의 성과도 있었다. 로마에서 라이프니츠는 중국을 다녀온 클라우디오 필리포 그리말디라는 예수회 사람을 알게 된다. 그는 먼 나라에 관한 많은 이야기를 들려주었다. 그때부터 중국은 라이프니츠의 생각을 지배하는 주제가 된다. 라이프니츠는 1699년 예수회에 관한 글들을 모아《신중국학》을 출간하고, 중국에 파견된 선교사와 오랫동안 서신을 주고받는다. 이런 사실을 미루어봤을 때, 아마도 라이프니츠가 가장 가보고 싶었던 곳은 중국이 아니었을까 싶다. 기독교를 믿지 않는 유럽 밖으로 종교를 포함한 유럽의 발명품들을 가지고 나가고 싶었을 것이다. 그가 세상을 떠나기 전에 마지막으로 쓴 작품은《중국의 자연신학에 관한 대화》였다.

라이프니치의 여행
세상과 '함께' 있는 것

라이프니츠의 여행은 결코 고독하지 않았다. 정치와 종교, 과학이라는 세 분야에서 활발한 소통이 이루어졌기 때문이다. 이미 살펴보았듯이 라이프니츠는 특히 과학 분야에 많은 노력을 기울였다. 그는 프러시아, 오스트리아, 러시아 등 세 곳에 아카데미를 설립했고, 유럽의 여러 석학들과 꾸준히 서신을 교환했다. 또한 철학과 과학 서적을 출판했을 뿐만 아니라 라이프치히에서《악타 에루디토리움》같은 중요한 잡지도 발행했다.

　　이처럼 왕성한 활동을 했던 그였지만 지칠 줄 모르는 방랑생활에 불안한 모습을 보이기도 했다. 멀리 있는 사람들과의 끊임없는 커뮤니케이션 때문에 라이프니츠는 자신이 머물고 있는 그 장소에 있는 것 같지 않았다. 자신의 철학의 주요개념인 '모나드monad'*와 어느 정도 닮아 있다. 즉 라이프니츠 자신이 세상에 대한 관점이자 자체의 심리 표상을 통해서 세상을 표현하기 때문에 결코 세계

'내부에' 있지 않고 세계와 '함께' 있는 것이다. 이렇듯 어느 한 장소에 머물러 있음을 느끼지 못하는 것이 라이프니츠의 성격이었던 것 같다. 그는 평범한 하노버에 머무는 것을 싫어했다. 확실히 그는 파리나 베를린, 혹은 빈에서 지내기를 더 좋아했던 것 같다. 파리나 빈, 그리고 베를린은 그에게 있어 과학과 정치적 의사소통의 흐름을 포착할 수 있는 중심 장소였던 반면, 하노버는 주변인으로 머무르는 장소일 뿐이었다. 장소의 변화는 그에게 관심 있는 메시지가 정확하게 도착할지 아닐지에 영향을 주는 요소였기 때문에 중요했다. 간단히 말해 공간의 기준은 그에게 중요한 것이 아니었다. 그는 베이징에 대해 알기 위해서 로마로 갔다.

물론 이러한 교류망을 만들어낸 사람으로만 라이프니츠를 설명할 수는 없다. 그의 저서에는 전원생활과 향수에 관한 이야기까지 등장한다. 그러나 그것은 아주 작은 부분에 불과하다. 지금까지 살펴보았듯 그는 아주 많은 분야에 이름을 올렸다. 바로 이런 점이 라이프니츠에게는 삶과 철학 사이의 조화를 찾는 여행의 목적이었다고 할 수 있을 것이다.

---

* 라이프니츠의 철학에서 궁극적 실재를 이루는, 무엇으로도 나눌 수 없는 정신물리적 실체.

파리로 간 밀라노의 계몽주의자

피에트로 베리 · 알레산드로 베리 · 체사레 베카리아

잔니 프란초니

런던

파리

리옹

노바라
밀라노
토리노 베르첼리

루카
피사 피렌체
리보르노

로마

영광을 좇는
세 사람

지금부터 하려는 이야기는 1766년 가을부터 이듬해 봄 사이에 일어
난 일이다. 또한 1700년대 이탈리아 밀라노의 문화를 이끈 중요한
세 사람에 관한 이야기다. 세 사람 중 나이가 가장 많은 38세의 피에
트로 베리 백작Pietro Verri(1728~1797)은 대단한 야심가였다. 그는 어
릴 때부터 이름을 날리기 위해 많은 노력을 기울였는데, 이를 위해
베네치아 출신의 희극작가인 카를로 골도니*에 관한 당시의 논쟁에
뛰어들어 골도니를 지지하기도 했다. 그는 엘베시우스**의 공리주의
에 영감을 얻어 프랑스어로 인간의 도덕에 관한 글을 쓰기도 했으나
출판되지는 못했다. 하지만 편견과 집단적 믿음을 타파하고 과학 발

---

* Carlo Osvaldo Goldoni(1707~1793), 이탈리아의 작가, 변호사.
** Claude-Adrien Helvétius(1715~1771), 프랑스의 철학자로 1758년 종교에 근거한 도덕적 형태를 비
난하는《정신론》을 출판해 당시 사회에 충격을 주었다.

피에트로 베리와 그의 동생 알레
산드로 베리. 프랑스 백과전서학
파의 영향을 계승한 지식인 그룹
을 주도했다.

전을 이끌 사상을 전파하기 위한 몇 권의
풍자적인 역법책(《위대한 조로아스터》,《비
장脾臟병》 등)을 출판했다. 1759년에는 병
으로 지원해서 7년전쟁에 참전하기도 했
다. 1761년 새로운 사상을 가지고 밀라노
로 돌아온 피에트로 베리는 직접 푸니 학
회 l'Accademia dei Pugni를 창설하여 동생
인 알레산드로와 체사레 베카리아, 그 외
에 서너 명의 젊은이들을 가입시켰다. 이
학회는 루소, 볼테르, 엘베시우스, 몽테스
키외 등 당시 유명한 작가들의 작품을 낭
독하고 활기찬 토론을 벌였다.

1763년 피에트로는 〈밀라노 공국의
상업에 관한 고찰〉이라는 소논문을 썼으나
출판되지는 못했다. 하지만 오스트리아 빈
의 왕정으로 보내진 이 논문은 이후 지속적
으로 추구하게 될 경제적-정치적 개혁에
관한 원대한 계획의 기초가 되었다. 그해
말에는 '백과전서파'의 형식을 취하여 몽테뉴에서 데카르트와 로크까
지, 몽테스키외에서부터 달랑베르까지, 루소에서부터 엘베시우스까
지 유명 철학자들의 사상을 한데 모아놓은《행복에 관한 묵상》이라는
짧은 책을 출간했다. 이 책에서 피에트로는 개인의 행복 추구와 집단

행복의 필요성 사이의 필수적인 관계를 정립했다. 여기서 그는 "사회를 구성하는 개개인의 번영"은 "공공의 행복" 혹은 "가능한 한 최대로 평등하게 분배된 최대의 행복"이 실현되는 것만큼 보장된다고 단언한다. 이는 훗날 제러미 벤담의 공리주의 사상의 기초가 된 프랜시스 허치슨의 주장을 근거로 한 것이었다.

그 후 피에트로 베리는 조지프 애디슨의 《스펙테이터》에서 영감을 얻어 《일 카페 Il Caffè》라는 잡지를 창간해 편집인이자 출판인으로 일한다. 이 잡지는 1764년 6월부터 1766년 말까지 발행되었다. 이 정기간행물은 정치, 종교 문제에 대해서는 직접적으로 개입하지 않는 대신 가볍고 풍자적인 글로 철학과 경제, 법과 문학, 윤리학과 과학 등 광범위한 주제를 다루었다. 피에트로는 검열에 걸리지 않도록 자신이 쓴 글이나 기고자들이 작성한 글의 내용을 온건하게 다듬는 데 주의를 기울였다.

형 피에트로 베리보다 13살 어린 동생 알레산드로 베리Alessandro Verri(1741~1816)는 서른네 번이나 죄수들을 변론하면서 '죄수들의 후원자'라는 명예로운 칭호를 얻었다. 그의 변론들이 정리되어 출판되지는 않았지만 남아 있는 자료에 따르면 범상치 않은 변론이었음이 틀림없다. 그는 또 〈기독교적 도덕에 관한 논문〉과 〈로마 건국부터 18세기 중반까지의 이탈리아 역사〉를 저술했지만 출판하지는 못했다. 2001년까지 미공개로 남아 있던 이탈리아의 역사에 관한 이 소논문에서 그는 볼테르와 몽테스키외의 사상을 지지하는 듯 보이지만, 실은 루도비코 안토니오 무라토리*의 영향을 많이 받았다. 또 롬바르디아 주에서는 처음으로 잠바티스타 비코*의《신과학》에서 차용한 '원시적인 것', '야만의 것'에 대해 많은 관심을 가졌다. 알레산드로 베리의 글은 31개만이 출판되고, 나머지 글들은 출판되지 못한 채 책상 서랍 속에 영원히 묻히게 되었다. 하지만 그는 정기간행물인《일 카페》에서 뛰어난 저널리스트적 재능을 가지고 가장 활발히 활동했던 사람이었다. 그의 몇몇 기고문들은 문학과 언어학과 지식인의 역할에 대해 한층 근대적인 생각을 제시하면서 문화의 개조를 목표로 하고 있었다. 다른 글들에서는 로마법과 당시의 법체계에 대해 격렬하게 비판했다. 그러면서 공공의 행복이라는 원칙으로부터 착상한 근대적 법전을 꿈꾸었고, 절제와 도덕적 삶이라는 이상들을 표방하는 공리주의 철학에 반대되는 자연법 사상의 한계를 세심히 고찰했다.

우울하고 무기력한 성격의 소유자였던 체사레 베카리아Cesare Beccaria(1738~1794) 후작은 1761년 아버지의 반대를 무릅쓰고 테레사 블라스코라는 어린 여성과 결혼을 하면서 집안을 발칵 뒤집어놓았다. 그녀는 예의 바르지만 보잘것없는 집안의 딸이었다. 이 일로 인해 체사레는 집에서 쫓겨나 한동안 가문의 지원 없이 어렵게 살아야만 했다. 피에트로 베리의 중재로 아이(딸 줄리아는 훗날 알레산드로 만초니**의 어머니가 된다)의 출산을 앞둔 부부는 가족과 화해하고 다

---

* Ludovico Antonio Muratori(1672~1750), 이탈리아의 시인, 역사학자.
* Giambattista Vico(1668~1744), 이탈리아의 철학자.

시 부모의 저택으로 들어갈 수 있었다. 이 일로 체사레와 그보다 열 살이나 더 많았던 피에트로는 의 형제를 맺는다. 1762년, 피에트로 의 조언에 따라 체사레 베카리아 는 《밀라노공국의 화폐 문제와 혼란》이라는 소책자를 발간하며 당 시 진행 중이던 화폐개혁의 논란 에 가세한다.

체사레 베카리아. 스물여섯의 젊은 나이에 쓴 《범죄와 형벌》이 근대 법체계 구축에 큰 영향을 끼쳤다.

　　1763년에도 피에트로의 격려 와 알레산드로 베리의 법률적 조 언을 바탕으로 체사레는 '정의'라 는 거대한 주제를 파고든다. "최대 다수로 평등하게 분배된 최대 다 수의 행복"이라는 원칙에 영감을 받은 그는 《범죄와 형벌》이라는 책 에서 약 100여 년 전부터 제기되어왔던 앙시앙 레짐(구체제)의 법체 계에 대한 대안적 개혁안들을 잘 요약한다. 이렇게 해서 그는 유럽 계몽주의 논쟁에 형벌의 문제를 제기했다. 특히 《범죄와 형벌》중 사 형 문제를 다루는 장에서 그는 논리적이고 강한 호소력으로 사형제 도가 정당하지도 않을 뿐만 아니라, 범죄 예방에 필요하지도 유용하

** Alessandro Manzoni(1785~1873), 이탈리아의 소설가이자 시인. 대표작으로 《약혼자들》이 있다.

지도 않다고 주장했다.

　피에트로는 저녁마다 함께 토론하면서 게으른 베카리아가 글을 쓰도록 자극했다. 이런 노력 덕분에 나태한 베카리아는 낮 동안 글을 쓰기 시작했다. 베카리아의 집필이 끝나면 피에트로는 유능한 편집자에게 부탁해 논의의 순서를 수정하고, 특히 도덕과 종교 문제 등과 같은 분야에서 과격한 내용을 부드럽게 고치도록 해서 출판했다. 그리하여 1764년 7월에《범죄와 형벌》이 출판되었고 1765년에는 개정증보되어 제2판이 출판된다. 1766년에는 또다시 새로운 내용이 추가되어 마지막 개정판이 출판되었다. 새로운 판본이 출판될 때마다 순식간에 매진되어 베카리아에게 커다란 명성을 안겨주었다.

파리로의 초대,
여행의 시작

《범죄와 형벌》은 1765년 멜키오르 그림의《문예통신》과《유럽문학신문》으로부터 좋은 평가를 받았다. 1765년 6월에는 이 책이 드니 디드로와 함께《대백과사전》의 편집자 중 한 사람인 장 달랑베르*의 손에 우연히 들어가게 되었는데, 달랑베르는 수도사인 앙드레 모

---

* Jean Le Rond D'Alembert(1717~1783), 프랑스 수학자, 물리학자, 철학자.

를레에게 프랑스어 번역의 감수를 부탁해 그해 말에 파리에서 출간한다. 1765년 중순부터 1766년 초까지 베카리아와 달랑베르, 모를레 사이에 서신 왕래가 이루어진다. 달랑베르와 모를레는 베카리아에게 디드로, 엘베시우스, 뷔퐁, 돌바크, 흄 등이 내린《범죄와 형벌》에 대한 긍정적 평가를 전해주었다. 베카리아는 프랑스어 번역가에게 자신의 이력을 간략히 적어 보냈다. 이 편지에서 그는 자신이 몽테스키외의《페르시아인의 편지》를 읽고 철학자의 길을 걷게 되었고, 자신의 생각을 완전히 변화시켜준 두 번째 책은 엘베시우스의《정신론》이며, 뷔퐁, 디드로, 흄, 달랑베르, 콩디야크의 작품들에서 영향을 받았다고 고백했다.

따라서《범죄와 형벌》은 프랑스인들에게 피에트로 베리의《행복에 관한 묵상》과 마찬가지로 프랑스의 학문적 분위기를 풍긴다는 인상을 주었다. 프랑스의 정기간행물들은 이들 책에 아주 우호적으로 논평을 달아주었고, 1766년에는 이베르됭에서 프랑스어 번역본이 출간된다. 따라서 달랑베르와 모를레는 베카리아를 초대하여 그가 존경하는 철학자들과의 만남을 주선했다. 자연스럽게 피에트로 베리까지 함께 초대를 받는다. 그러나 초대를 받은 베카리아는 주저하다가 1766년 1월 26일 모를레에게 편지를 쓴다. "내 어려운 상황만 아니라면 파리에 가서 많은 것을 배우고 싶습니다. 나는 달랑베르 선생과 저명한 당신의 친구들을 직접 만나서 찬미하고 감동을 전하고 싶은 마음 굴뚝같습니다만 쉽지 않습니다."

반면 피에트로는 이 좋은 기회를 놓칠 수 없었다. 즉각 초대를 받아들이고 철학자 모임에 소속된 밀라노 계몽주의 학자들의 사절단을 파리에 파견해야 한다고 생각했다. 이렇게 하면 앞으로 이탈리아 학자들이 쓰는 글들이 프랑스어로 번역, 소개되어 평을 받을 수 있을 것이기 때문이었다. 그러나 피에트로는 1765년 11월부터 밀라노공국 최고 경제위원회의 위원으로 활동하고 있어 매일매일 공무를 처리해야 했기에 파리로 갈 수 없었다. 하는 수 없이 그는 동생인 알레산드로에게 여행 자금을 지원하며 베카리아와 동행시키기로 결정한다. 한편 베카리아는 500체키니를 빌려 파리로 떠난다. 두 사람의 여행은 이후 6개월이나 지속되고, 파리 여행은 다시 런던 여행으로 이어지게 된다.

이렇게 해서 1766년 10월 2일 아침, 체사레 베카리아와 알레산드로 베리는 노련한 '애꾸눈 마부'인 첼레스티노의 마차를 타고 베카리아의 집을 출발한다. 출발 시각은 예정보다 앞당겨졌는데, 이는 형 피에트로에게 조금이라도 이별의 슬픔을 줄여주고 싶어서였다. 이후 베카리아의 집에 도착한 형은 애정이 듬뿍 담긴 동생의 짧은 편지를 발견하게 된다. 이 편지가 피에트로와 알레산드로가 주고받은 첫 편지이다. 몇 달간의 여행 중 형제는 거의 백여 통에 이르는 편지를 주고받는다. 이 서신 교류는 형제가 상속문제로 불화를 겪던 1783년부터 1789년까지 7년간 중단된 경우를 제외하고는 정치적, 이념적 입장 차이에도 불구하고 1797년 피에트로가 죽음을 맞을 때까지 평생 동안 계속된다.

10월 2일 저녁, 두 여행자는 노바라에 도착한다. 다음날 베르첼리에서 점심을 먹은 뒤 다시 출발하여 4일에는 토리노에 도착한다. 다시 산을 넘는 고된 여정 끝에 11일 리옹에 도착한다. 리옹에서 며칠을 머문 뒤 18일 저녁 두 사람은 드디어 파리에 도착한다. 그러나 그 사이 심상치 않은 일이 벌어진다. 파리로 향한 마지막 여정 중 베카리아는 아내에게 여러 통의 편지를 보내는데, 이 편지들에서 그는 사랑의 표현을 듬뿍 담으면서도 '우울'이라는 말을 여러 차례 반복한다. 10월 7일 리옹을 향해 가면서 어떻게든 여행 기간을 단축해보겠다는 계획을 아내에게 알리면서 "아무리 길어도 겨울이 시작될 무렵까지는 돌아가겠다"고 전한다. 12일 리옹에서는 "여행을 떠난 것을 후회하고 있소. (……) 파리까지는 가겠지만, 거기서 한두 달 정도만 머무를 생각이오. 건강상의 이유를 들면 별문제 없이 돌아갈 수 있을 것이오. 집에 있는 당신이 내 상태가 좋지 않다는 사실을 알고 미리 준비하도록 일러두는 것이오"라고 보냈다. 그리고 10월 25일에는 부모님께도 보여드리라며 파리에서 절망적인 편지를 써서 보낸다. "센 강의 물 때문에 건강이 좋지 못합니다. 계속 설사를 하고 있습니다."

두 여행자의
힘겨운 동행

알레산드로가 피에트로에게 보낸 편지에는 이 일이 모두 폭로되어 있다. 파리에서(10월 19일) 처음으로 보낸 편지에서 알레산드로는 베카리아가 아내를 떠나는 순간부터 무척 괴로워했다고 썼으며, 여행 둘째 날에는 아내 테레사와 가족들과 멀어진다는 우울함에 벌써 안색이 어두워지기 시작했다고 썼다. 리옹에 도착해서는 집으로 돌아가고 싶어 하는 베카리아를 설득해야만 했다. "베카리아의 헤픈 씀씀이와 극심한 우울증을 견디며 지낸 지 두 주가 지났습니다. 그가 미쳐버릴까 봐 걱정스러워요. 그는 몸이 많이 야위었습니다. 초점 없는 눈으로 땅을 바라보며 한숨을 쉬다가 울음을 터뜨리곤 합니다. (……) 그는 부인이 죽었을 거라고 확신합니다. 결국 저는 파리까지 가보고 그곳이 살 만한 곳인지 살펴보자고 그를 설득해 이곳 파리까지 오게 되었습니다만 다시는 터무니없는 상상에 빠져 있는 사람과는 절대 여행하지 않을 겁니다. 절대로요. 평생 이렇게 괴로운 시간은 처음이에요. 어떻게 이럴 수 있죠? 한숨만 쉬어대고, 어느 누구에게나 짜증을 내고, 아침부터 저녁까지 저에게 마치 미친 사람처럼 이야기하고, 도망치려 하고, 모든 짐은 제게 지우려 합니다. (……) 어쩌면 제가 먼저 창문으로 뛰어내릴지도 모릅니다."

결국 일은 점점 더 커져서 두 사람은 어딜 가든 싸우기만 하며 함께 지내기 어려운 지경에 이른다. 알레산드로의 편지에 따르면, 소심한 성격의 베카리아는 도저히 함께 여행하기 힘든 사람처럼 보인다. 물론 알레산드로의 이야기에는 약간의 과장이 섞여 있다. 하지만 그의 이야기가 모두 틀린 것 같지는 않다. 왜냐하면 호텔에 도착하자마자 '사치스럽게 방을 꾸미고 자신의 시중을 들라고 요구해 방

분위기를 안 좋게 만드는' 동료에게 화가 나는 것은 당연한 일이기 때문이다. 그는 "정부 일만 아니라면 더 이상 참을 수 없다"고까지 이야기했다. 그는 또 베카리아가 "제게 재봉사를 부르게 하더니 벨벳 옷을 만들게 했습니다. 그는 군림하려 하고 자신의 시중을 들게 합니다. 또한 사치가 심하고 저에게 모든 일을 강요해 마음에 들지 않습니다"라고 했다.

알레산드로가 피에트로에게 보낸 편지에 따르면 베카리아는 이중적인 사람처럼 보인다. 두 사람이 초대받은 저명한 철학자들과의 공식적인 점심식사 자리에서 베카리아는 다양한 주제에 대해 매우 날카롭게 토론해 주목과 칭찬을 받았다. 그러고 나서 집으로 돌아오면 그는 슬픔에 잠겨(술을 너무 과하게 마신 탓도 있었다) 아내와 집에서 멀리 떨어져서는 살 수 없으며 하루빨리 돌아가고 싶다고 투덜거렸다. 알레산드로는 베카리아가 돌아가겠다는 날짜를 하루하루 뒤로 미루면서 시간을 벌었다. 그러나 베카리아는 성공이 눈앞에 있음을 알고도 전혀 마음을 바꾸지 않았다. 알레산드로의 편지는 베카리아를 향한 부러움의 감정을 조금도 숨기지 않고 솔직하게 기록하고 있다.

베카리아는 어딜 가나 찬사를 받습니다. 그에 비해 나는 직접 빛을 발하지 못하는 별이라고 말할 수 있을 것입니다. (……) 그는 어딜 가나 멋진 모습입니다. 항상 환대와 존경을 받습니다. 더는 바랄 것이 없어 보여요. 저는 그저 그의 동료일 뿐입니다. (……) 참석자들을 소개할 때마다 모두의 눈은 먼저 베카리아에게로 향합니다. 나는 주목받지 못하고 늘 혼자입니다. (……) 사람이 티끌처럼 작게 느껴질 만큼 이렇게 큰 도시에서 사람들은 매번 베카리아가 왔다는 것을 알고 있을 정도입니다. 리옹으로 향하는 마차에서도 여러 사람이 알아보고, 잘 모르면서도 아주 호의적으로 그에 대해 말하는 사람도 있습니다. 그를 향한 사랑으로 사람들은 만족스러워 보입니다. 그럼에도 불구하고 베카리아는 어떻게 행동하는지 아십니까? 아무것에도 관심이 없어요. 가끔 약간은 즐거워할 때도 있지요. 하지만 곧 자기만의 생각으로 돌아갑니다. 그는 항상 마치 벌레가 심장을 갉아먹어 영혼이 없는 사람처럼 행동합니다. (……) 저는 항상 그를 위로하고, 그의 이상한 행동에 책임을 집니다. 모든 것을 제가 합니다. 그의 날개 그늘 밑에 있어야 할 제가 이제 제 그늘 밑에 그를 보호해야 할 지경입니다. (……) 집 밖에서는 뛰어난 사람이 집에만 들어오면 아이가 됩니다. 두 가지 모두 저를 지치게 만듭니다. (……) 지금 이 순간에도 누가 우리의 문제를 해결하고 있는지 아십니까? 바로 저예요. 그가 쏟아내는 길고 지겨운 불평을 누가 다 듣고 있는지 아십니까? 바로 접니다. 그런데 모두의 주목을 끌고 있는 사람은 누구일까요? 그입니다. 이 여행에서 이익을 보는 사람이 누구일까요? 바로 그입니다."

베카리아의 갑작스러운 귀국, 베리 형제와의 절교

피에트로 베리는 동생의 편지에 어떤 반응을 보였을까? 그는 편지

를 읽자마자 베카리아가 6개월 정도 지속돼야 할 여행에서 그들이 너무 빨리 돌아올까 봐 걱정이 되었다. 그러면 밀라노 사람들은 물론, 푸니학회 내부에서도 그를 손가락질할 게 뻔했다. 밀라노에서는 어딜 가나 파리에 간 철학사절단이 화제였다. 밀라노 공작의 궁전에 초대된 프랑스의 피르미앙 전권대사와의 만찬에서도 모두들 두 사람이 유럽의 중심지인 파리에서 거두고 있는 성공에 대해 감탄하며 이야기했다. 이러한 명성은 피에트로나 그들 모두의 미래를 위해 좋은 일이며, 그들이 갈망하는 성과와 명성을 위해서도 긍정적일 터였다. 피에트로는 알레산드로에게 어떻게든 베카리아가 파리에서 도망가지 않게 하라고 타일렀다. 무엇이든 참아볼 것을 부탁하고, 그렇게 해야 하는 수많은 이유를 이야기했다.

베카리아는 친구들 사이에서도 약하기로 유명한 사람이지만 재능 있는 철학자이며, 어쨌거나 혼자서는 악을 행하지 못할 사람인데다 자신에게도 해를 끼칠 만한 위인은 아니니 무조건 도와주라고 했다. 결국 피에트로는 베카리아에게 직접 편지를 써서 설득을 시도했다. 그의 편지는 무례하기까지 했다. "나는 감히 자네의 면전에서는 하지 못할 말을 편지로 하려고 하네. 자네에 대한 좋은 평판 때문에 나 역시 호감을 가지고 있었는데, 알고 보니 자네에게는 아주 유치한 면이 있더군. 한쪽의 가식적인 성격으로 다른 면을 가려보려 하지만 사람들은 자네의 병과 치료법에 대해서도 잘 알고 있다네." 피에트로는 막 시작된 이 여행만이 그의 모순적인 성격을 고치도록 도와줄 거라 생각했다. "만약 예정보다 일찍 돌아온다면 사람들은 자네의 단점을 알고 실망할 것이네. 평판은 나빠질 것이고, 스스로 자네의 운명을 나쁜 쪽으로 끌고 가는 것임을 기억하게." 그러면서 한편으로 피에트로는 나이 어린 동료에게 간곡히 부탁했다. "친애하는 베카리아, 자네와 우리의 관계를 위해서도 멍청한 짓은 하지 말아주게. 만일 일찍 돌아온다면 일주일도 못 가 후회하게 될 걸세. (……) 아니, 만일 우리에게 조금이라도 애정을 가지고 있다면, 자네 스스로를 사랑한다면, 조금 괴롭더라도 결심을 바꾸지 않기를 바라네. (……) 적어도 두 달만 더 견뎌주게."

이에 대한 베카리아의 답장은 평온하고 담담했다. 오히려 피에트로의 편지를 불평했다. "제멋대로 상상하고 선생의 마음을 표현한 몇몇 문장이 몹시 불쾌하군요." 그리고 자신의 상태에 대해 강한 어조로 말했다. "당신들이 이야기한 이유 때문에 저는 힘들지만 이곳 파리까지 오게 되었습니다. 저는 지루함과 슬픔을 견뎌냈습니다." 하지만 그는 이렇게 생각했다. 밀라노로 일찍 돌아가는 것이 도대체 어떻다는 말인가? 가족과 친구들만 아니라면 내가 일찍 돌아갔을 때 나올 수 있는 그런 헛소문들이 뭐 어떻다는 말인가? "밀라노에서 저는 행복했습니다. 명성은 없었지만 완전히 내 방식대로 결혼도 하고 나 혼자만으로도 행복했습니다. 그런데 이제 저는 처음 정했던 것보다 두 달 빨리 내 조국, 내 가족, 저를 사랑하고 존경하는 친구들에게로 돌아갈 용기조차 없습니다. 지나간 일과 매일매일의 수많은 행위들에 대해서 유럽은 아무렇지도 않게 생각하는데, 밀라노 사람들의 동의까지 얻어야 한단 말입니까?"

결국 소심한 베카리아는 그의 인생에서 두 번째이자 마지막인 반항을 한다. 첫 번째는 앞에서 보았듯 결혼 때문에 일어난 반항이었고, 이번에는 자신을 끊임없이 가르치려 드는 후원자에 대한 반항이었다. "친애하는 친구여, 저도 이제 서른이 다 되어갑니다. 저를 그냥 지금 이 상태로 내버려두십시오. 내 일은 내가 알아서 하게 내버려두십시오. (……) 지난 10월 2일 이후, 지금까지 단 한 순간도 저는 행복한 적이 없습니다. 이곳 철학의 본거지에서 얻은 달콤한 명성과 찬미에도 불구하고 마음 깊은 곳에서는 씁쓸한 유혹이 계속되고 있습니다. 아무튼 모든 상황은 제게 돌아가라고 강요하고 있습니다. 당신이 아무리 애써도 소용없는 짓입니다."

11월 27일, 마침내 베카리아는 한 달여 만에 파리를 떠났다. 그러는 와중에도 베리 형제의 편지는 계속해서 그에 대한 이야기로 가득 차 있었다. 알레산드로는 베카리아와 함께 지낼 때의 불쾌한 기억들을 떠올리면서 적대감만 키워갔다. 그리고 날이 갈수록 모욕적인 말을 피에트로에게 적어 보냈다. 베카리아는 진실한 친구가 아니며, 그들 형제를 질투하고 있으며, 파리 사람들의 사교장에서도 잘난 척만 한다고 편지에 썼다. 또한 1765년 베네치아의 수도사인 페르디난도 파키네이가 베카리아의 작품을 익명으로 출간한 일에 대해서도 고작 5일 동안만 항의 편지를 쓰는 것으로 대신했다. 알레산드로는 사실 《범죄와 형벌》도 베리 형제가 도와준 것이고, 특히 피에트로의 힘이 가장 컸다는 점을 상기시켰다. 알레산드로는 몇 년 동안 형의 평가에서 베카리아에게 항상 뒤로 밀린다고 느꼈기 때문에 베카리아를 제거하고 싶어 했다.

　하지만 정작 그들의 우정에 결정적인 타격을 입힌 사람은 베카리아 자신이었다. 12월 12일 밀라노로 돌아온 그는 피에트로를 만나기를 주저했다. 결국 그를 만났을 때에도 베카리아는 피에트로의 저서에 대한 프랑스 사람들의 긍정적인 반응에 대해 단 한 마디도 언급하지 않았다. 그리고 어느 누구의 안부도 소식도 피에트로에게 전하지 않았다. 이 일이 결정적이었다. 피에트로는 알레산드로에게 이렇게 써 보냈다. "만일 베카리아가 파리에서 나에 대해 좋게 말해주었다면, 내가 만약 그의 입장이라면 당연히 했을 행동의 10분의 1이라도 해주었다면, 나의 애정도 또 우리의 우정도 더 좋아졌을 것이다." 그런데 "베카리아는 파리에서 알게 된 사람들에게 자주 말하고 다녔다는 '행복'에 대해서도, 그 어떤 말도 나에게는 한 마디도 하지 않더군." 그리고 피에트로는 결심한 듯 단호하게 썼다. "그를 돕고 그가 입은 영광을 보며 괴로워했지만 이제는 당당하게 말할 것이다. 나의 관대함과 정의는 더 이상 그의 작가로서의 행운에 부러워하고만 있지 않을 것이라고 말이다. 이제 작은 질투심은 버리고, 내 이름을 걸고 소리 없는 전쟁을 선포하겠다."

　결국 그들은 절교를 선언했다. 피에트로 베리는 직접 모든 사람들에게 속사정을 이야기하면서 밀라노에 소문을 퍼뜨렸다. 또한 푸니학회의 회원들이 편을 가르도록 유도했다. 대부분의 사람들은 피에트로의 편을 들었다. 따라서 베카리아는 소수의 평범한 동료들과 함께 고립되었다. 귀찮았지만 내실 있었던 피에트로의 문학적 후원에서 멀어진 채, 몇 년 동안 베카리아는 야심 차게 작품을 완성하려고 노력했으나 실패했다. 결국 〈국민적 혐오에 대한 논문〉과 몇 가지 짧은 글만 남게 된다. 1770년 말에는 《형식의 속성에 대한 연구》를 출간했지만 성공을 거두지 못했다. 그 후 2년 동안 팔라티네학교에서 공공경제학을 가르쳤다. 하지만 전문가들의 격려에도 불구하고 이 강의 내용은 책으로 만들어지지 못했다. 결국 베카리아는 고위 관리가 되어 남은 인생이 관료로서의 안이한 생활에 갇혀버린다. 1777년에는 '레이센드'라는 밀라노의 서점 주인에게 자신의 책들을 모두 팔아넘긴다. 어쨌거나 파리 여행은 베카리아에게 치명적인 독이 되었다. 《범죄와 형벌》을 쓴 이 천재 작가는 고국으로 돌아온 뒤로는 더 이상 책을 쓸 수 없었다. 베리 형제와의 절교가 가져온 결과였다. 베카리아와 베리 형제의 싸움은 파리에까지 전해져 1767년 3월에는 돌바크가 풍자적인 편지를 써서 보낸다.

"뿐만 아니라, 나는 당신이 이런 관성의 힘에 저항하기를 바랍니다. 당신은 인류에 빚을 지고 있습니다. 그리고 철학이란 언제나 명분에 대한 설명이 필요하지요. 당신은 대중이 당신의 작품에 보낸 박수갈채에 빚을 지고 있습니다." 또한 모를레는 "만일 당신이 영혼의 평화를 찾고 그에 따라 활발한 내적 활동을 찾았다면 그처럼 무력감에 빠지지 않았을 것"이라고 말한다. 1967년 3월 돌바크는 베카리아에게 풍자적으로 "이탈리아인들을 사로잡을 주제인 무사안일함이 그를 지배하고 있는 것은 아닌지 우려한다"고 썼다.

베카리아는 1771년 말에야 모를레에게 자신의 마음을 지배하고 있는 '지독한 인간혐오'가 자신의 침묵의 이유라고 응답한다. 그리고 이러한 인간혐오는 "프랑스 친구들이 만들어놓은 것은 아닙니다. 그들에 대해서 나는 사랑이나 감사 이외에는 어떠한 것도 표현할 수 없습니다. 인간혐오는 이탈리아 친구들이 만들어놓은 것입니다. 나는 당신들 프랑스인들을 언제나 사랑하고 존경했답니다"라고 말한다.

밀라노를 잊다
알레산드로 베리의 여행

이제 파리에 혼자 남은 또 다른 여행자 알레산드로는 마치 다시 태어난 것처럼 자유를 만끽했다. 그는 체류를 연장해 1766년 11월 29일까지 파리에서 지낸 뒤 런던으로 가 두 달 동안 머물렀다. 그는 볼테르의 《철학서간》을 모델로 런던을 묘사한다. 볼테르의 영향은 다음과 같은 구절에서 두드러지게 나타난다. "런던에서 퀘이커, 재세례파, 성공회, 감리교, 가톨릭, 이교, 프로테스탄트 신자들은 정오에서 두 시간 쯤 지나면 연미복을 입고 주식시장으로 향한다. 그리고 돌아와 자신의 상점을 경영하고 평화롭게 집으로 돌아가거나 교회에 간다. 이들은 절대로 어떤 종파인지는 밝히지 않는다." 2월 16일, 그는 파리로 돌아와 30일 가량 머문 뒤 이탈리아로 떠난다. 이탈리아에서 토리노, 제노바, 리보르노, 루카, 피사, 피렌체를 여행하고, 1767년 5월 19일 최종 목적지인 로마에 도착한다. 이 기간에 쓴 편지에서 알레산드로는 피사대학교에서 정식으로 교단에 서거나 외국에서 외교관의 역할을 수행하는 것까지 자신의 미래에 대해 여러 길을 고민하고 있음을 알 수 있다. 그의 글들을 하나하나 살펴보면 그가 더는 밀라노에서 살고 싶어 하지 않다는 것이 분명하다. 고향에서 멀리 떠나고 싶은 가장 큰 이유는 상원의원이자 가부장적이고 보수적인 아버지 가브리엘레 베리의 막내아들로 살아야 하는 게 싫었기 때문이다. 또 한편으로는 베카리아가 그랬던 것처럼 형의 지나친 간섭으로부터 벗어나고 싶은 마음도 있었다. 알레산드로는 여행을 하면서 무한한 자유를 맛보았던지라 이를 포기하기란 불가능했다. 그래서 로마에서의 체류는 점점 길어져 결국 남은 인생을 그곳에서 보내게 된다. 그는 차츰 마르케의 귀족 집안 여인 마르게리타 보카파둘레 젠틸리와 가까워지기 시작하는데, 이것 또한 로마를 떠나지 못하는 이유가 된다.

어쨌든 파리와 런던 여행은 피에트로와 알레산드로 베리 형제에게도 인생의 전환점이 된 사건이었다. 피에트로에게 알레산드로의 여행은 이미 최고의 벗이 된 동생과 매일매일 직접 만나 나누던 대화의 단절이었다. 한편 알레산드로는 여행을 통해 형으로부터 멀리 떨어지면서 점차 사상적 퇴행을 경험한다. 대신 자신을 편안하게 맞이해준 로마에서 알레산드로는 고전을 공부하기 시작해 셰익스피어의 작품들을 번역했다. 예술과 연극에도 관심을 갖고, 그리스의 사조에 영향을 받는다. 여기에 명료하고 우아한 신고전주의 사상을 덧붙여 새로운 문체를 만들어낸다. 이는《일 카페》의 자유분방하고 풍

잡지《일 카페》. 프랑스 드니 디드로의《백과전서》의 영향을 받았으며 체사레 베카리아의 기고 등으로 전 유럽의 주목을 받았다.

자적인 문체와는 많이 달랐다. 또한 비극소설 2권과 장편소설 3권을 썼는데, 그 중《로마의 밤》은 이탈리아는 물론 해외에서도 출판되어 큰 성공을 거두었다. 로마에서 쓴 그의 글들을 보면 점점 더 역사와 인간의 운명에 대해 어둡고 비관적인 관점을 가지게 되었음을 알 수 있다. 그는 세상에서 결코 사라지지 않는 부조리에 대한 깊은 성찰을 보여주고 있다. 그리고 격정과 열정을 사회구조에 부정적인 영향을 주는 전염성 강하고 병리학적인 현상으로 바라보는 낭만주의 시대의 전형적인 문체와 관점을 통해 근대세계의 무질서를 종합적으로 보여준다. 1800년 초에 쓴《1789년부터 1801년까지의 기록》에서 알레산드로 베리는 반혁명적이고 반동적인 입장을 명확히 한다. 그리고 근대 문화와 지식의 진보라는 계몽주의적 사상을 거부하면서 질서와 가치, 확신을 모두 휩쓸어버리는 혁명 구호의 입 역할을 한 철학자들을 공격한다.

프랑스인들에 대한 평가
말은 많지만 착하고 열정적인 사람들

한편, 1766년부터 1767년까지 알레산드로가 파리에서 개인적으로 만난 프랑스 계몽주의자들에 대한 평가는 매우 솔직했다. 그의 편지를 보면 사람들의 성격을 묘사하는 경우가 종종 있었다(이는 베카리아가 아내에게 보낸 편지에서도 발견된다). 알레산드로는 디드로를 다음과 같이 평가했다. "디드로는 매우 단순한 사람이다. (……) 그는 충동적으로 행동하는 경향이 있으며, 그의 책도 그렇지만 대화는 언제나 따뜻하다. 무척 감성적인 사람이다." 달랑베르에 대해서는 "대화를 해보면 명성에 연연하지 않는 듯하고, 아주 친근하게 느껴진다. 몸집이 작고 마르고 허약하지만 인상이 좋고 섬세하며 밝다. 개인적으로 무척 훌륭한 철학자라는 생각이 든다. (……) 나는 정말로 그를 존경한다". 또한 돌바크 백작에 대해서는 "그는 매우 존경스러운 사람이다. 사회에서도 가정에서도 아주 자유롭고 편안해 보이고, 탁월한 재능을 가진 사람이다". 엘베시우스는 "잘생기고 통통하며 붉은 뺨에 크고 푸른 눈을 가졌으며, 성격이 급하지만 강직하고 솔직하며 꾸밈이 없다. 얼굴에서부터 천부적인 재능이 느껴진다". 마르몽텔은 "매우 좋은 사람이다. 행동은 거칠지만 어쨌든 정말로 좋은 사람이다".

알레산드로는 또 이렇게 썼다. "일반적으로 이들 작가들은 모두 아주 좋은 사람들이다. 나는 그들과 더불어 살고 싶고 친구가 되고 싶다. 그들은 거듭되는 어려움을 거치며 위축되어 있지만, 만약 선한 마

음을 가진 사람들이 아니라면 외적인 시련에 이토록 단단히 결속되지
못할 것이다. 그들의 선한 성격은 어떤 주제든 주저 없이 벌어지는 날
선 논쟁에서도 나타난다. 소리를 지르고 절망의 비명을 지르기도 하
지만 깊은 신뢰와 서로에 대한 존경심을 전제로 하고 있다." 그러나
알레산드로는 또 "이들은 지독히 수다스러운 면이 있고 모든 사람과
대화하고 싶어 안달하며, 모두와 함께 철학적 사유를 나누고 싶어 한
다. 마치 연극에서 낭독하듯이 대화를 한다"고 지적한다.

　'이들 위대한 철학자들'에 대해서 알레산드로가 용납할 수 없었
던 단 한 가지는 그들이 '광신적'이라는 것이었다. "나는 그들이 할
수만 있다면 자신들의 견해에 반대하는 사람들을 일종의 종교재판
에 세울 것이라 생각한다. 거기에는 광적인 당파정신이 존재한다. 그
들은 특히 어떤 종파에 소속되어 있는 사람이면 그가 누구든지 반대
할 정도로 광신적이다. 당시는 무신론이 유행하고 있어서 그들은 어
떤 확고한 견해가 없는 사람을 어리석은 사람이라고 여기는 경향이
있었다. 정말 속수무책이다. 초월적 존재를 믿지 않음에 틀림없다.
이는 모두 음모에 지나지 않는다. 정말 마음에 들지 않는다. (……)
나는 정말로 중요한 주제를 가벼이 여기는 사람들은 절대로 용납하
지 않을 것이다."

　알레산드로와 베카리아는 어느 날 돌바크 백작의 집에 초대를
받았다. 이는 돌바크가 아직 발표하지 않은 자신의 작품《자연의 체
계Système de la Nature》(1770)에 관해 조언을 원했기 때문이다. 피에트
로에게 보낸 편지를 보면 알레산드로의 평가는 중립적이었다. 돌바

크의 글에 호평하는 인상이었지만 뭔가 반대 의견을 가지고 있음을 숨기지 못했다. 돌바크는 새로운 책에서 다음과 같이 제안한다. "열정적이고 정확한 사고로 이 시대를 생각해보라. 종교가 인간 악의 근원이고, 신이 이러한 악의 일차적인 근원이라는 것을 생각해보라. 사람의 영혼을 빼앗아가는 이러한 구조물을 깨뜨려버리면 인간의 진정한 사랑과 감정에 기초한 맑고 순수한 도덕률이 그것을 대체할 것이다." 알레산드로는 이에 대해 "자신의 견해가 없이 어떻게 사회적 인간이 될 수 있으며, 도덕적 합의만이 이러한 견해들을 무용지물로 만드는 수단"임을 보여주는 '아주 강력한 책'이라고 평가한다. 그는 또 세간의 소문을 근거로 "돌바크가 내세우는 체제와 그것을 주장하는 근거"는 그의 첫 번째 아내의 죽음을 목격한 일에서 비롯된다고 했다. "그때부터 돌바크는 격렬한 무신론자가 되었다. 그러므로 그가 일반인들과는 다른 견해를 가지고 있다고 생각할 필요가 있다. 그렇지 않으면 그는 당신의 도덕성을 의심할 것이다. 그는 신 때문에 신앙이 필요하고 신앙 때문에 사제들이 필요하며 이 사제들 때문에 수많은 부정이 있는 것이라고 확신한다."

계몽주의의 두 가지 특징
'겸손한' 철학자와 '오만한' 철학자

여행하는 내내 쓴 편지로 볼 때, 우리에게 알려진 알레산드로는 온

건한 계몽주의자였다. 그에게 종교는 언제나 성찰의 중심에 있는 주제였다. 반면 피에트로는 무신론자는 아니지만 종교에 무관심했다. 그에게 종교는 정치적 문제를 구성하는 것이었다. 따라서 신중하게 다루면서도 외면하지는 않았다. 그는 동생에게 보낸 편지에서 철학을 종교적 문제와 거리를 두고 생각해야 한다고 주장했지만, 알레산드로는 받아들일 수 없었다. "어째서 학자나 현인들은 종교적 문제를 다루면 안 되는 겁니까? 종교가 나라에 영향을 미칠까요? 종교가 인간의 도덕과 행복에 영향을 줄까요? 물론 저는 그렇다고 생각해요. 그것도 아주 많이요. 그 어떤 것도 종교만큼 큰 영향을 주는 것은 없다고 생각합니다. 현인들이나 학자들은 글을 통해 사람들의 생각을 바꾸고 성장시키고 더 좋은 사회가 되도록 이끌어가는 것 외에 무엇을 할 수 있을까요?" 이것이 형인 피에트로가 무신론을 숭배함을 의미하는 것은 아니다. "나는 현자란 신을 시험하지 않아야 하며, 신에 대해 이야기하지 말아야 한다고 주장하는 사람은 결코 용인하지 않을 것입니다."

프랑스인들의 광신주의를 향한 알레산드로의 불쾌감이 폭발한 또 다른 사례는 흄과 루소가 크게 대립했을 때였다. 그 일로 인해 스코틀랜드의 철학자 흄은 영국으로 몸을 피해야 했다. 대립의 이유와 과정은 1766년 10월 흄이 출간한 작은 책자에 나와 있다. 당시 모든 계몽주의 철학자들이 루소를 비난하며 흄의 편을 들었다. 그러나 알레산드로는 달랐다. 형에게 흄의 책의 출간을 알리며 이렇게 말했다. "이곳 사람들은 모두 루소에 대해 말이 많습니다. 그를 어떤 재능도, 쓸모도 없는 아주 추악하고 미친 사람으로 여겨요. 이런 평가가 저는 잘못되었다고 생각해요. 하지만 아무 말도 하지 않고 있답니다. 누구도 그 이유를 듣고 싶어 하지 않으니까요." 늘 그랬듯 우리는 두 형제가 교환한 편지들 속에서 베카리아의 생각도 읽을 수 있다. 베카리아는 흄 쪽으로 기울면서도 이 문제에 대해서 관심 없다는 듯 그저 이렇게 말했다. "루소는 미쳤다." 이는 피에트로의 생각과도 완전히 다른 것이었다. 피에트로는 이렇게 말했다. "루소는 혼자 있기를 바라는 사람이네. 그의 마음은 그 자신 이외에는 아무도 모른다네. 그는 백과전서파에게 영광을 가져다준 과학에 대해 나쁘게 말했네. 또 자기 방식으로 기독교를 옹호하고 예수회와 대립하기를 원치 않았네. 그는 인간에 대한 기대를 버리고 어떤 사람이나 사회에도 의지하려 하지 않았지. 이 철학자들 집단은 내가 보기엔 로마인들의 천성과 매우 비슷하네. 자신과 타인의 자유, 그리고 조국을 위해 지나치게 광신적이지. 그리고 어쩌면 그런 원칙 때문에 그 집단 내부에서 자유롭지 못하고, 그들과 동맹을 맺기를 거부하는 외부인들을 억압하지." 두 형제는 루소에게 행해지는 비난이 '철학적 탄압'이라는 말에 동의했다. 뿐만 아니라 알레산드로는 루소가 비난받는 것은 '그가 종교를 가지고 있다'는 사실 때문이라고 생각했다. 종교를 가진다는 것은 당시 계몽주의 철학자들에게는 '용서받을 수 없는 범죄'로 여겨졌다.

어쨌든 피에트로는 이 일에 있어서 흄의 태도가 마음에 들지 않았다. 무엇보다 대중에게 불화를 폭로했기 때문이다. "철학계에 부끄러운 분쟁이 있을 때마다 그는 지나치게 냉정하고 이성적으로 행동한다"는 것이었다. 이와 같은 상황에서 "친구로부터 우정의 규칙을 깼다고 비난받는다면, 다시 말해 훌륭한 사람을 경시당해 마땅한 우스운 사람으로 만들 목적으로 신성한 우정을 비열함과 거짓으로 위장했다고 비난받는다면 당연히 흥분하면서 자초지종을 이야기하기 위해 비난하는 친구를 찾아가거나 진심을 담아서 자신의 명분을 방어하려 할 것이다." 그런데 흄은 어떤 것도 하지 않았다. 따라서 피에트로는 이렇게 결론짓는다. "나는 루소가 옳다고 확신한다. 나는 이 분쟁 사건뿐만 아니라 그의 책으로부터도 진심을 느낄 수 있다. 그는 유럽인들에게 이 분쟁이 알려졌다는 사실에 대해 조금도 부끄러워하지 않는다. (……) 흄은 유럽인들 앞에서 이 유명한 망명자를 보호해주는 신이라도 되는 것처럼 허세를 부리고 싶어 했으며, 그의 명성을 질투해 깎아내리려 했다."

피에트로는 자신과 알레산드로 그리고 베카리아 사이의 불화가 루소와 흄 사이의 불화와 매우 닮았다는 것을 전혀 생각하지 못했을까? 베리 형제는 편지를 교환하면서 베카리아의 《범죄와 형벌》이 수많은 법정치학자들의 글을 모방했다며 익명으로 비난하는 계획을 세우기도 했다는 사실을 주목할 필요가 있다. 알레산드로는 적어도 유사점이 있다는 것을 알아차린다. "저는 우리가 루소와 흄의 경우처럼 또 다른 문제를 야기하기를 원치 않습니다. 대중은 남들을 욕할 기회만을 기다립니다. 그리고 우리가 야기할 문제는 이렇게 욕할 기회를 수없이 만들어줄 것입니다."

어쨌거나 흄은 알레산드로가 로마에 체류하는 동안 점점 그에게 철학자로서의 롤 모델이 되어갔다. 즉, 파리와 런던의 문화적 환경을 비교하고 인지하는 데 좋은 모델이었다. 그는 흄을 직접 만나지는 못했으나 그의 초상화를 보면서 "좋은 뜻으로 들리지는 않겠지만 로디* 사람 같은 인상을 가졌다"고 생각했다. 이는 칭찬 같지 않아 보이지만 분명히 칭찬이었다. 흄은 알레산드로가 주장하는 '온화한 철학'을 대표한다. "온화한 철학의 힘은 열정이 아니라 진실에서 우러나오는 것이다. (……) 그는 지극히 평온함에서 우러나오는 말을 하지만, 프랑스 철학자들은 전체적으로 그렇지 않다. (……) 흄은 언제나 인간의 이성의 힘을 의심했다. 또한 그는 이성의 드러난 겉모습을 평가절하하면서도 본질은 칭찬한다. (……) 그의 겸손은 매력을 가지고 있고, 바로 이러한 매력으로 그의 이야기를 들을 필요가 있다. 다른 사람들처럼 떠들썩하게 말하지 않으면서도 할 말은 다하고, 수많은 추종자를 만들었다" 그러나 피에트로는 흄을 계몽주의자 동료들과 크게 다르지 않다고 생각했다. "나는 이 시대 최고의 철학자이자 다음 세기에도 이어질 사상을 주도할 최고의 철학자로 달랑베르와 볼테르, 엘베시우스 그리고 루소와 흄을 꼽는다." 이는 그들을 '겸손한' 철학자와 '오만한' 철학자로 구분한 알레산드로의 생각과 다르다. 피에트로는 프랑스 철학자들을 비판하는 대신 이

---

* 밀라노 남쪽에 있는 도시.

렇게 말했다. "오만한 철학이 겸손한 철학보다 현 사회에 더 많은 공헌을 했다고 본다. 오만한 철학은 강렬한 바람을 불러일으켜 군중을 뒤흔들어 놓기를 원하며, 군중을 깨우기 위해서는 거대한 열기와 허세가 필요하다." 프랑스 철학자들의 특징이라 주장한 '과장된 허풍'은 계몽주의를 따르는 밀라노 사람들 눈에는 '더욱 숭배 받는 철학'을 만들기 위해 필요한 것이며, 그것은 이미 '대중적인' 이유가 되었다. "그들 손에 좌지우지되던 철학은 군주와 행정관, 장군들을 법정에 세웠기 때문에 서민들은 그들을 추종하게 되었다. 백과전서파의 허세가 잘못되었음에 사람들은 동의하지만, 이는 유럽을 중심으로 펼쳐진 시대가 가져온 과오이기도 했다."

알레산드로와 피에트로 베리의 이 같은 상반된 의견은 '보수적 계몽주의'와 '혁신적 계몽주의' 혹은 '일반적 계몽주의' 사이에 내재된 차이를 보여준다. 혁신적 계몽주의는 그 근원을 프랑스의 계몽주의에서 찾을 수 있다. 그리고 이는 시대의 흐름이 주는 정치적 임무라는 교훈도 일깨워준다. 이는 피에트로 베리가 평생 동안 헌신했던 사상이기도 했다.

방랑하는 인간, 영원한 여행자

장 자크 루소

바르바라 카르네발리

우턴

스폴딩

런던
치스윅

에름농빌
몽모랑시 ● 트리에 성
파라
뫼동

모티에
● 뇌샤텔
이베르됭 ●
● 로잔
● 제네바
리옹
● 안시
샹베리
그르노블 ● 토리노

베네치

몽펠리에

항상 준비된
여행가방

루소에게 '영원한 여행자'라는 별명이 붙은 것은 몇 가지 사건들이
터진 1768년부터이다. 당시 뇌샤텔에서 가죽 무두질을 하던 테브냉
이라는 사람이 루소에게 빌려간 돈을 갚으라고 요구했다. 이에 망명
을 가 숨어 있던 루소는 '영원한 여행자'라고 서명한 지급보증 어음
만을 보냈다. 그는 빚 독촉을 자신이 뒤집어쓴, 항상 있어왔던 음모
일 뿐이라고 해명하고 틀에 박힌 변명으로 완강하게 자신을 변호했
다. 테브냉은 당시 편지에서 "18년 동안 딱 한 번 여행을 한 사람이
'영원한 여행자'라는 호칭을 갖는 것은 우스운 일"이라고 적었다.

　　하지만 루소는 여행과 자신의 삶과의 관계에 대해서 또 다른 의
미의 기록을 남겼다. 그는 자전적인 작품 《고백》에서 젊은 시절 여
행의 즐거움을 회상하며 "유랑하는 삶은 나 자신을 위한 것이다"라
고 단언하고 있다. 첫 여행으로 그는 알프스를 넘어 토리노로 가는
데, 《고백》 2권에는 이렇게 기록되어 있다. "위대한 여행이라는 이

상이 내가 유랑적인 삶에 집착하도록 만들었다. 이러한 집착은 이미 나타나기 시작했다." 이 첫 번째 '위대한 여행'은 루소에게 지워지지 않는 기억으로 남아, 그는 그 후로도 몇 년 동안 다시 떠나고 싶다는 꿈을 버리지 못했다. "나는 이탈리아 전역을 여행하기 위해 1년여의 시간을 낼 수 있으며, 나와 성격이 잘 맞고 50루이지를 지불할 수 있는 친구 두 사람을 찾았다." 또한 1765년 산책과 약초 채집을 함께 한 친구 뒤 페루에게 보낸 편지에는 이렇게 썼다. "자네에게 내 여행에 대해 이야기해주겠네. 습관 때문에 이동은 이제 나에게 꼭 필요한 것이 되었네. 화창한 계절에는 떠나고 싶은 욕망과 괴로움 때문에 한 곳에서 이삼 일도 머무르기가 힘들었네." 이와 같은 불안정한 상태에 대한 언급은《고독한 산책자의 몽상》8권에서도 찾을 수 있다. "나는 다른 사람에게도 나 자신에게도 전혀 만족할 수 없었다. 소란스러운 세상이 나를 혼란스럽게 만들었고, 외로움은 나를 괴롭혔다. 나는 계속해서 장소를 옮겨야 했고, 또 어느 곳에서도 편안하지 못했다."

끊임없는 이동은 루소의 삶에서 가장 눈에 띄는 주도동기 Leitmotiv 중 하나이다. 이러한 그의 생활 방식은 그를 싫어하는 사람들에게는 놀림거리였고, 친구들에게는 근심거리였기 때문에 동시대 사람들에게 강한 인상을 주었을 뿐만 아니라 지금까지도 정신의학자들의 호기심을 불러일으킨다. 한 세기 전인 1910년에는 철학과 문학 작품에 관한 정신의학적 해석이 유행이었고, 루소와 같은 '병' 혹은 '광적인 행동'에 대한 연구는 날로 늘어나고 있었다. 이러한 연구들은 '어느 누구도 정신착란자의 정치이론을 진지하게 받아들이지 않을 것'이라는 생각에 반박하기 위한 것이기도 했다. 당시 보르도 대학교의 에마뉘엘 레지 교수는 루소의 '방랑벽'을 주제로 강연회를 열었다. 강연회는 이렇게 시작됐다. "방랑벽 같은 충동적인 도피에는 어느 정도 체질적인 경향이 존재합니다. 그것은 유전적인 경향이 있고 조숙함을 가져오며, 계속 반복하기도 하고 또 발작적인 경향도 보입니다. 특히 발작이 나타날 때에는 반복적 착란증상이 일어나는 특이한 정신적 상태를 야기하기도 합니다. 방랑벽의 체질적인 원인에 관해서는 장 자크 루소의 경우만큼 뚜렷하고 잘 알려진 예는 찾아보기 힘듭니다."

방랑벽(dromomania, 질주를 의미하는 그리스어 'dromos'에서 유래했다)은 '표박漂泊 본능'이라고도 하며, '무의식적 이동행위 증상', 혹은 '배회벽(poriomania, 여행을 뜻하는 그리스어 poreia에서 왔다)'이라고도 한다. 정신의학적 용어로는 '여행중독증후군'이다. 당연히 이 이상한 병의 기원에 대해 잠시 주목할 필요가 있다. 과학철학자이며 역사학자인 이언 해킹이 지적했듯이, 이 병은 전형적인 '잠정적 정신병'으로 특정한 사회-문화적 환경 내에서만 나타나는 증후군이다. 여기서 잠정성이란 정신착란이 한 환자에게 간헐적으로 나타나는 것이 아니라, 어떤 특정한 기간과 특정한 장소에 한정적인 '생태학적 범주' 내에서만 존재한다는 뜻이다. 좀 더 자세히 설명하면 '무의식적 이동행위 증상'의 첫 번째 사례는 1887년 프랑스 보르도의 알베르 다다라는 사람에게 내려진 진단이었다. 그는 가스에 관련된 일을

프랑스혁명의 사상적 배경을 제공한 계몽주의 철학자 장 자크 루소.

하는 사람이었는데, 어느 날 갑자기 견딜 수 없는 강한 충동에 끌려 갑자기 이스탄불과 모스크바까지 도보여행을 떠난다. 그러나 그는 그 일을 전혀 기억하지 못했다. 이 '정신병적 여행자'와 같은 사례는 특히 프랑스에서 계속 발생해 정신적 치료와 과학적 연구의 대상이 되었다. 이러한 유행적 현상은 실증주의 문화의 기류 속에서 10여 년 이상 과학자들의 관심을 끌게 되었다. 그리고 신기하게도 이 현상은 시작되었을 때와 마찬가지로 갑자기 사라졌고, 관련된 문학 작품 속에서도 서서히 자취를 감추었다.

따라서 1910년대 후반 루소의 방랑벽을 분석한 레지스 교수는 이미 사라지고 있는 정신병적 유행을 다시 끄집어낸 격이었다. 그의 분석은 루소의 전기에 등장하는 사건들로 확장하여 가족의 유전(루소의 아버지와 숙부들이 방랑벽이 있었을지도 모른다는 점)이나 장소적 유전(강연회에서 제네바 사람들의 '여행 체질'이 주목을 받았는데, 이는 루소의 《고백》에도 등장한다) 등에 입각하여 아주 정밀한 해석을 보여주고 있다. 이 연구는 '루소주의'를 이해하는 데 아주 흥미로운 자료이다. 앞으로 우리는 이 '루소주의'라는 용어를 루소의 철학을 특징짓는 실존적 사상과 태도를 포함하는 의미로 사용하기로 한다. 사실 이러한 정신병적 해석은 결국, 낭만적 해석의 겉모습만을 반복하게 된다.

'이동 집착증'이라는 용어를 세심히 관찰하면 철학적 관점에서 한층 더 매력적인 용어인 이리저리 돌아다니는 여행자라는 의미의 '방랑자'라는 용어가 떠오른다. 방랑자는 1800년대 독일 문화를 주도했던 일종의 '신화'였다.

모든 것으로부터의 도피,
그리고 자신을 향한 집착

낭만적 개인주의와 정신병리학은 공통의 전제로부터 유래해서 루소의 역사적 이미지에 깊은 영향을 끼쳤다. 여기서 공통의 전제란 프시케*를 인간세계 안에서 작용하는 가장 기본적이고 근본적인 힘인 도덕적 현상을 설명하는 결정적 요인으로 간주하려는 경향을 말한다. 루소 자신도 이러한 범심리학적 관점을 가지고 있었다. 그는 자신의 작품에서 역사·사회적 현실이라는 덫에서 '자아'를 해방시킨다. 그리고 이러한 역사·사회적 현실에서 자율성을 유지하고 현실을 개인의 행위의 추진체로 삼기 위해 보다 자연적이고 원초적인 핵심을 분리해낼 필요가 있음을 끊임없이 주장했다.

하지만 잘 살펴보면 루소의 여행은 방랑자의 형이상학적 불안

---

* psyche. 정신, 심리.

과 상대적으로만 관련이 있고, 더더욱 정신병적 형태로 축소되지도 않는다. 루소의 여행은 프시케(정신)의 중요성을 부정하지 않고 항상 그것의 범위를 포함하고 또 이것을 넘어서 있는 촘촘히 얽힌 문제 내에서 해석해야 한다. 다시 말해, 자아는 열정, 주체할 수 없는 충동, 노이로제뿐만 아니라 부담감, 사회적 비판, 종교의 파문, 정치적 탄압, 경제적 어려움 등이 포함된 복합적인 공간의 내부에서 작동하는 힘들 중 하나로 이해해야 한다. 정확한 예로 1762년《에밀》과《사회계약론》두 권의 책이 발표되자 프랑스 가톨릭과 제네바의 개신교가 합심해서 금서로 규정했을 때부터 루소의 방랑벽이 시작된 것이 분명하다. 떠나고자 하는 의지, 즉 자발성과 긍정적 의도를 내포하고 있는 '여행'이라는 개념은 외적이고 객관적인 위험으로부터의 도피로 정의되는 의지와는 전혀 다르다.

어쨌거나 여행은 루소라는 인간의 일생과 심리의 문을 여는 중요한 열쇠일 뿐 아니라, 그의 작품의 중요한 내용이기도 하다. 문학 작품만이 아니라 신학적 글들 역시 이 문제에 대해서 많은 부분을 할애하고 있다. 바로 이러한 점 때문에 여행은 철학적 문제로 생각될 수 있다. 어쨌든 우리는 꼬이고 꼬인 삶과 사상이라는 매듭으로부터 출발해 그의 여행을 유형화할 수 있을 것이다. 각각의 여행 유형은 여행의 보편적 의미를 보여주면서 루소의 철학자로서의 일생과 경험의 단계를 조명할 것이다.

루소의 첫 번째 여행은 1728년에 시작된다. 이 여행의 포괄적 속성 때문에, 이 여행은 '여행들 중의 여행'으로 정의될 수 있는데,

루소의 어머니는 루소를 낳다가 세상을 떠났다. 이런 아픔을 가지고 있던 루소에게 젊고 아름다운 바랑 부인은 '엄마'가 되어주었다. 그녀를 만났던 도시 안시의 모습.

이를 이해하기 위해서는 더욱 상세히 설명할 필요가 있다. 당시 16세였던 루소는 일찍이 어머니를 여의고 아버지마저 집을 나가자, 숙부의 가족과 함께 제네바에 살면서 인쇄공 견습생으로 일하고 있었다. 3월의 어느 일요일, 루소는 친구들과 하루 종일 밖에서 놀다가 돌아오는 길에 도시로 들어가는 성문이 닫힌 것을 보게 된다. 단순히 통행금지를 뜻하는 것이었지만, 루소는 순간적으로 영원히 이곳을 떠나겠다는 결심을 한다. 그는 며칠 동안 제네바 근처를 떠돌다가 개신교도들을 개종시키기 위해 칼뱅교의 본거지 안에 들어가 살고 있던 어느 가톨릭 사제의 도움을 받게 된다. 사제는 이제 막 가톨릭으로 개종한 젊은 귀족이자 사르데냐 왕의 연금을 받는 바랑 부인Madame de Warens에게 루소를 부탁한다. 성지주일에 안시에서 이 '대모'와의 만남은 루소의 인생에서 가장 중요한 사건이었다. 세례를 받으라는 부인의 요청에 따라 열의에 넘쳤던 루소는 즉시 걸어서 토리노를 향해 길을 떠난다. "그렇게 이탈리아로 가면서 많은 곳들을 둘러보고, 한니발이 거쳤던 길을 따라 산을 넘은 경험은 내 또래의 젊은이가 할 수 없는 영광스러운 경험이었다. 이탈리아로 가던 때는 젊은 시절이었다. 이 유쾌한 체류에 맛있는 음식과 만족감이 더해져 (……) 내 인생에서 당시 7, 8일간의 여행길처럼 고통과 근심으로부터 벗어나 완벽한 휴식을 누린 때는 기억나지 않는다."

토리노에서 세례 지원자들이 묵는 숙소에 들어간 루소는 며칠 만에 곧 가톨릭으로 개종했다. 그는 도시를 여행하다가 여관 주인과 사랑에 빠지기도 한다. 그 후 우여곡절 끝에 피에몬테 주의 귀족 가문의 하인으로 고용된다. 예기치 않게 이룬 성과 덕분에 하인에서 비서로 승진을 하면서 하층민이던 루소는 화려한 경력을 보장받게 된다(《고백》에 소개된 이 에피소드들은 스탕달의 《적과 흑》의 소재로 사용되기도 한다). 그러나 루소는 또다시 갑작스럽게 여행을 떠난다. 길에서 알게 된 제네바 출신의 방랑자에게 현혹되어 곧바로 그 사람을 따라나서게 된 것이다. "나는 진정한 방랑자의 삶을 시작하기 위해 나의 후원자, 가정교사라는 직업과 학업, 뻔히 보이는 성공에 대한 희망과 기대를 포기하고 주저 없이 떠나기로 결심했다." 이것은 모든 사회적 성공과 영예를 즉흥적으로 단념하는 것이었다. "잘 있거라, 도시여. 왕궁이여. 야망, 허영, 사랑 그리고 1년 전 나를 이곳으로 이끌었던 온갖 야심 찬 모험에 대한 희망이여 잘 있거라. 이제 나는 탈출구를 찾아 나의 친구 바클과 함께, 짐은 가볍지만 환희로 충만한 가슴을 안고 떠나노라. 화려한 계획을 포기한 채 오로지 여행의 행복만을 만끽하기 위해 길을 떠나노라."

　이 일화는 낭만주의적 특징뿐만 아니라 풍부한 상징성을 가지고 있기 때문에 매우 가치가 있다. 왜냐하면 이 일화가 루소의 여행 유형을 구분하게 해주는 몇몇 중요한 동기들 중에서 핵심을 포함하고 있기 때문이다. 따라서 이 일화는 음악에서 주요 테마가 변주되는 것처럼 앞으로 우리가 각기 다른 형태로 확대 해석될 것이다.

목적지 없이
떠나는 여행

대략 1712년부터 1740년 사이, 지식인으로서 두각을 나타내기 이전의 젊은 루소는 스위스, 사보이 왕국, 프랑스 남부 도시들을 끊임없이 옮겨다녔다. 그가 돌아다닌 도시들은 제네바, 보세이, 안시, 토리노, 샹베리, 리옹, 프라이부르크, 로잔, 뇌샤텔, 베른, 파리, 브장송, 레샤르메트, 그르노블, 가르 橋橋, 님, 몽펠리에 등에 이른다. 이 시기의 수많은 여행 경험은 그의 인생에 지대한 영향을 미친다. 이 경험은 기억에 의해 순화되고 문학적 이상화에 의해 미화되어 큰 철학적 가치를 가지게 된다. 루소주의의 상징체계 내에서 여행은 사실 '자유'와 동의어이다. 즉 여행이라는 것은 개인과 세상 사이에 여전히 맑고 순수하며 직접적인 관계의 상징인 자연 상태 속에서 인간의 특성인 자발적 활력과 독립성의 표현이다.

여행하는 것에 대한 이러한 철학적 개념은 어떤 목표도 목적지도 없는 노마디즘*의 형태로 구현된다. 다시 말하면 '어딘가에 이르기 위한 여행'과 상반되는 '오로지 떠나는 기쁨', 즉 여행 자체가 목적인 그야말로 '여행을 위한 여행'인 것이다. 여행자에게 있어서 중요한 것은 만남의 우연성, 기후 조건 그리고 그날의 기분에 따라 이동의 순서, 리듬, 방향을 자유자재로 결정할 수 있는 자질이다. 방랑은 사실 법도, 규칙도 없는 '무질서의 여행'이다. 즉 보행의 즐거움을 제대로 느끼기 위해 운송수단의 이용을 자제하면서 간편한 짐만을 가지고 혼자서, 혹은 소수의 친구와 함께 주로 걸어서 다니는 여행이다.《고백》 4권에서 루소는 이러한 삶의 방식을 목가적 즐거움으로 그리고 있다. "나는 자유롭게 걷다가 마음에 드는 장소에서 체류하기를 좋아한다. (……) 많은 삶의 방식 가운데 내가 가장 좋아하는 것은 화창한 날 아름다운 도시를 내 멋대로 서두르지 않고 걷는 것이다."

정말 중요한 것은 자연을 감상하는 것이다. 이것은 여행하는 체험을 통해서 풍경의 아름다움을 느끼게 해준다. "아름다운 나라가 무엇을 의미하는지 사람들은 이미 잘 알고 있다. 평원으로 이루어진 나라가 아무리 아름답다 할지라도 내게는 아름답게 느껴지지 않는다. 나는 급류와 암초, 전나무, 어두운 숲, 산, 올라갔다 내려오기

---

* '유목민'을 뜻하는 말로, 철학적 개념으로는 특정한 삶의 방식에 얽매이지 않고 새로운 자아를 찾아 이동하는 것을 의미한다.

를 반복해야 하는 울퉁불퉁한 오솔길, 곧 옆으로 떨어질 것만 같은 절벽 위로 난 길 등을 원한다." 그러니까 루소가 상상하는 '아름다운 나라'란 알프스처럼 뚜렷한 자연환경을 가진 곳, 구불구불한 언덕과 호수 등 감성적이고 시적 영감이 솟아나는 장소들을 말하는 것이다. 반면, 도시 경관은 근대 문명에 비판적인 여행가의 눈에 부정적으로 비친다. 한편으로 루소는 카날레토와 베르나르도 벨로토가 그렸던 베네치아의 운하와 바다 풍경과 같은 회화적인 풍경에 대해서는 무관심했다.

걸어서 여행을 하다 보면 자연이 가까이 다가오고 가끔 형용할 수 없을 정도로 내면으로 들어오기도 한다. 도보여행을 즐기는 사람은 자연의 아름다운 광경 앞에 무아지경이 되고, 문명의 물리적·도덕적 압박으로부터 해방되면서 자연에 완전히 빠져들게 된다. 우주 질서와 하나가 되면 의식 속에서 '존재의 감정'이 깨어난다. 이것은 피에르 아도*가 최근 이야기한 '대양적 감정'과 유사한 것이다. 이러한 '대양적 감정' 덕분에 개인은 자기의 정체성을 찾기 위해, 그리고 이와 동시에 상위 질서를 이해하고 그것의 법칙을 받아들이면서 자신이 이러한 상위 질서의 일부분임을 인정하기 위해 자기 자신으로 돌아오게 된다. 이렇게 해서 자기 본위와 자연 사이의 조합 속에서 지적 사상이 탄생하는 것이다. 여행은 사고의 단련이 육체의 단련과

---

* Pierre Hadot(1922~2010), 프랑스의 철학자.

조화롭게 작동하는 일종의 확장된 영적 훈련으로서 영감과 성찰의 원천일 뿐만 아니라 철학적 탐구의 수단이 된다. 루소는 《고백》에서 "나는 걷지 않고는 사색할 수 없다"고 단언한다. "감히 말하지만, 혼자 걸어서 여행할 때를 제외하고는 많이 생각해본 적도 없고, 열심히 살아본 적도 없으며, 스스로 존재한 적도, 나 자신을 넘어선 무엇이 되어본 적도 없다." 걷는 행위 속에서 이루어지는 지적 형성은 생리적인 수준에서도 긍정적이며, 명상의 흐름을 자연스럽게 만들어준다. "도보여행은 내 생각들에 영혼을 주고 생명을 불어넣는 뭔가를 가지고 있다. 나는 멈춰 있을 때에는 거의 아무것도 생각할 수 없다. 내 육체는 나의 정신에 힘을 주기 위해 작동할 필요가 있다." 반면 자연 요소와의 접촉은 감각의 중재를 통해 자유와 내면의 창의력을 자극한다. 즉 "들판의 풍경, 스쳐 지날 때의 아름다운 경치, 상쾌한 공기, 엄청난 식욕, 걷다 보면 얻어지는 건강, 선술집의 자유로운 분위기, 나를 구속한다고 느끼게 하는 모든 것과 내가 처한 상황을 떠올리게 만드는 모든 것들로부터의 이탈은 내 영혼을 자유롭게 하고 생각의 대담성을 준다. 또한 이것들은 어떤 의미에서 불쾌감이나 두려움 없이 한없이 즐기고 선택하고 누릴 수 있는 수많은 방법들을 제공해준다." 또 여행은 행복을 보장한다. "나는 자연의 지배로부터 벗어나고, 내 마음은 어떤 대상에서 다른 대상으로 떠돌아다니면서 마음을 유혹하는 것들과 결합되고 동일시되어 매혹적인 이미지들에 둘러싸여 기쁨의 감정에 취한다."

　　루소는 자유와 끓어오르는 창조적 영감을 유지하기 위해 여행에서 떠오르는 생각들은 절대로 글로 옮기지 않았다고 말한다. 글을 쓰는 것은 인간의 판단을 중재하고 결정짓는 사회적 소통의 행위이므로 루소의 사상체계를 표현하기 위해 꼭 필요한 행동이다. 반대로 진정한 사색은 고요한 대화 속에서, 그리고 의식과 자연의 '목소리' 사이에서 즉흥적으로 탄생하는 것이다. 따라서 진정한 철학적 여행은 글로 표현할 수가 없다고 생각한 것이다.

이처럼 여행의 첫 번째 유형은 일종의 '산책'의 모습을 하고 있다고 볼 수 있다. 성인이 된 루소는 어린 시절의 방랑에 '몽상'이 첨가된 사색을 즐긴다. 질서도 순서도 없는 공상, 자발적으로 만들어내는 한결 발전된 사색이다. 그리고 평범하고 간단한 여행(파리에서 디드로가 갇혀 있던 탑까지)을 하는 동안 '뱅센의 계시'라 불리는 사건을 통해 루소는 본격적으로 철학자의 길을 걷게 된다. 《인간 불평등 기원론》을 집필하는 동안에는 생제르맹의 숲속 오솔길을 일주일 동안 걸으면서 자연이 주는 암시를 찾아내려 노력한다.

사회적 여행이라 일컫는 여행의 또 다른 유형은 숲속, 급류, 산 같은 자연을 배경으로 걷는 고독한 여행과는 대조적이다. 루소의 두 가지 유형의 여행은 그의 인생의 두 가지 특별한 순간들과 일치하여 나타난 두 가지 양상이라 할 수 있다.

직업으로서의 작가
그리고 여행

1740년부터 1749년까지 루소가 경험했던 여행은 출장, 혹은 일 때문에 어느 지역을 가게 되는 형태의 여행이다. 이 시기에 루소는 '작가'로서의 경력을 쌓기 위해 그동안의 '생각 없는 방랑'을 그만둔다. 1740년에서 1741년까지 그는 리옹의 마블리 가문에서 개인교사 일을 했다. 그 후 추천장을 들고 파리로 가서 처음에는 음악가로 출세할 방법을 찾는다. 그는 여러 모욕을 감수하면서까지 매음굴에 드나드는 가난한 소지식인들의 모임에 들어간다. 이곳의 보헤미안적 분위기는 디드로의 《라모의 조카》를 통해 명성을 얻는데, 역사학자 로버트 단턴에 의하면 이러한 환경 때문에 이 지역은 수많은 혁명가들을 배출했다고 한다. 하지만 루소는 적응하지 못하고 베네치아로 가서 프랑스 대사관의 서기로 근무했다. 베네치아를 오가면서 그는 마르세유, 툴롱, 제노바, 밀라노, 베르가모, 브레시아, 베로나, 비첸차, 파도바, 그가 찬탄해 마지않았던 보로메오 섬이 있는 마조레 호수 등을 지난다. 이탈리아를 떠난 뒤로는 시온, 제네바, 리옹을 여행하고, 마침내 파리로 돌아와 재무국장 프랑쾨유의 비서로 일하게 된다.

　　자연이 아름다운 곳을 찾아가고 전적으로 자신을 즐기는 일종의 방랑여행과 달리 일 때문에 하는 여행은 사람들이 사는 사회적 공간을 지나게 되고 경제적 목적을 따르기 마련이다. 즉 지식인은 '문학공화국'의 행정과 생산의 도시들에서 일거리를 찾아 자주 옮겨

다녀야 했다. 결국 유럽의 도시들은 문화적으로 프랑스 파리에 종속하게 되었다. 파리는 루소의 문학적 삶에 부정적이었던 것만큼이나 긍정적인 역할을 했던 장소다. 이러한 환경의 변화와 함께 개인적인 관점도 달라졌다. 여행자의 경험은 이제 더 이상 자유나 무질서의 징표로서 묘사되지 않았고, 주로 경제적으로 힘들지만 어쩔 수 없이 하게 되는 하나의 일로서 묘사되었다. 1700년대 중반까지 존재하지 않았던 저작권이 1700년대 후반에 생겨나면서 작가들은 저작권 수입으로 생계를 꾸려갈 수 있게 되었다. 하지만 이름 없는 집안 출신의 작가들은 수입이나 연금이 없을 경우 공공기관에서 일을 하든, 유력 인사의 개인적 업무를 돕든 밥벌이를 찾아야만 했다.

브로니스와프 바츠코*의 논문에 따르면, 역사학자 다니엘 로슈는 루소의 이러한 다양한 이동 행보를 18세기의 '사회적 소외'라는 관점에서 바라보면서 안정적인 삶을 살았던 볼테르와 비교해볼 것을 제안했다. 훨씬 부자인데다 끊임없는 지원금과 엘리트들의 인정을 받았던 볼테르는 페르니의 성과 제네바의 '델리스Délices'라 불리는 귀족적 분위기의 거주지에 기거했다. 이러한 역사적 상황을 고려한다면 루소주의에 대한 낭만적 해석과 정신의학적 해석은 제대로 된 평가가 아닐지도 모른다. 루소의 불안정성은 그것의 편벽적 특징을 잃게 되었고, 개인적 체질보다는 사회정치적 병리 현상(계몽주의

---

* Bronisław Baczko(1924~2016), 폴란드의 철학자.

소지식인들의 프롤레타리아화된 지위)의 징후로 나타났다.

어쨌든 분명한 것은 불안정한 생활이 루소를 깊은 불안에 빠지게 만들었고, 이러한 불안은 울분뿐만 아니라 지적·도덕적 자각의 양분이 되었다. 그가 자신의 장점인 '경계인'으로서 존재감을 의식하기 시작한 것도 일 때문에 여행을 다니던 바로 이 시기였다. 이러한 측면은 《고백》에서 베네치아 체류 기간을 서술한 부분에 잘 나타나 있다. 베네치아에서 루소는 무식하고 오만하기까지 한 몽테귀 백작을 상대해야 했다. 백작은 간단한 문서도 읽고 해석할 능력이 없어 이를 도와줄 비서가 필요했음에도 사람들 앞에서 계속해서 그를 하인처럼 부렸다. 이에 무시당했다고 느낀 루소는 어느 날 갑자기 베네치아를 떠나기로 결심한다. 그리고는 젊은 시절 정처 없는 여행으로 이끌었던 것처럼, 갑작스럽게 모든 것을 놓고 떠나버린다.

그렇지만 이러한 업무적 출장 형태의 여행은 자발성이나 자율성이 없음에도 불구하고 뭔가를 알게 되는 여행이다. 지식을 생산하는 것은 더 이상 자연 속에서의 목가적인 심취에 의한 것이 아니라 사람들을 만나는 경험에서 비롯되었다. 사람들과의 만남은 갈등과 화해 등 괴로움과 어려움의 연속이지만 언제나 뭔가를 깨우치게 되는 경험이다. 루소는 리옹에서 가정교사로서 반항적이고 못된 학생 두 명을 가르치면서 그의 대표작인 《에밀》의 몇 가지 중요한 생각들을 구상하게 된다. 사회적 관계의 위선, 부패, 폭력에 관해서 이해하게 된 것은 권력자들의 비위를 맞추도록 강요받은 '파리의 살롱'에서였다. 그리고 베네치아 여행에서는 정치가 갖는 중심적인 역할에 관해 결정적인 깨달음을 얻고, 《사회계약론》에 관한 기본적 사상의 토대를 확립했다. "나는 베네치아에서 사람들이 칭찬해 마지않던 베네치아 정부의 결점을 목격하면서 계획을 세웠다. (……) 나는 모든 것이 기본적으로 정치에 의해 좌우되고, 문제를 어떤 측면에서 바라본다 하더라도, 어떤 국민도 정부가 이끌려고 하는 바에서 자유로울 수 없다는 것을 알았다."

《에밀》 가운데 〈사부아 보좌신부의 신앙고백〉 부분이 문제가 되어 루소는 유럽을 떠도는 신세가 된다.

우리는 이 중요한 테마, 즉 여행과 비교 인류학, 정치이론 간의 관계를 교육적 여행에 관한 성찰에서 다시 발견할 수 있을 것이다. 그러나 이에 대해 생각하기 전에 사회 속으로의 여행의 두 번째 유형, 즉 작가의 임무인 '끊임없는 사색'에 관해 더 살펴볼 필요가 있다.

여행가 루소
모든 사회적 계층을 경험하다

1749년 뱅센에서의 깨달음에서 1762년 《에밀》과 《사회계약론》에 대한 탄압이 이뤄지기 전까지 루소는 파리에 살면서 문학적 성공을 거두고 상대적으로 안정적인 기간을 보냈다.《루소, 장 자크를 심판하다-대화》두 권이 출간되면서 그는 '작가'로서 갑자기 유명해졌다. 그래서 루소는 부담스러운 대중적 유명세에 대응하고, 비판받고 있는 작품에서 표현된 원칙과 일관성이 실재한다는 것을 보여주기 위해서 자신의 삶의 방식을 바꾸는 '변혁'을 시도했다. 즉, 비서 일을 그만두면서 값비싼 시계, 궁정의 화려한 복장, 가발 등 문명을 상징하는 모든 것들을 포기했다. 그리고 음악을 모사하는 일을 하면서 자립적인 삶을 영위하기 시작한다. 이러한 정신적인 전향은 법률적으로 시민권을 되찾기 위해서 떠난 제네바 여행에서도 계속됐다. 루소가 '제네바 시민'이라 불리고 자신의 글에 그런 식으로 서명하기 시작한 것도 이때부터다. 또한 이러한 전향은 도시를 떠나 몽모랑시 등 시골로 이사를 하고, 시민의 부패에 관한 논쟁에 참여하는 등 삶의 방식에 관한 또 다른 결정에서도 나타난다.

그러나 지리적 공간에서의 안정이 사회적인 안정과 일치하지는 않았다. 루소의 사회학적 궤도를 생각해보면 사실 깜짝 놀라지 않을 수 없다. 그가《고백》에서 격렬하게 비판해 마지않던 앙시앵레짐 사회의 피라미드 구조에 들어간 것은 아니지만, 평범한 시계공의 아들이었던 루소는 짧은 기간 내에 현기증이 날 정도로 높은 위치에 오른다. 처음엔 견습공 신분에서 방랑자로, 그 후엔 가정을 부양하다가 신학생으로, 등기소 직원, 음악 선생, 가정교사, 성공을 꿈꾸는 무명의 음악가, 외교관과 자산가의 비서, 귀부인들이 드나드는 살롱의 사교계를 거쳐 당대를 대표하는 유명 작가가 된 것이다. 겉으로 보면 루소의 개인적 목표가 달성되었음을 보여주는 경험들이다. 진정한 사랑과 더욱 견고한 사회적 인정 같은 야망은 그가 토리노의 견습생 시절부터 열망했던 것이다. 비록 이러한 이미지는 자신의 '전향'에 의해서 알려진 진정성이라는 형태와 조화를 이루지는 않지만, 루소는 사회적 인정에 대해서 '낭만주의'와 '보상' 사이에 낀 매우 강한 양의성을 보여준다.

또 다른 전망 속에서, 사회적 흐름은 루소의 정치이론에 급진성을 부여하면서 새로운 정치이론의 토대를 제공해주었다. 모든 상황을 몸소 시도하지만 그러한 조건에 얽매이지 않는 사람만이 사실 사회적 위계질서를 상대적으로 생각할 수 있고, 올바른 정치 질서의 당연한 토대를 구성하는 인간의 영원한 본질에 대해 알 수 있다("인간은 모든 사회적 지위에 있어서 동등하다. 이 말이 사실이라면, 지위들이 많이 모이면 모일수록 보다 더 존중받아야 마땅하다." 루소는 《에밀》 4권에서 '인민'의 개념과 보편적 자연인을 동일시하며 이렇게 적고 있다). 이것은 루소가 지속적으로 요구해왔던 인지적 특권으로, 우리는 그의 자서전의 중요한 부분에서 이와 관련한 아주 중요한 증거를 찾아볼 수 있다. "만일 경험과 관찰이 중요하다면, 나는 이런 측면에서 어쩌면 어떤 사람도 처해본 적 없는 아주 유리한 상황에 놓여 있다. 따라서 나는 어떤 지위를 갖지 않고도 모든 지위에 대해 알게 되었으며, 밑바닥에서부터 점점 상승하며 왕을 제외한 모든 지위를 누리며 살아보았다."

권력자들은 오로지 권력자들만 알고, 가난한 자들은 오로지 가난한 자들만 알며, 양자의 공통적 본질인 인간의 본성은 모두 똑같은 방식으로 이들 모두로부터 멀어진다. 그러나 여행가 루소는 모든 사회적 계층을 경험하면서 인간의 본성을 이해하게 되었다. "나는 그들을 자유로운 시선으로 관찰했고, 그들이 속이지 않으면 나는 사람 하나하나와 계층 하나하나를 비교할 수 있었다. 나는 어디에도 속하지 않았고 어느 계층에 속하고 싶지도 않았기 때문에 당황하지 않았으며, 또 어느 누구도 귀찮게 하지 않았다. 나는 어떤 것에도 구애받지 않고 어디든 들어갔고, 영주들과 식탁에서 점심을 먹고, 저녁에는 농부들과 식사를 했다."

역사가들은 이 주장이 사실임을 확인해주었다. 루소는 진정한 사회적 세계주의자였다. 귀족과 유명한 지식인들과 교류하며 그들과 비슷한 삶을 살아보았을 뿐 아니라 상인, 농부, 여자, 청년, 사제, 목사, 방랑자까지 모든 계층의 사람과도 함께 지내봤다. 급진적이고 민주주의적인 그의 철학의 기원은 바로 이러한 경험 속에서 찾아야 한다.

박해와 망명, 귀국
고통스러운 여행

1762년 봄, 루소의 인생에서 가장 격동적인 상황이 전개된다. 그의 작품들 때문에 체포령이 내려진 직후, 그는 다급하게 몽모랑시의 은

둔처를 떠나야 한다. 이렇게 해서 시작된 유배생활은 거의 8년이나 이어진다. 크게 세 시기로 구분할 수 있다.

1. 스위스(1762~1765): 개신교 목사들이 그를 비난하고 재판으로 몰아가려 했기 때문에 루소는 프랑스를 떠나 이베르됭으로 도망갔다가 또다시 모티에를 거쳐 빈으로 갔다가 생피에르 섬에 도착한다.

2. 영국(1765~1767): 흄은 루소의 어려움을 알고서 그에게 도움의 손길을 내밀어 영국에 머물 곳(영국에서의 여행은 런던, 치스윅, 우턴, 스폴딩 순으로 이루어진다)과 영국 왕 조지 3세로부터 연금을 받을 수 있도록 주선한다. 그러나 항상 의심이 많았던 루소는 흄과 돌이킬 수 없는 언쟁을 벌이고 멀어진다.

3. 프랑스(1767~1770): 당국과 그의 귀국을 협상한 후원자들의 중재 덕분에 루소는 프랑스로 돌아올 수 있었다. 아미앵, 플뢰리수퍼동, 트리에 성, 부르구앵을 지나 다시 파리에 정착한다.

루소가 과대망상을 보이고 '영원한 방랑자'라는 별명과 함께 병적인 불안정성을 보인 것은 바로 이 시기였다. 루소는 그의 '적들'(혹은 돌바크파의 계몽주의 지식인들)은 착한 흄뿐만 아니라 친한 친구인 뒤 페루를 포함해서 한 명도 예외 없이 이 음모에 가담했다고 생각했다. 오해는 단절의 원인이 되어 또다시 그가 떠나도록 부추겼다. 당시의 정신착란의 증상은 《고백》이나 《루소, 장 자크를 심판하다-대화》, 《고독한 산책자의 몽상》 그리고 당시의 편지들에도 잘 나타난다.

그러나 루소의 불안정성을 오직 정신병의 하나로만 판단해버리기는 어렵고 당연히 부당한 면이 있다. 왜냐하면 레지스 박사가 주장한 것처럼 방랑벽을 병이라고 말할 수 있으려면 여행에 어떤 합리적인 동기가 결여되어 있어야 한다. 즉 도피의 충동을 일종의 정신적이고 명료하지 못하며, 격렬하고 통제할 수 없는 힘으로 보아야 한다. 하지만 루소는 이와는 반대로 여러 가지 측면에서 추방 정치와 박해의 희생자였다. 그의 불안에 관해 정확히 이해하려면 여러 가지 상황을 고려해야 한다. 우선 1700년대에 권력이 문화에 대해 행사했던 감시와 다양한 형태의 통제(협박, 압박, 고발, 감금 등)를 들 수 있다. 다음으로 지식인들의 의존성을 들 수 있다. 루소는 유배생활 중 룩셈부르크의 공작이나 백작 등 귀족들의 후원에 의지할 수밖에 없었다. 따라서 이는 자율적 생활에 대한 열망이나 스스로 평등 원칙을 부정하고 제공된 호의와 보호를 수용하면서 모순에 빠지게 된다. 그 자각으로 인한 자책감을 더욱 악화시켰다.

마지막으로 루소의 작품과 사상을 감싸고 있는 철학적 적의를 들 수 있다. 이것은 에른스트 카시러*가 주장한 바와 같이 두 권의 《루소, 장 자크를 심판하다-대화》에서 밝힌 격렬한 탄핵에 대한 계몽주의 사회의 자기 방어적인 반응으로 해석되어야 하는 적의이다. 간단히 말해 루소는 자신이 살던 시대의 기본적인 가치들을 부정하

---

* Ernst Cassirer(1874~1945), 유대계의 독일 철학자.

고 심각한 문화적 갈등을 야기했다는 것을 알고 있었다. 즉 그는 편집중 때문에 자신의 반항을 내면화했다.

하지만 철학적인 관점에서 이 문제의 한층 흥미로운 점들을 생각해보자. 유배생활 중 루소는 '적들'의 강압적인 압박 때문에 이동이 필요하다고 생각했다. 즉, 여행은 선택이 아니라 강압에 의한 것이었으며, 이러한 여행은 그를 항상 가난과 굴욕적인 의존 상태에 머물게 만들었다. 한때 그가 의도적으로 원했던 불안정한 생활이 이 시기에는 부정적인 의미가 된다. 루소는 방랑에 대해 가졌던 젊은 시절의 찬양을 취소하고 1767년에 쓴 편지에서 다음과 같이 씁쓸하게 기록하고 있다. "여기저기 떠도는 삶이 주는 고통과 이에 수반하는 많은 상황들이 주는 고통은 내 모든 시간을 갉아먹었소. 조금은 평온한 유배생활을 할 수 있게 되기 전까지는 말이오." 또《고백》에는 이렇게 썼다. "온갖 폭풍우에 다치고 쇠약해졌다. 수년간 이어진 박해와 여행으로 이제는 지쳤다. 진심으로 휴식이 필요함을 느꼈다. 그러자 오랜 친구들이 내가 달라졌다며 놀려댔다."

여행을 박해로 표현하는 이러한 새로운 묘사는 유대교와 기독교의 상징적 내용들로 채워졌다. 예를 들어, 루소는 백작의 손님으로 트리에 성에 초대받는다. 장 조제프 르노라는 가명을 사용하고, 연인인 테레제 대신 그녀의 여동생을 데리고 갔는데, 그의 이러한 행동은 〈창세기〉의 이야기 속 아브라함을 연상케 한다. 또한 이 시기의 모든 자전적인 글들에서 자신을 예수에 빗대는 많은 은유가 나타난다. 루소는 자신을 부당하게 대우받고 배신당한 구원자와 동일시한다. 보몽 대주교에게 보낸 편지에서도 유배를 자신에게 주어진 진정한 '고난의 여행'으로 묘사한다. 그는 다음과 같이 썼다. "나는 하느님의 수호자이며, 이 나라 저 나라에서 모욕당하고 박해를 받아 이곳저곳 숨어다니는 추방자입니다. 고질병에는 한 치의 동정도 받지 못하고 극빈함도 전혀 관심을 받지 못합니다." 성경을 연상시키는 또 다른 예는 스캔들을 만들고 속죄양으로 희생되는 듯한 태도다. 쫓아오는 사람을 대비해 몸을 숨기고 위장하는 대신, 루소는 비순응적이고 선동적인 행동을 통해 대중의 관심을 끌어들이면서 자신의 존재를 변혁하는 방법을 고집했다. 마치 순교자처럼 그는 스스로를 일반 대중들과 다르다는, 즉 진실에 충실한 자신의 이미지를 심어주려 했다.

이렇게 자신은 완전히 다르다는 것을 알리고 차별화하는 전략으로 아르메니아인의 옷을 입고 다녀 모든 사람들이 미쳤다고 생각하게 만들었다. "나는 적그리스도라 불리며 교회로부터 비난받았고, 야생 늑대처럼 들판에서 박해를 받았다. 아르메니아인의 옷은 나를 천한 사람으로 보이도록 하는 데 필요했다. 곤경에 처한 만큼 비참하게 느껴졌지만 그런 상황에서 아무것도 하지 않는 게 더 비참할 것 같았다." 순교자처럼 보이고 싶었던 그의 시도를 모티에 시민들은 견디지 못하고 비난했다. "나는 카프탄을 입고 가죽 모자를 쓰고 조용히 마을을 산책하고 있었다. 그런데 사방에서 무뢰배들이 소리를 질렀고 어떤 사람은 돌을 던지기도 했다. 어느 집 앞을 지날 때는 안에서 사람들의 목소리가 들렸다. '어서 총을 줘. 저 놈을 쏴버리겠어.' 내 걸음을 재촉한 건 그것만이 아니었다. 사람들은 항상 점점 더 포악해졌다."

이 일화에서 루소가 냉소적 철학 정신에 대해서 얼마나 큰 반감을 가지고 있었는지 추정할 수 있다. 사실 시노페의 디오게네스보다 더 방랑의 삶을 살았던 사람이 있었겠는가? 그처럼 삶의 방법 자체가 철학이며, 선동적인 철학 체계를 만들어내고, 또 철학적 스타일이 그만큼 논란거리가 되었던 사람이 있었던가? 루소는 생각만 한 것이 아니다. 그가 직접 체험한 비판의 형태를 냉소주의 속에서 발견할 수 있었다. 이 속에서 정해진 숙소에 대한 거부는 철학자가 자연 상태에 가까워지는 것을 상징하고, 사회질서를 거부하는 것을 의미한다. 이러한 경로를 따라가다 보면 철학자들과 여행의 밀접한 관계에 대해 또 다른 흥미로운 이야기를 발견할 것이다.

고독과 영광의
오솔길

《고독한 산책가의 몽상》에 썼듯이 생을 마감하기 전 마지막 8년 동안 루소는 파리에 정착해 살면서 근처 들판으로 산책을 다니며 지냈다. 이러한 산책을 여행이라고 말할 수는 없다. 나들이는 아주 짧아서 한나절이면 족했고, 언제든 가능한 도보여행으로 식물원 같은 평온한 장소를 천천히 구경하며 다니는 게 고작이었다. 그러나 자연에 대한 완전한 심취는 자연의 법칙을 발견하기 위해 의식을 자기 자신에게 완전히 집중하도록 자극하는데, 이는 루소의 젊은 시절의 방랑이 작게 축소된 것이라는 생각이 들게 한다. "이 고독과 사색의 날들이야말로 나 자신에게 충실한 시간이며, 나는 진정으로 어떤 방해나 간섭도 받지 않고 자연이 원하는 대로 살 수 있다."

1778년 7월 2일, 루소는 이런 산책에서 돌아와 조용히 숨을 거둔다. 그는 새로 사귄 친구이자 후원자인 지라르댕 후작의 초대를 받아 에름농빌 성에 손님으로 가 있었다. 별명처럼 '영원한 여행가의 삶'이 집과는 거리가 먼 곳에서 막을 내렸다며, 그의 '적들'은 하나같이 루소의 운명을 비웃었다. 하지만 실제로 루소가 소유한 집이 하나도 없었는지 모른다.

프랑스혁명 당시 팡테옹으로 이장이 결정될 때까지 그의 유품은 에름농빌에 남아 루소 철학을 옹호하는 여행가들이 거쳐가는 장소가 되었다. 그중에는 마리 앙투아네트도 있었다. 물론 루소는 살아 있을 때도 그를 찬미하는 수많은 사람들이 그를 찾아왔다. 그들은 유명한 철학자를 직접 보고 그에게 질문을 하기 위해 유럽을 가로질러왔다. 1764년 방문했던 스코틀랜드의 제임스 보스웰처럼 루소의 여행 일기에 자신의 이름이 올라가기를 바라는 사람도 있었다. 보스웰은 루소를 방문한 직후 루소의 라이벌 볼테르를 방문하기도 했다. 유배생활 중의 죽음은 루소의 위상을 전설 속 인물로 격상시켰고, 종교적 성지만큼은 아니지만 철학자가 거쳐간 유명한 장소들을 순례하는 '열성팬들의 여행길'이라는 새로운 전통을 만들었다. 그리고 이러한 여행은 지금까지도 이어지고 있다.

세상을 좀 더 알게 되는 것
자아를 발견하는 것

여행의 마지막 유형에 관해서는 루소의 전기에서도 정확하게 찾아보기 힘들다. 하지만 그의 모든 삶의 근본적인 가르침들이 여행에 스며 있음을 짐작할 수 있다.《에밀》의 마지막 5권인 '새로운 인간'의 교육에 관한 부분에서 우리는 '여행에 관하여'라는 항목을 발견할 수 있다. 여행을 가르치는 일종의 '여행의 기술'을 알려주는 짧은 글이다. 여기서 루소는 '한층 더 효과적인 교육 방법이 무엇인가' 하는 문제를 검토한다. 인생에 유용한 것들을 배우는 가장 좋은 방법은 무엇일까? 아주 많은 책을 읽으면 될까? 아니면 혹시 혼자서 여행하며 많은 경험을 얻는 게 더 좋지는 않을까?

몽테뉴의《수상록》과 데카르트의《방법서설》에 대한 응답으로 루소는 책을 통한 문화 체험을 거부하고 직접 경험, 즉 '생생한' 문화 체험의 가치를 옹호한다. 사실 교육의 목적에 있어서 세상의 위대한 책에서 얻는 지식이 잡다한 글들에서 얻는 것보다 더 선호되어야 하며, 직접 눈으로 '보는' 능력은 '읽는' 능력보다 우선시되어야 한다. 따라서 그는 교육 과정의 말미에 학생들이 장기간 유럽을 여행하는 규정을 넣었다. 이렇게 해서 그는 부유한 귀족들의 전통인 '그랜드 투어Grand Tour'를 대중적으로 재해석했다. 루소의 작품 덕분에 교육여행은 1800년대에, 특히 독일을 중심으로 문화의 중심 테마로 자리잡게 된다. 그리고 '교육'의 철학적 개념에 대해 다시 생각하게 하는 계기가 된다. 괴테의《빌헬름 마이스터》에 관한 세 권의 책은《에밀》의 영향을 받으며 탄생했다. 우리는 당시의 대중문화에서도 그 흔적을 발견할 수 있다. 독일 학생들이 여러 대학에서 학문을 연마했던 유행이 그 좋은 예다.

하지만 만약 직접적인 경험이 형상이라면, 여행으로 얻어지는 지식의 대상은 무엇일까? 루소에 의하면 이러한 대상은 '품행'으로, 자연인이 다양한 시기와 장소에서 습득할 수 있는 것들을 말한다. 품행을 더욱 올바른 방법으로 체득하기 위해 학생은 기본적인 규칙을 잊지 말아야 한다. 첫째는 직접 관찰하는 것이다. 여행 관련 서적을 읽는 것은 아무 소용이 없다(하지만 루소 스스로 부분적으로 규정을 철회하는 것이 있는데,《인간 불평등 기원론》의 인류학 이론들이 그렇다). 자신들 나라의 인민들을 연구하면서 그들을 문화적 구도 속에서 '직접볼' 필요가 있다. 두 번째 규칙은 나라의 수도는 피하고 숨겨진 지역을 방문하는 것이다. 대도시의 사람들은 모두 비슷비슷(오늘날 대도시의 '글로벌화'된 삶의 형태를 비판하는 것과 같은 맥락이다)하지만, 농촌은 '순수한 문화를 보존'하고 있기 때문이다. 일반적으로 '여행하는 법을 안다'는 것의 본질적인 법칙은 나의 잣대로 다른 사람을 판단하고, 다른 사람과의 비교로 인해 생기는 편견에서 벗어나는 능력을 말한다. 루소는 인류학적 관찰과 이해를 위해 중립적이고 '제3자적 관점'에서 연구하면서 계몽주의적 문화의 중요한 가치들 중 하나를 발전시켰다. 이것은 특히 몽테스키외의 《페르시아인의 편지》에 영감을 주었다. 또한 레비스트로스*가 루소를 근대 민족학의 창시자라고 정의했던 것은 여행에 관한 이 몽테스키외의 글 덕분이다.

하지만 관습은 인류학적 지식의 진정한 대상으로 향하는 단순한 '임시 정거장'이라는 점을 명확히 하는 것이 중요하다. 그 대상이란 영원하고 보편적인 형태의 인류(자연인)를 말한다. 즉 비교민속학은 루소가 자신의 사회적 경험을 통해 만들어낸 정신 속에서 해석되어야 한다. 즉 인간성을 변화시키는 특정한 조건들(사회라는 수직적 공간 속의 다양한 '신분'과 세계라는 수평적 공간 속의 다양한 '관습')에서 출발해, 교육적 여행을 통해 에밀이 이야기하고자 하는 '진정한 인간'에 도달할 필요가 있다. 루소는 다음과 같이 이야기한다. "나는 어디에서든 인간을 알게 되었다." 따라서 여행에 관해 기술한 장章이 《사회계약론》의 원리들을 요약 정리한 것으로 끝나는 것이 그리 놀라운 일은 아니다. 《사회계약론》은 자연인의 보편적 지식으로부터 올바른 정치 질서의 규범에 관한 이론으로 확대한 글이기 때문이다.

《에밀》에서 이론화된 교육적 여행은(루소는 《신新엘로이즈》의 주인공 생프뢰에게도 적용했다. 생프뢰는 처음에는 파리를, 그 후에는 여러 해 동안 세계를 여행하며 지식을 넓혀간다) 근본적으로 사회와 문화를 익히는

---

* Claude Lévi-Strauss(1908~2009), 프랑스의 사회 인류학자.

여행으로, 루소의 여행에 관한 세 번째 유형과 같은 선상에서 이해할 수 있다. 결국 교육적으로 여행은 사람들과 더불어 완성되고, 또 인간세계의 철학적 지식으로 귀결된다는 것이다. 루소는 《에밀》을 마무리하면서, 마찬가지로 철학적 지식을 목표로 하지만 자연과 배타적 관계인 다른 형태의 여행도 소개했다. 그리고 5권의 앞부분에서, 여행 이야기에 앞서 우리는 자연 경관을 즐기며 혼자서 하는 도보여행의 예찬을 발견할 수 있다. 루소는 에밀과 그의 가정교사가 오랫동안 함께 살던 집을 떠나 결혼할 여자인 소피를 찾으러 가는 모습을 낭만적으로 표현했다. 하지만 이상하게도 행복을 찾아 떠나는 이 여행에는 자아를 찾기 위한 노력도, 목적지를 향한 숨 가쁜 여정도 소개되지 않는다. 그저 '여행을 위한 여행', "화창한 날 아름다운 마을을 좋아하는 방식으로 서두르지 않고 걷는 것"과 닮아 있을 뿐이다. 에밀의 여행에도 방랑자의 모습이 들어 있는 것이다. 이제 여행에 관한 그의 즐겁고 유쾌한 글을 다시 한 번 소개하면서 루소와의 긴 여정을 마친다.

나는 말을 이용하는 여행보다 더 좋은 방법을 하나 알고 있는데, 바로 걸어서 하는 여행이다. 언제든 원할 때 출발했다가 멈출 수 있고, 또 원하는 방법으로 여행할 수 있다. 오른쪽, 왼쪽 눈길을 유혹하는 모든 것을 구경할 수 있고, 원할 때 멈춰 서서 관찰할 수도 있다. 강을 만나면 강변을 따라 걷고, 숲을 만나면 그늘 아래서 쉰다. 동굴이 나타나면 들어가보고, 광산을 만나면 광석을 공부한다. 어디든 원하는 곳에서 걸음을 멈추면 된다. 또 지루하게 느껴지면 다시 길을 떠난다. 말이나 마부의 상태에 좌우되지 않아도 된다. 이미 지나왔던 길을 다시 이용할 필요도 없다. 그저 사람이 다닐 수 있는 길이면 되고, 사람이 볼 수 있는 건 무엇이든 볼 수 있다. 내 마음대로 인간이 누릴 수 있는 모든 자유를 누리면 된다. (……) 도보여행이란 탈레스, 플라톤, 피타고라스처럼 여행하는 것을 말한다. 여러 유형의 여행을 원하는 철학자의 눈으로 대지가 주는 풍요로움을 공부할 기회를 저버리고서는 그들의 여행을 이해할 수 없다.

내 방 여행 안내서

멘 드 비랑 · 그자비에 드 메스트르 · 스탕달

마르코 피아차

상트페테르부르크 ●

파르마

토리노 ●

파리 ●

그라트루 ●

어떻게 내면을
관찰할 수 있을까?

1792년, 멘 드 비랑이라는 가명으로 유명한 마리 프랑수아 피에르 고티에 드 비랑은 19살 때부터 몸담아왔던 국왕 경호대가 해체되자 프랑스 페리고르 지역의 베르제라크 근처에 위치한 그라트루 성으로 낙향한다. 그러나 1795년부터 다시 사교계에 드나들면서 제국이 붕괴될 때까지 처음엔 지방의회에서 그리고 나중에는 중앙정부 의회에서 일하면서 행정과 정치 경력을 쌓아간다. 왕정복고 이후에는 도르도뉴 주 의원과 국가 자문위원과 같은 직책을 거치면서 큰 명성을 얻는다. 그러나 비랑은 젊은 시절부터 이미 사회적 문제와 개인적인 문제, 즉 '외적인' 공간과 '내적인' 공간 사이에서 힘들어 한다. 비랑은 이때부터 일기를 쓰기 시작하지만 곧 중단한다. 그러다가 1814년부터 다시 규칙적으로 일기를 쓰기 시작해 10년 뒤 죽음을 맞을 때까지 계속해서 글쓰기를 멈추지 않는다.

1794년 처음 쓰는 글에서 비랑은 루소가 《고백》 제4권에서 언급했던 '감각적 도덕'과 '현자의 유물론'에 관한 책을 직접 써보기로 결심한다. 사실 이것들은 루소도 나중에는 책 쓰기를 포기했던 주제다. 이 책은 자아가 변화하는 감정적 원인을 검토하고, 그러한 감정을 지배하는 도덕을 제시하기 위해서 자아가 변화하는 속성에 주목한다. 비랑이 가장 관심을 가진 것은 자아의 가변성, 즉 자아의 불안정성과 연약함이다. 프로이트처럼 루소는 일종의 자발적 구속에 관한 교본을 제시하고 싶어 했다. 인간은 이미 형성된 욕구에 저항하기 어렵기 때문에, 그러한 욕구를 예방하거나 다른 것으로 변화시키거나 근본 원인을 바꾸는 식으로 극복해야 한다. 우리를 불안정하게 만드는 피할 수 없는 변화의 원인은 '기후, 계절, 소리, 음식, 소음, 정적, 움직임, 휴식' 등이며, 이러한 외적 요인들이 인체에 미치는 효과는 지대하며 당연히 정신에도 영향을 준다. 그래서 감각적 도덕에 대한 논문은 두 부분으로 나누어 작성해야 마땅했다. 하나는 주관적 변화의 원인에 대한 과학적 탐구의 부분이고, 다른 하나는 우리가 외부 요인에 지배되는 법칙을 스스로를 통제하는 기술로 변화시키는 도덕적 탐구의 부분이다. 루소는 자기 자신을 계속 관찰하는 데 집중했기 때문에 첫 번째 과제인 과학적 연구를 뒤로 미루면서 결국 이 논문을 완성하지 못했다. 비랑 역시 논문을 쓰지는 못했지만, 이러한 문제제기로 인해 두 가지 결과가 나타난다.

첫 번째 결과는 그의 주요 작품들 중 몇몇 작품의 중심 테마인 정신과 육체 사이의 관계, 더 정확히 말하면 도덕과 육체 간의 관계에 관한 문제가 드러난 것이다. 그는 소위 관념론자라 불리는 스승들이 가르쳐준 엄밀한 유물론적 체계를 수정하며 도덕과 육체 간의 관계를 다시 정립한다. 비랑은 이러한 관계에 대한 연구에 기초한 '인간에 대한 학문'을 정립하기 위해 자신의 연구를 토대로 조금은 오만한 어조로 고등학교 졸업시험 준비 기록장에 다음과 같이 기록한다. "루소는 도덕의식에 관한 시를 썼지만, 나는 이 도덕 의식에 관한 이론을 세울 것이다." 그리고 비랑이 비록 감각적 도덕에 관한 논문을 완성하지 못했다 할지라도, 그의 작품은 《고백》의 저자인 루소가 이끈 방향으로 따라간 시도였다고 평가된다. 비랑의 많은 작품이 그가 살아 있는 동안에는 출간되지 못했지만, 그의 작품들은 노력의 자발성에 기초한 의식 이론의 초석을 세우는 데 기여했다. 실험적 심리학이라는 경계 안에 머물렀기에 심리학이 신비주의와 초월주의 영역으로 떨어지는 것은 막았다.

　루소의 구상으로부터 영향받은 두 번째 결과는 많은 정치적 업무에 시달리고 계략과 질투가 난무하는 상황에서도 내적인 삶과 외적인 삶 사이의 불일치를 관찰하는 일지를 다시 쓰기 시작했다는 것이다. 비랑은 세속적 일을 자제하고 묵상과 철학 연구를 위해 명상할 시간을 확보하기 위해 시간을 잘 활용해야 한다고 생각했다. 묵상과 철학 연구라는 두 가지 길은 서로 교차하여 일종의 악순환을 만들어낸다. 감각적 도덕은 스스로를 더 잘 다스릴 수 있도록 해주지만, 이 감각적 도덕을 따르기 위해서는 이 감각적 도덕을 만들어내기 위한 조건이 선행되어야 한다. 자기 자신을 다스리는 기술과 이론적 토대를 탐구해야만 했다. 결국 이와 같은 형태의 작품은 결국 출판되지 못했다. 그러나 이를 현실화할 수 있는 방법 중 하나가 자신을 면밀히 관찰하고 존재를 표현하는 내면의 목소리를 담고 있는 일기를 규칙적으로 쓰는 것이다.

비랑의 일기는 최초의 '내면일기'이다. '내면일기'는 꼭 문학가는 아니더라도 몇몇 작가들에 의해 어느덧 조금씩 알려진 문학 장르이다. 이 문학 장르의 선구자는 스위스의 요한 라바터Johann Lavater였다. '인상학의 아버지'라 불리는 그는 1771년부터 1773년까지 몇 년 동안의 일기를 출간했다. 비랑의 경우처럼 일기와 그의 나머지 작품 사이에는 긴밀한 관계가 있으며, 그렇기 때문에 '하나의 작품으로서의 일기'뿐만 아니라, '형이상학적 일기' 또는 '철학적 일기'라고 부를 수 있다. 이러한 이유로 '간단한' 문학 작품 이상의 '새로운 철학 장르의 표현'이라고 볼 수 있다.

내면세계가
보이는 방

1815년 1월 1일, 비랑은 파리에 머무르고 있었다. 비랑은 하원의 안보위원이라는 뜻밖의 자리를 얻게 만들어준 사건(1814년 4월 6일, 루이 18세의 복위)에 대해 생각하고, 그 자리가 가져다준 이익과 안락함에 대해서 기뻐하면서도 다음과 같이 기록한다. "원숙한 도덕성을 갖추고 성찰 능력을 구비한 사람은 무엇보다 자신에게 만족하고 타인에게 인정받을 필요가 있다. 나는 스스로 만족하지도, 다른 사람의 인정을 받지도 못했다. 직장인 경찰서에 도착해서부터 나는 끊임없이 밖으로만 나다녀야 했으며, 삶의 외적인 모든 것들 때문에 혼란스러웠다. 내 활동을 다스릴 수 있는 내적인 삶은 누릴 수가 없었다. 나 자신의 도덕성을 성찰하거나 감성을 유지하거나 스스로를 돌아볼 여유조차 없었다."

프랑스의 정치가이자 철학자 멘 드 비랑. 내면을 탐구하는 것이 인간의 본질을 이해하는 전제조건이라고 보았다.

한 달 후, 비랑은 철학 논문을 작성하기 위해 홀로 집중할 필요가 있다고 느끼고는 다시 그라투르 성으로 돌아갔다. 그리고 이곳에서 그는 이렇게 기록한다. "파리에서는 항상 바빠서 불평하곤 했는데, 이곳에 오니 그 시절이 그립다. 파리에서는 해야 할 일도 많고 늘 바쁘게 움직이느라 정신없고 혼란스러워 행복을 느낄 수가 없었다. 그런데 이곳에서는 파리에서의 동적이고 밖으로 나돌아다니는 습관이 내 감각 속에 각인되어, 어떤 일이 일어나더라도 언제든 움직일 준비가 되어 있다. 내 마음은 균형을 잡지 못한 채 권태와 무기력에 빠져 있다. 어떻게 균형을 잡을 수 있을까?" 비랑은 시골에서 "가능한 한 최소한으로 살아가고" 도시의 역동적인 삶 속에서는 "가능한 한 최대한으로 살아가야 한다"는 사실을 깨달았다. 그리고 이렇게 주장한다. "모든 불행은 시골에서처럼 파리의 방에서도 평온을 유지

하는 방법을 모른다는 것, 내 활동의 주인이 되는 법을 모른다는 것
에서 비롯된다."

한 달이 조금 더 지난 비 오는 어느 날 파리에서 전보가 도착했
다. 그는 '외로운 골방', 즉 연구실에서 쓸쓸히 형이상학에 관한 자신
의 글을 천천히 읽고 또 읽고 있었다. 작성 중인 글을 마치고 편지를
열어본 그는 나폴레옹이 프랑스에 상륙했고, 파리에서 긴급히 의회
가 소집되었으며 자신도 자리로 돌아가야 한다는 것을 알아차렸다.
"갑자기 대혼란이 일어났다. 걷잡을 수 없는 흥분이 순식간에 덮쳐
왔고, 정신이 혼미해져 소화가 안 될 정도였다. 나는 급하게 저녁을
먹고 다음 날 바로 떠날 수 있도록 준비했다." 그러나 파리로 돌아온
그는 경호대의 호위를 받으며 급히 릴로 피난 가는 왕과 그의 아들
펠릭스의 퇴각을 지원하는 일밖에는 할 수 있는 것이 없었다. 1815년
3월 20일, 의회가 해체되고 나폴레옹의 그 유명한 백일천하가 시작
되자, 비랑은 최악의 상태를 우려해 사임하기로 결심한다. 그가 며칠
만에 다시 그라투르로 돌아왔다. 당시 상황에 대한 그의 평가는 명
료했다. 프랑스혁명 이후 탄생한 세대는 비도덕적이고 부패해 있었
다. 그나마 얼마 안 되는 양심적인 사람들은 숨어서 존재를 드러내
지 않거나 소외되어 프랑스에서 도망치는 방법밖에 없다고 생각했
다. 비랑은 도망치지 않고 자신의 연구실로 다시 돌아온다. 그리고
연구실에 틀어박혀 '어느 정도의 혼란과 내적 동요'에도 불구하고
철학적 연구를 계속한다. 결국 그의 '사상의 동요'를 가져오게 되는
이러한 내적 감정의 동요 원인은 당시의 '정치 상황'이었다. 비랑의

베르제라크의 전경. 프랑스혁명 이후 엄청난 혼란이 이어지자 비랑은 고향인 베르제라크로 돌아와 철학 연구에 매진한다.

걱정에는 이유가 있었는데, 바로 아들 때문이었다. 비랑이 글을 쓰고 있던 1815년 6월 아들은 왕의 경호원이 된다. 이 때문에 나폴레옹에 대한 충성 맹세 거부를 선동했다며 베르제라크 시장으로부터 고소를 당하게 된다.

비랑은 여전히 베르제라크와 파리를 부지런히 오갔다. 하지만 내부와 외부, 즉 방 안에서의 외로움과 정치·사회적 혼란 사이에서 불안한 상태가 계속되어 이 젊은 철학자의 저술 작업이 쉽지만은 않았음을 충분히 추정할 수 있다. 그라투르는 사색하고 글을 쓰면서 내면을 키우기에 이상적인 장소이지만, 언제든 그렇지 않은 공간으로 변할 수도 있었다. 그래서 비랑이 자신의 작품에서 정념에 저항하고 인간의 의지를 중요하게 여기는 노력의 철학을 강조한 것은 우연이 아니다. 육체, 즉 외부 자극에 대한 저항과 자아를 우선시해야 한다는 의미에서 '노력'으로서의 저항은 비랑이 낙담과 절망의 나락으로 떨어지면서도 지켜온 것이었다.

자신에 대한 관찰과 이러한 관찰을 기록한 일기 쓰기 덕분에 투쟁이 지속될 수 있었다. 이러한 내면의 여행 일기의 흥미로운 점은 그것을 쓰는 작가가 퇴색하지 않는다는 것이다. 비랑은 이 점을 잘 알고 있었다. "깊은 성찰의 좋은 점을 모르는 사람이 누가 있겠는가? 그리고 만일 내면이라는 세계가 존재하지 않는다면, 크리스토퍼 콜럼버스 같은 형이상학적인 사람이 무엇을 발견할 수 있겠는가?" 어쨌든 비랑은 루소의 발자취를 따라 내면의 세계로 나아가려 했다. 오로지 자기 자신을 내면의 세계에 가두는 것만 허용되고 어떤 움직임도 없는 정지 상태의 여행을 통해서 말이다. 이동하지 않는 여행을 떠나기 위해서는 방이 하나 필요하다.

천상을 여행하는 영혼과
세상으로 질주하는 동물성

오늘날에도 여전히 보관되어 있는 그라트루 성의 도서관 책들 사이에는 사부아 왕국의 장교였던 그자비에 드 메스트르가 쓴《내 방 여행하기》*라는 책이 꽂혀 있다. 그자비에 드 메스트르는 1790년 어느 날 결투를 벌인 뒤 토리노의 치타델라에서 42일간 꼼짝 않고 지내면서 이 책을 쓰기 시작했다. 이 책은 1795년 로잔에서 출간되었다. 작가가 살아 있을 때 여러 차례 출판되고 번역된 이 훌륭한 책 때문에, 그의 '독방'은 멘 드 비랑의 내면의 공간이자 도피처가 되었다. 메스트르의 이 얇은 책은 1700년대를 대표하는 '철학 이야기'와 1800년대를 대표하는 '공상 이야기'의 중간 형태로, 아마도 비랑이 쓰고 싶어 했던 가장 이상적인 문학의 형태가 아닐까 싶다.

일반적으로 장소를 이동하지 않는 여행은 강제로 격리되어 이루어지지만 메스트르의 경우는 거의 자발적으로 이루어진 것이었다. 사실 메스트르는 집에 틀어박혀 지내는 생활을 이전에도 해본 적 없고, 그 후로도 하지 않았다. 그는 1763년 사부아의 샹베리에서 앙시앵레짐 체제 속에서 태어났다. 혁명에 반대한 그는 1781년 '라 마리나' 보병대에 자원한다. 그러나 1796년 사부아는 프랑스의 지배하에 들어간다. 그로부터 3년 후 러시아를 끌어들여 가까스로 토리노를 프랑스로부터 해방시킨다. 하지만 어렵게 탈환한 땅을 또다시 오스트리아에게 빼앗긴 카를로 에마누엘레 4세에 실망한 그자비에는 알렉산드르 수보로프 장군을 따르기로 결정하고 러시아 황제 파벨 1세의 신하가 되었다. 이후 그는 러시아에서 잃어버린 형을 찾고, 황제의 궁전에 파견된 사르데냐 왕의 전권대사를 맡았다. 1810년에

---

* 우리나라에서는 《내 방 여행하는 법》(유유, 2016)으로 출간되었다.

는 러시아 군대를 따라서 조지아와 캅카스에서 터키인들을 상대로 벌인 전쟁에 참가했고, 1815년에는 나폴레옹에 맞서는 연합군의 마지막 전투에도 참전했다. 제대한 뒤에는 용감하게 열기구에 몸을 싣고, 자식들과 함께 이탈리아 전역을 여행하기도 했다. 1826년에는 피사에서 만초니를 만나기도 한다.

이처럼 파란만장한 인생을 살았음에도 불구하고 그는 작품 속에서 이동하지 않는 여행의 이유를 정치적으로 보수적인 입장과 새로운 감정 때문이라고 주장한다. 이동하지 않는 여행에서 방은 '세상의 모든 부와 좋은 것들이 들어 있는 기쁨의 장소'로 변모했다. 그리고 소파, 10년째 편지를 간직하고 있는 책상, 도서관의 책들, 반신 신부상, 침대 등 가구와 물건들은 상세하게 기술한다. 이것들을 유럽을 뒤흔든 전쟁 중에도 자신을 보호했던 물건들로 표현한다. 그리고《내 방 여행하기》를 쭉 훑어만 봐도 그 책의 내용이 철학적 자극을 주고 있다는 것을 알 수 있다. 비랑은 방을 형이상학적 성찰과 잡다한 이야기가 교차하는 곳으로 묘사하면서 관념적 기억의 '영혼'과 '동물성' 사이의 관계에 관한 토대를 구축한다. 이것은《감성여행》을 쓴 로렌스 스턴과 파스칼에 더 가깝다. 상당히 간결한 문체로 표현된 한 대목을 옮겨보면 이렇다. "나는 오랜 관찰을 통해 인간이란 영혼과 동물성으로 이루어져 있다는 사실을 깨달았다. 이 두 성향은 차이가 명확하다. 하지만 하나가 다른 하나를 가두기 때문에 차이를 구분하려면 영혼이 동물성보다 우위에 있어야 한다." 동물성을 느끼고 생각하는 능력이 없는 육체와 혼동해서는 안 된다. 그렇지만 인간의 동물성은 "영혼과는 완전히 다르지만 독립적인 존재, 자체적인 방식, 자신만의 기질과 의지를 가지고 있는 감정적 실재이다. 보다 완전하고 더욱 잘 훈련된 기관을 가지고 있기 때문에 다른 동물들보다는 우월하다."

드 메스트르는 자기 자신에 대한 관찰을 통해 다음과 같은 결론을 도출했다. "동물성은 영혼을 굴복시킬 수 있다. 달갑지는 않지만 동물성은 종종 영혼이 자신의 의지와 반대로 작동하도록 유도한다. 통상적으로 한쪽은 통제하는 힘을 가지고, 다른 한쪽은 실행하는 힘을 가진다. 하지만 이 두 개의 힘은 자주 충돌한다. 영리한 사람의 장점은 자신의 동물성의 이점을 잘 조련하여 좋은 방향으로 유도한다는 것이다. 하지만 영혼이 이 불편한 공동 관계에서 해방되면 무한한 자유를 누릴 수 있다." 드 메스트르가 말한 대로, 동물성은 영혼이 깨닫지 못하기를 바라면서 우리를 사랑하는 여인에게로 인도하기도 한다. 저자는 교활하게도 다음과 같은 말을 덧붙인다. "만약 홀로 아름다운 여인의 집에 발을 들여놓으면 무슨 일이 일어날지는 독자의 상상에 맡기겠다."

이렇게 해서 "자신의 동물성의 행태를 관찰하기 위해서 자신의 영혼을 이용"하려는 자발적인 욕구가 탄생한다. 드 메스트르는 이것을 "인간이 할 수 있는 가장 놀라운 형이상학적 행위"라고 정의한다. 만일 동물성이 잘 통제된다면, 야망이나 희망과 같은 오래된 문제를 해결해주는 아주 좋은 결실을 맺어줄 수 있다. 이는 행운과 명예를 얻기 위해 세상에 동물성을 자유롭게 풀어놓는 것과 같다. 작가는 독자들로 하여금 이와 비슷한 경험을 해보도록 유도한다. "그녀가 남자들 사이에서 얼마나 우아하게 걷고 있는지를 상상해보라. 군중은 그녀를 배려해서 길을 비켜준다. 믿어도 좋다. 어느 누구도 그녀가 고독하다는 것을 알아차리지 못할 것이다. 그녀 주위에 있는 군중들은 그녀가 영혼을 가지고 있는지 아닌지, 생각이 있는지 없는지는 조금도 개의치 않는다. 감성적인 수많은 여인들이 자기도 모르게 그녀에게 반해버릴 수도 있다. 그리고 그녀는 영혼이 도와주지 않아도 아주 큰 기회와 행운을 잡을 수 있다. 그렇기 때문에 우리가 천상에서 돌아올 때 당신의 영혼이 제 위치로 돌아와 지배자의 동물성 안에 자리 잡는다 하더라도 나는 절대 놀라지 않을 것이다."

이동하지 않는
여행의 이점

붉게 물든 뺨과 마치 석고처럼 흰 목을 가진 사랑스러운 여인의 이미지를 떨쳐버리지 않고서는 고귀한 생각에 몰두하기 어렵다. 즉 너무 오랫동안 생각이라는 하늘 위로 숨는 것은 해로울 수 있다는 말이다. 이제 막 몽롱한 꿈에서 깨어난 영혼과 동물성이 기분 좋게 일치했을 때 도달하는 결론이다. 처음에는 비슷한 공상을 했다는 사실에 놀란 영혼이 동물성을 비난하지만 결국에는 동물성보다 더 타락한다. 영혼이 천상을 여행하는 동안 동물성 자신은 터무니없는 정념 때문에 방 안에 갇혀 있음을 깨닫고 영혼에게도 즐길 권리가 없음을 설명해주기 때문이리라. 어떻게 이 결투에 도전할 수 있겠는가? 그리고 마침내 이 로맨틱한 허구 속에서 방 안 여행자의 사색이 중단되는 것은 감옥 같은 생활과 격리의 종결을 의미한다. 그가 벌인 감옥생활을 괴로워하면서 강요되었던 격리를 한탄한다. "오늘 나는 자유의 몸이 되었다. 그러나 나의 철창 안으로 다시 들어가려 한다! 일의 멍에가 다시금 나를 덮쳐오겠지. 계약이나 의무로부터 나 자신을 통제하지 않으면 한 걸음도 나아갈 수 없을 것이다."

그러나 사회적 자아의 속박으로부터 해방될 수 있는 '이동하지 않는 여행'에 대한 그리움은 드 메스트르로 하여금 다락방에서 또다시 하늘을 관찰하게 만든다. 그리하여 곧바로 《내 방에서 밤 보내기》라는 책으로 이어진다. 1799년 토리노에서 쓰기 시작하는데, 아마도 수보로프 장군을 따르기 위해 사부아의 군대를 떠나기 전날 밤부터인 것으로 추정된다. 그리고 이듬해 상트페테르부르크에서 완성하여 1825년 파리에서 출간한다. 이 책은 '여행에 대한 새로운 체계'를 두 번째로 적용하면서 동시에 '사랑의 새로운 방법'도 제시한다. 이 책은 전반적으로 여성적인 취향이 드러날 뿐만 아니라 매우 창의적이다. 그리고 한결 부드러워진 문체로 환상적인 이야기가 펼쳐진다. 《내 방 여행하기》에 나왔던 충실한 하인 조아네티와 애완견 로진은 등장하지 않지만, 주인공인 여행자가 창문 너머 모순투성이의 세상에 대해 온갖 의심을 갖는 것만으로도 이야기는 충분히 흥미롭다. 주인공은 건너편 창문으로 얼굴을 내민 예쁜 소녀의 모습에 넋을 잃는다. 그러다가 소녀가 시야에서 사라지고 나면 그녀의 빨간 슬리퍼나 그녀의 머리 위로 별이 총총했던 하늘을 응시한다. 슬리퍼를 향한 집착은 주인공의 이성보다 마음을 부각시키기 위한 수단이다. 작가는 마음의 법칙과 이성의 법칙 중 어떤 것을 따라야 하는지를 연구하기로 결정하고는 일시적인 도덕성에 만족한다. 그 도덕성에 따라 우리는 주어진 순간에 둘 중 어느 것이 더 강력하냐에 따라서 어떤 때는 마음을, 그리고 또 어떤 때는 이성을 번갈아가며 믿어야 한다.

철학적으로 이러한 결론은 빈약해 보이지만, 형이상학자들에게는 아이러니하게도 강력한 메시지로 읽힐 것이다. 그 자비에는 이들 형이상학자들에게 역경 속에서도 다시 용기와 희망을 줄 수 있는 지적 부동성을 제기하고 있다. 어쨌든 드 메스트르가 제기하는 모델은 아우구스티누스의 '나 자신으로 들어가라te ipsum redi'에서 파생된 이론이다. 이는 훗날 작가이자 여행가인 루이 앙투안 드 카라치올리 후작의 《자기 자신과의 대화》(1753~1754)와 《자신의 올바른 사용에 대하여》(1759)와 같은 작품에 영향을 주었다.

감옥에 갇혀
사랑을 발견하다

《내 방 여행하기》처럼 《내 방에서 밤 보내기》 역시 낭만적 감성으로 큰 사랑을 받았다. 이탈리아에서는 1832년 자코모*의 여동생 파올리나 레오파르디가 이탈리아어로 처음 번역했다. 그녀는 결혼도 하지 않고 문학과 문화에 평생을 바쳤는데, 어느 날 '무초'라고 부르던 오빠에게 앙리 벨의 소설에 감동받은 내용을 편지에 써 보낸다. 앙리 벨은 그 후에 스탕달이라는 독일식 필명으로 더욱 유명해진 사람이다. 파올리나는 레카나티에 있는 집에서 방에 혼자 틀어박혀 그의 소설을 읽었다. 오빠 자코모는 집을 떠나 벌써 몇 년째 돌아오지 않는 상태였다. 그녀는 자신의 방을 "마치 사막과 같다"고 표현했다. 그녀는 오빠가 자신을 별 볼 일 없는 책에 빠져 시간을 허비하고 있다고 생각할까 봐 자신이 하고 있는 번역에 대해서 어느 누구에게도 이야기하지 않았다.

스탕달은 《내 방 여행하기》나 《내 방에서 밤 보내기》에 등장하는 방의 모습과 아주 흡사한 파르네세 탑의 어느 방에서 《파르마의 수도원》의 주인공 파브리스 델 동고를 만들어냈다. 그 탑 안에서 파브리스는 멀리 떨어져 있는 클레리아와 사랑을 싹틔운다. 처음에는 그저 몇 번 눈빛을 교환하고 몇 마디 말을 건넸을 뿐이지만, 이 마법 같은 사랑이 결국 그녀를 감옥으로 이끈다. 소설은 이탈리아어로 쓰인 《파르네세 가家의 융성의 기원》이라는 친필 원고에서 영감을 얻었다. 이 책은 16세기와 17세기에 일어난 사건을 담고 있는데,

---

* Giacomo Leopardi(1798~1837), 이탈리아의 시인.

1815년 스탕달이 수정하고 편집했다. 스탕달은 이 원고를 부분적으로 번역해《알레산드로 파르네세의 젊은 시절》을 펴내기도 했다. 이 책은 훗날《파르마의 수도원》의 모태가 된다. 그는 비서에게 글을 받아쓰게 하면서 1838년 11월 4일부터 12월 26일까지 53일 만에 책을 완성하는 기록을 남겼다. 우리에게 잘 알려진 스탕달의 작품은 주로 일종의 연대기 같은 문학인데, 그중에는 수도원 이야기가 많은 부분을 차지한다. 그 주인공들──《카스트로의 수녀원장》에 등장하는 엘레나 캄피레알리, 또는《스콜라스티카 수녀》에 나오는 로사린다──은 주로 파브리스처럼 감옥과도 같은 장소에서 격리된 된 채 살아가는 여인들이었다.

이후 교황 바오로 3세가 되는 알레산드로 파르네세의 삶에 대한 이야기와 벤베누토 첼리니*가《자서전》에 쓴 자신에게 일어난 비슷한 이야기, 혹은 그의 '천사의 성'에서의 탈출 이야기로부터 마르케 젊은이 파브리스의 체포 장면과 파르네세 탑에 갇히게 되는 장면, 그리고 아홉 달 뒤 탈출하는 장면을 가져왔다. 파브리스가 체포된 죄목은 희극 배우 질레티를 살해한 죄였다. 이것은 사실 정당방위였는데, 그들은 서로 사랑하는 마리에타라는 여배우를 두고 결투를 한 것이었다. 감옥에서 몇 개월을 보내면서 파브리스는 처음으로 진정한 사랑을 알게 된다. 그것은 외부 세계와의 강제적인 단절로

---

* Benvenuto Cellini(1500~1571), 르네상스 시대 이탈리아의 조각가, 화가, 음악가.

인해 가능했다. 바깥세상은 정치 세력과 가문 간의 싸움으로 혼란상
태가 끊이지 않고 지속되어 한시도 편한 날이 없었다.

마리에타에게 빠져 있는 동안 파브리스는 스스로 자문한다.
"내가 사랑이라 부르는 집착에 빠져 어떤 것도 할 수 없게 되다니 정
말 이상하지 않은가?" 그는 좁은 감옥 안에서 작은 창으로 밖을 내다
보다가 성채 감옥의 사령관 파비오 콘티 장군의 딸 클레리아의 아름
다운 모습을 보고 깊은 인상을 받는다. 그리고 처음으로 심장이 뛰
는 소리를 듣고 이것이 사랑임을 깨닫는다. 외부의 시선 따위는 신
경 쓰지 않는 모스카 백작과 그의 애인이면서도 어린 조카를 사랑한
산세베리나 공작부인이 그에게 부과한 세속의 틀을 넘어서 자유롭
게 자신의 감정을 가질 수 있는 순간이 온 것이다.

이런 종류의 전형적인 로맨스 소설에서는 안과 밖의 변증법적
전환이 자주 이용되는데, 이 소설에서도 외적인 현실이 내면의 자유
로 바뀐다. 또 사랑의 정념은 한순간 폭발했다가 점점 감소하여 가
우스곡선과 비슷하게 변한다. 이렇게 해서 역설적으로, 언어적 상호
작용의 가능성이 증가한다. 서로의 눈빛 교환과 사랑의 신호는 이제
찬미의 언어로 옮겨지고, 나중에는 매수한 간수를 이용해 창문에 난
틈을 통해 편지를 교환하고 대화를 나누는 사이로 발전한다. 파브리
스는 그녀가 순수한 자신의 감정을 받아줄 때까지 온갖 방법을 동원
한다. 이렇게 해서 긍정적인 답을 얻게 되고 사랑의 정념은 점점 커
진다. 어려움이 커질수록 독자들은 꼬이고 꼬인 이야기에 더욱 현혹
되어간다. 클레리아가 파브리스에게 사랑을 고백하기 전, 그는 감옥

에 갇혀 아직 여인과 살갗 한 번 스쳐본 적도 없었다. 그는 '살아서 그녀와 은밀한 사랑을 나눌 수 있음'에 기뻐한다. 파브리스와 클레리아는 드디어 대리석 종탑에서 몰래 만난다. 처음으로 가까운 거리에서 만나게 된 것이다. 그러나 그 순간부터 정념은 식기 시작해 오랫동안 만나지 않는다. 오랜 시간이 흘러 파브리스가 유명한 전도사가 된 뒤, 두 사람이 한밤중 칠흑 같은 어둠 속에서 다시 만났을 때 비로소 정념이 되살아난다. 육체적인 어떤 접촉도 없이 탑의 창문으로 눈길만을 주고받으며 시작되었던 사랑이 이제는 눈빛만 빠진 상태에서 에로틱한 관계가 유지된다. 그 후 파브리스는 공적인 행사를 마련해 여러 사람이 모인 가운데서 그녀를 만나지만, 어느 순간 비밀스러운 만남을 눈치 챈 애인으로부터 채근을 당한다. 이렇게 해서 지나치게 열정적인 사랑에 감추어진 불화가 나타난다. 소설의 결말은 두 사람의 은밀한 관계로 태어난 아들이 죽음을 맞고, 이로 인해 클레리아도 죽는다. 마지막으로 파브리스가 뒤를 잇는다. 비극은 사람을 단단하게 만든다. 하지만 변하지 않는 사랑은 불가능했다. 그리고 정념에는 언제나 내면의 싸움이 동반되는 법이다.

정열의
창문

이러한 '영혼의 내적 투쟁'은 스탕달의 거의 모든 소설에 깔려 있는 모티프이다. 스탕달은 그가 혐오한다고 말하곤 했던 소설가 샤토브리앙의 작품으로부터 이러한 영감을 얻었다. 스탕달은 샤토브리앙의 《기독교의 정수》로부터 사랑의 정열과 자식의 부모에 대한 사랑, 사랑과 정열, 신을 향한 사랑 사이의 갈등 같은 모델을 생각해냈다. 이러한 모방을 토대로 스탕달은 1802년 즈음 관계와 정념 사이 대립의 모든 가능한 형태를 정확하게 그리기 위한 노력을 한 권의 노트에 남겼다. 그는 당시 홉스의 작품을 읽으면서 그 자신이 이탈리아어로 '새로운 철학Filosofia Nova'이라 지칭했던 철학 체계를 세우게된다. 이는 지성과 마음, 즉 판단과 정념 사이의 대립에 초점을 맞춘것으로, 이 연구는 1810년 마음의 모든 움직임을 관찰하는 계획으로 옮아간다.

그 후 27년 동안 스탕달은 《적과 흑》을 비롯해 수많은 작품을 출간하고 러시아전쟁, 독일전쟁, 프랑스전쟁에 참전한다. 그리고 나폴레옹 행정부에서 공무를 위임받아 프랑스와 이탈리아를 여러 차례 오가기도 했다. 이 과정에서 샤토브리앙의 작품에서 얻은 영감을 토대로 스탕달은 보다 원숙한 계획으로 나아간다. 이때가 1837년, 바로 《파르마의 수도원》을 쓰기 바로 직전이다. 이러한 활동은 1839년과 1840년에도 계속 이어진다. 스탕달은 비록 영혼의 내면적 싸움과 정념에 대한 분류를 완성하지는 못했다. 그렇지만 그의 소설 속 주인공들은 관계와 정념 사이의 갈등에 관한 철학적 분석의 결과를 명확히 보여준다. 《파르마의 수도원》의 여자 주인공 클레리아 콘티가 대표적인 사례이다. 신앙심이 깊은 클레리아는 연인 파브리스를 향한 사랑과 아버지에 대한 의무감 사이에서 갈등한다. 파브리스가 위험에 처한 것을 알게 된 그녀는 연인이 감옥에서 탈출하도록 도와준다. 이 같은 사랑의 정념 때문에 아버지와의 관계가 악화된다. 그러나 자신의 행동이 아버지를 죽음으로 몰고 갈 뻔했음을 알게 된 클레리아는 자책하며 사랑 대신 부모님을 선택하고 다시는 파브리스를 만나지 않기로 다짐한다. 그러나 다시 파브리스가 죽을 거라는 생각에 갈등하게 된다. 결국 클레리아는 아버지의 뜻에 따라 크레셴치 공작과의 원치 않는 결혼을 받아들임으로써 또다시 부녀 관계에 충실한다. 그녀는 이러한 의무를 받아들이면서도, 다른 사람들처럼 의무를 구속적인 것으로 인정하지 않는다. 그녀는 파브리스와 몰래 만나면서 정념과 다짐을 모두 저버리지 않는다. 파브리스가 두 사람의 은밀한 밀회로 태어난 아들 산드리노에 대한 친권을 주장하자 또다시 정념과 관계 사이에서 갈등한다. 파브리스가 아들 산드리노를 납치해간 이후 곧바로 아이가 죽자 그녀는 괴로워하면서 죽음을 맞이한다. 따라서 이러한 파브리스와 클레리아의 이야기에서 나타난 갈등의 비극적인 결말은 어둠 속에서 태어난 정념의 미묘한 분위기와 대조를 이룬다. 가로막히고 방해받아 헤어진 연인들은 우리가 이미 잘 알고 있듯이 결국에는 얽히게 된다. 결국 타협해야 하는 사회적 관습을 무시하고 영적인 사랑을 경험한다.

프루스트가 주목하듯이 연인인 두 사람은 육체적·정신적으로 아주 높은 곳에 위치해 있다. 파르네세 탑의 창은 아마도 용감한 사랑을 들여다보는 창이요, 현대적이고 도시적인 모습, 평범한 인간 세상을 비추는 창일 것이다. 스탕달의 사랑은 수도원의 탑으로 상징된다. 사회적 삶의 위험 앞에 놓인 내면을 나타내는 모티프로 프루스트의 작품 속에서 되살아나 1900년대의 가장 뚜렷한 주제가 된다. 실제로 훗날 프루스트는 시각적으로 아주 적절한 비유를 든다. 글을 쓰기 위해서는 '사회로 드나드는 출입구가 막힌 침침하고 깊숙한 방' 안으로 들어갈 필요가 있다고 말이다.

플라톤의 이탈리아 상상여행

빈첸초 쿠오코

주세페 카치아토레

실패한 혁명과
새로운 고대국가

1804년 밀라노에서는 특이한 철학소설 두 권이 출간되었다(세 번째 이자 마지막 책은 1806년에 출간된다).《플라톤의 이탈리아 여행》이라는 이 책을 쓴 사람은 1799년에 형성된 파르테노페아 공화국의 옹호자였다는 이유로 20년 동안 나폴리에서 추방당한 빈첸초 쿠오코였다. 가까스로 처형을 면한 그는 1800년 5월 마르세유로 피신했다가, 토리노를 거쳐 치살피나 공화국의 수도였던 밀라노에서 이탈리아인 추방자들로 구성된 자원군에 들어간다. 몇 개월 뒤 그는《나폴리혁명에 대한 역사적 고찰》을 펴냈다. 이 책은 1799년 발생했던 나폴리혁명의 실패에 대한 역사적·철학적 성찰을 담고 있다. 그는 나폴리혁명의 실패는 혁명가들이 범한 실수 때문이라고 생각했다. 여기서 이야기하는 실수란 혁명가들이 인민들을 온정적으로 대하고 그들을 지휘하는 데 있어서 추상적이었을 뿐만 아니라, 나폴리의 현실에 프랑스의 헌법체계를 바로 적용할 수 있으리라는 잘못된 신념을 가진 것이었다. 이러한 실수들은 이탈리아 통일 운동에 관한 다양한 정치 사상들 중 대세가 된 노선, 즉 외세의 개입으로부터 자주권 획득을 위한 운동으로서 독립 투쟁의 사상과 실천을 지탱해주는 노선의 토대가 되었다. 또한 이탈리아 통일사와 통일 이후의 역사 분석에 중요한 열쇠가 되는 그람시*의 '수동적 혁명'과 같은 이론을 이끌어내는 토대가 되기도 했다. 1804년 초 쿠오코는《이탈리아 신문》발행과 함께 경제적·철학적·역사적 분석에 관한 글들을 게재했다. 이는 미래의 이탈리아 국가를 위한 근본적이고 구체적인 문화 프로그램을 만들기 위한 것이었다.

《플라톤의 이탈리아 여행》은 장 자크 바르텔레미의《젊은 아나카르시스의 그리스 여행》(1788)에서 영감을 받아 쓴 책으로, 플라톤과 함께 동행한 아테네의 젊은 청년 클레오볼로의 이탈리아 남부 여행을 담고 있다. 이 여행은 고대 이탈리아인들의 특성을 탐구하기 위한 여행으로, 지금으로 말하면 인류학적 특성뿐만 아니라 문화적, 지적 특성 등을 조사하기 위한 여행이었다. 플라톤과 클레오볼로는 걸어서 여행하면서 만나는 철학자나 현인들과 나눈 대화를 통해 지식을 얻어나갔다. 그중 타란토의 아르키타스, 철학자 티메오, 삼니움 사람 폰치오, 루카니아 사람 오칠리오, 젊은이 므네실라는 클레오볼로가 매우 좋아했던 사람들이다. 책을 펼치면, 이름을 날릴 만한 문

---

* Antonio Gramsci(1891~1937), 이탈리아의 정치이론가, 마르크스주의자.

학 작품을 쓰고 싶다는 쿠오코의 열망을 쉽게 발견할 수 있다. 또한 이탈리아의 국가적 위기 상황과 이탈리아의 위대한 문화적 전통과 통일되지 못하고 외세에 지배당한 정치적 상황 사이의 문제를 숨김 없이 제기함으로써 정치적 토론에 기여하려는 그의 의도를 알 수 있다. 책 속에서 쿠오코는 대화를 통해 반도에 살았던 민족들이 가졌던 고대의 지혜뿐만 아니라, 예술과 시 등에 관한 이탈리아의 문화적 전통을 설명한다.

이 책은 대화체 형식을 사용하고 있고 1600년대에 유행했던 여행문학과 연결되어 있기는 하지만 그 자체로서 소설이라 부르는 것이 옳다. 어쨌거나 정치적 문제나 사회적 문제만 다루고 있는 것은 아니라는 이야기다. 더욱이 첫 부분만 읽어봐도 많은 소설에서 문장을 시작하는 기법과 풍경을 표현하는 전형적 기법을 사용했음을 알 수 있다. 클레오볼로는 이탈리아 해변에 닿아 쓴 첫 문장을 "마침내"로 시작한다. "험난한 이아픽스 곶을 지나자 상쾌한 동풍이 우리가 탄 배를 밀어 살렌토* 한가운데 타란토라는 도시로 인도했다. (……) 나와 플라톤은 선미에 조용히 앉아 있었다. 고요함이 우리를 감싸고 바다가 내는 찰랑거리는 소리만이 들려왔다. 우리 인생의 가장 즐거운 순간을 맞아 감미로운 흥분이 우리를 유혹했다."

그러나 그는 여행의 목가적인 풍경과 사색에 대해 기술하면서

---

* 이탈리아 남동쪽 구두 굽 모양에 해당되는 지역.

도 정치적·역사적 문제에 대한 생각들에도 공간을 할애하고 있다. 그는 고대 이탈리아인들에 대해 로마제국의 지배와 이탈리아 반도에 대한 나폴레옹 시기 프랑스의 지배 사이에 유사성이 있는 것처럼, 로마제국이 형성되기 이전에 이탈리아에 살던 사람들과 통일 이전 수많은 나라들로 나눠진 이탈리아의 모습 사이에도 유사성이 존재한다고 주장했다.

《플라톤의 이탈리아 여행》의 외적 배경은 나폴레옹의 지배 시기이다. 이에 따라 처음에 출간된 두 권(1804년)은 이후 이탈리아 공화국으로 명칭을 변경하게 되는 치살피나 공화국의 독립성과 이탈리아 통일을 위한 적극적 역할에 대한 희망을 담고 있다. 반면 제3권(1806년)에서는 이제는 어느 정도 실체가 드러난 프랑스의 팽창 정책과 점점 독재자 율리우스 카이사르를 닮아가는 나폴레옹의 계획에 대한 불신과 실망을 담았다.

당시 큰 성공을 거두었던 《플라톤의 이탈리아 여행》과 《나폴리 혁명에 대한 역사적 고찰》의 관계는 확연하다. 뿐만 아니라 의도적으로 그렇게 구성한 것처럼 보인다. 왜냐하면 겉으로는 가벼운 문체를 사용하면서도, 부르봉 왕가의 잔인한 억압정책이 끝난 이후에 나타날 이탈리아의 미래에 관한 쿠오코의 성찰이 잘 나타나 있기 때문이다. 쿠오코는 《나폴리 혁명에 대한 역사적 고찰》에서 1799년 나폴리 혁명의 실패에 대한 분석과 자코뱅주의와 계몽주의의 모호성 때문에 살아남은 자유주의적 입헌주의의 정당성을 정치철학적으로 기술한 반면, 《플라톤의 이탈리아 여행》에서는 대화체와 소설 형식을

통해 혁명 이후 유럽사의 새로운 상황에 적합한 새로운 국가의식을
제시하는 건설적인 내용을 담고 있다.

내 나라의 국민인가?
세계의 시민인가?

《플라톤의 이탈리아 여행》은 상투적인 방식으로 시작한다. 쿠오코
는 자신의 선조 중 한 사람이 플라톤과 젊은 아테네인 클레오볼로가
함께 떠난 이탈리아 여행을 기술한 필사본을 우연히 발견해 번역한
다는 식의 착상으로부터 시작한다. 여행의 목적은 타란토, 메타폰토,
에라클레아, 투리오, 크로토네, 로크리, 보이아노, 산니오, 카푸아, 파
에스툼 같은 당시 이탈리아의 주요 도시와 지역의 물리·인문·문화
적 현실, 종교와 철학적 전통, 정치 체제를 살펴보기 위한 것이다.

　　이탈리아 사람들, 오늘날로 치면 문화적 엘리트 계층의 사람들
과의 접촉을 통해 이탈리아 문명을 깊이 연구하고, 이를 그리스 문
명과 비교하여 이탈리아 문명이 그리스 문명보다 우월하다는 결론
을 도출하고자 했다. 특히 이들 그리스인 여행가들은 고대 이탈리아
학문의 철학과 윤리학뿐만 아니라 정치체계의 근거를 제공하는 피
타고라스의 이론에 감명받는다. 그리고 고대 에트루스키인들의 정
치적 위세와 로마에서 형성되고 있는 세력에 의해 이미 점점 위협받
게 되는 이탈리아 도시들의 위기를 비교한다.

이를 통해 1800년대 초반 이탈리아의 상황과 이탈리아 국가들의 분열의 부정적인 결과에 관한 자신의 주장을 발전시키기 위해 사용한 연결고리를 제시한다. 로마제국 이전 고대 이탈리아 국가들 간의 조화로운 평화를 재조명할 필요가 있었다. 또한 법과 제도, 그리고 인간의 가장 위대한 자산인 자유보다 강력하지만, 완전히 다른 방법으로 관리되는 자유로운 인민으로 이루어진 군대의 강력함을 재조명할 필요가 있다. 쿠오코는 소설의 도입 부분에서 클레오볼로를 통해 자신의 희망을 이렇게 표현한다. "오 플라톤이시여, 여러 동물들 중에서 인간이 가장 우월한 존재라고 생각하지 않으십니까? 비록 거대한 우주 속에서 한 뼘의 아주 작은 공간만을 차지하고 있지만, 그 우주가 탄생하는 순간부터 현재까지 그 먼 거리의 시간을 함께하고 있으니 말입니다. 우리는 이 오랜 여행으로 도대체 무엇을 하고 있을까요? 귀중한 것들을 모두 포기하고 무엇을 얻으려 하는 것일까요?"

플라톤의 대답은 명쾌했다. 그는 여행의 효용성보다는 여행이 필요한 진정한 이유에 대해 답했는데, 이것이 스승인 소크라테스의 가르침에서 벗어난 답이라는 사실을 잘 알고 있었다. 그는 클레오볼로에게 다음과 같이 말했다. "오 클레오볼로, 내가 만일 소크라테스의 가르침을 따르려 했다면, 나는 결코 조국을 떠나지 않았을 것이네. 그리스에서 신들이 인간을 지켜주었고 인도와 이집트에서는 행복을 지켜주었다고 믿는 것은 어리석은 짓이라네. 하지만 조국에서 시민들과 더불어 행복해지기 위해서는 선을 행할 수 있어야 하네.

이웃에게 도움이 되지 않는 사람은 금방 스스로에게도 싫증이 나고 불행해지지. 인간들 중에서 가장 현명한 자가 불행한 운명을 맞고 나면, 누가 또다시 고분고분하지 않는 아테네 사람들을 교육시키려 하겠는가? 사람에게든 물건에게든 부정을 저지르는 현인에게는 외투 안에 몸을 숨기고 침묵을 지키는 일만이 남아 있네. 그러므로 치명적인 악습과 실수에서 벗어나 지적이고 순수한 것들에 대한 성찰로 정신을 돌릴 필요가 있네. 조국에서는 시민이 되지 못한다 해도 세계의 시민이 될 필요가 있네. 소크라테스는 철학을 집 안으로 끌어들이고자 했네. 그는 철학을 일종의 음식으로 생각했지. 그러나 부정을 저지르는 인간들과 함께하고 혼탁한 도시에 사는 사람에게 있어서 철학은 치료약이기도 하다네."

플라톤과 클레오볼로가 다다른 땅은 두 사람, 특히 클레오볼로에게는 유서 깊고 신기한 곳이었다. 그러나 똑같은 열정을 품고, 똑같은 악습을 행하고, 똑같은 실수를 범하는 사람들이 사는 마찬가지의 땅이었다. 그곳에서 "현자들"은 단지 "소수"였고, 그들은 백성들에게 진실과 덕을 설교하러 다녔지만 효과는 없었다. 플라톤의 평가는 냉정했다. "거의 모든 지역에서 많은 사람들이 (……) 스스로의 정욕을 따르기 위해 (……) 현자들을 박해한다네. 그리고 나중에는 그들의 이야기를 듣지 않은 것을 후회하게 되지. 이것이 모든 일반적인 사람들의 이야기이네." 그러나 바로 그렇기 때문에 다른 사람을 만나고, 관찰하고, 경험해볼 필요가 있다는 것이다. 플라톤은 이렇게 결론짓는다. "여행자가 집으로 돌아가면서 자연의 법칙은 유일하고 냉혹하며 변하지 않는다는 사실을 확인할 필요가 있네. 그리고 장소나 시간, 여러 다양한 의견이나 관습이 진실과 덕 같은 영원한 질서를 바꾸지 못한다는 사실을 확신시킬 필요가 있네. 그럴 때 인간은 더욱 행복하게 될 걸세."

그림을 그리는 것과
그림을 그리는 기술

이렇게 플라톤과 클레오볼로의 여행은 여행에서 영감을 받은 철학에 대한 이야기와 함께 이어진다. 여정을 계속하면서도 두 사람의 철학적 영감은 사그라들지 않았다. 오히려 그들은 더욱 다양한 문제를 다루고 더욱 정밀한 해결책을 제안하면서 풍부한 지식을 보여주었다. 크로토네에서 유노 신전의 그림과 조각에 감탄하면서 그곳의 현인과 예술에 대해 논하기도 한다. 서양의 최고 철학자 중 한 사람과 논쟁하는 것으로 묘사되는데, 이 현인의 입을 통해 쿠오코는 다음과 같은 성급한 결론을 도출한다.

  "그림을 그리는 것과 그림을 그리는 기술은 각기 다른 두 가지 문제입니다." 그리고 이에 관해 더 정확히 첨언한다. "어디든 사람이 있는 곳이면 화가가 있었습니다." 인간의 사상은 단지 표상이며, 언어는 이러한 표상의 기호라는 사실은 부정할 수 없기 때문이다. 자신의 모국에서 온 두 여행자의 대화 상대자인 이 현자는 계속해서 플라톤적인 경험주의적 생각으로 물든 자신의 견해를 밝힌다. "기호를 만들어내기 전에 표상이 필요했습니다. 묘사는 상형문자나 이름보다 앞섰으며, 그림은 말이나 글보다 더 오래된 것이지요. 그러나 인간이 조각한 것이든 그린 것이든 첫 번째 이미지는 나무줄기나 돌무덤, 혹은 어설프게 아무렇게나 칠한 색이었습니다. 이것들에 모든 상상을 동원하여 인간을 표현하는 데 필요한 것을 그렸습니다. 그게 바로 신이었지요."

　이 작품에서는 파격적인 구문이 의도적으로 사용되었다. 플라톤과 클레오볼로의 대화 상대자의 입에서 나온 말들은 비코*의 저서 《새로운 과학》 속 몇몇 주장들과 너무도 정확히 닮았다. 이러한 비코 이론과의 유사성은 클레오볼로로부터 피타고라스의 진짜 출생과 진짜 삶이 어떠했는지에 대한 질문을 받은 플라톤이 도치논법hysteron proteron과 관념적 상징의 개념을 사용해 대답할 때 더욱 명확해진다. "우리 그리스인들은 이야기를 꾸며내서 거의 사실인 것처럼 만드는 데 익숙하지. 우리는 다른 나라 사람들의 이야기는 궁금해하지 않네. 우리가 유일하게 신경 쓰는 것은 이미 우리가 알고 있는 존재들에게 그리스의 기원과 그리스식 이름을 붙여주는 것이네."

　그리스인들은 전설을 이용해서 철학 사상을 알리는 데 최고의 전문가임을 인정해야 한다. 마냐 그레치아의 유명한 철학자 피타고

---

* Giambattista Vico(1668~1744), 이탈리아의 철학자.

라스의 탄생과 생애에 관한 전설이 좋은 사례이다. 전설은 사모스 섬 출신 므네사르코스의 아들*을 이렇게 만들어냈다. 므네사르코스 는 "아내와 함께 섬을 떠나 델로스 섬으로 가게 되네. 이곳에서 아폴 론은 그녀에게 반해 인간들이 하는 사랑에 빠지지. 호메로스는 상스 럽게도 이것을 신격nature divine으로 인정한다네. 신의 뜻에 따라 아 내를 가졌던 '파르테나이데'라는 사나이는 옛 이름을 버리고 '피티 아데'라는 새 이름으로 바꾸었다네. 그리고는 시돈으로 가서 그녀에 게서 피타고라스라는 아이를 얻는다네."

사람들은 이제 이런 전설 같은 이야기를 잘 믿지 않는다. 역사 적 평가에 따라 이제는 생각을 바꾼 플라톤적인 경험주의적 생각을 가진 이 현자는 클레오볼로에게 "이러한 것들은 하층민들이 만들어 내거나 혹은 그들이 믿는 이야기로, 그들은 항상 자신들이 존경하는 모든 사람을 불가사의하게 바라보고 신처럼 숭배하게 만드는 것"은 아닌지 생각해보기를 제안한다. 플라톤과 비코를 섞어놓은 듯한 그 는 오히려 다음과 같은 이야기를 솔직히 하며 클레오볼로에게 이러 한 함정에서 빠져나오기를 권한다.

"나는 여러 전설을 들을 때마다 고대를 상상합니다. 그러면 이야기 속 주인공이 나에게는 이상적인 존재가 되고, 모두 똑같은 성격을 가지고 있지

---

* 오늘날 피타고라스에 관해 전해지는 정보는 사실 신뢰하기 어렵다. 피타고라스는 그리스의 사모스 섬에서 태어나 이집트 등지에서 공부한 뒤 이탈리아의 남부 크로토네에 학교를 세웠다고 전해진다.

요. 사람들은 대부분 이야기가 확실하기 전에는 마치 아이들처럼 그 이야기에 나오는 사람들을 모두 선하거나 악한 존재로 생각합니다. 게다가 우리의 사고는 항상 일치시키려는 경향을 가지고 있고, 많은 감정으로 혼란스러워져서 모든 문제들의 진정한 원인을 이해하지 못하면서도 주인공들을 그렇게 상상하곤 한답니다."

인간을 움직이는 힘, 이성에 관하여

이들 두 여행자가 마냐 그레치아로 가는 여행길에서 발견한 중요한 사실은 아마도 피타고라스의 전설 속 모습이 바로 이상적 모델, 즉 이탈리아 철학의 원형이라는 점이었다. 플라톤은 자신의 탈脫신화적 견해를 이렇게 주장했다. "나는 감히 단언하건대 피타고라스는 결코 존재하지 않았네. 아주 오래된 시절부터 시작된 자신들의 혈통 관계를 증명하기 위해 사람들이 상상해낸 존재일 뿐이며, 이탈리아에서 나고 자란 현자들 사이에서 전파되고 이어져 내려온 이야기일세." 이러한 증거, 즉 피타고라스가 부르바키*의 선조라는 증거는 "그리스어가 아닌 이탈리아에 사는 사람들이 이야기하는 언어에서

---

* Nicolas Bourbaki, 1900년대에 활동했던 수학자들이 만든 단체의 이름.

피타고라스의 철학을 찾으려는 충분한 이유가 있다"는 점이다.

또한 이 사람들이 사용하는 언어에서 "'진실'이라는 단어는 다름 아닌 '일어난 일'을 의미하고, 즉 실재만이 진실의 특성이며, 존재하는 것만이 증거가 될 뿐일세." 이탈리아 사람들의 우월성에 대한 더욱 확실한 증거는 제시할 수 없지만, 플라톤은 "우리가 '미개인'이라 부르는 이탈리아인은 우리보다 훨씬 이전부터 교육을 받은 사람들"이라는 사실을 인정한다. "그들은 법과 예술을 가지고 있고, 그것은 우리 그리스인들에게서 물려받은 것이 아니네. 생각해보게. 신께 감사할 일이지만, 땅의 경작법과 종교적 관습, 그리고 사회의 기본 토대를 가르쳐주기 위해 아티카에 온 케레스가 실제로는 시칠리아에서 왔다는 사실을 말이네. 이 전설이 바로 우리의 역사인 것일세."

인류의 역사적 이야기를 통해 이성을 훈련시켜 진실에 도달하려 했던 방법은 두 여행자가 선호했던 대상 중 하나였다. 하지만 그들의 관심의 중심에 있었던 것은 항상 인간 본성, 즉 생각하고 행동하는 존재로서의 인간에 대한 지식이었다. 이것이 바로 조국을 떠나 이탈리아의 살렌토로 간 이유였다. "인간에 대해 생각해본 적 있는가?" 플라톤이 클레오볼로에게 말했다. "인간은 매 순간 변화한다네. 오늘날의 인간은 어제의 인간과 다르지만, 완전히 다른 사람이라고는 말할 수 없네. 모든 변화에는 원인이 있지만 그 사람 인생의 일부일 뿐이네. 아무리 달라졌다고 해도 그는 같은 사람일세. 이렇듯 모든 종은 인간을 움직이는 힘, 즉 인간을 통제하는 하나의 법칙을 가지고 있네. 어느 종이든 삶은 단 한 번에 불과하고, 그 삶의 모든 변화는 모두 한층 나은 삶의 발전에 필요한 일들이라네. (……) 온 우주를 지배하는 유일한 사고가 유일한 목표를 가질 수밖에 없고, 또 우주에 생기를 불어넣는 무한한 힘이 변치 않고 이 목표를 향해야 하네. 그러니 누가 그것을 멈추게 할 수 있겠는가? 단 한 순간이라도 그것이 활력을 잃거나 침체되었다고 생각하는 것은 그것이 부족하다고 믿는 것과 같은 것이라네. 최고의 정신을 가지려는 목표는 완벽할 수밖에 없지. 클레오볼로, 계속 집중하게. 이 유일한 목표에 관심을 두면 인류의 진정한 역사를 알게 되는 날이 올 걸세." 플라톤은 서양철학의 조상답게 클레오볼로에게 이렇게 확신을 주었다. "모든 인간은 완벽해질 수 있네. 이성이 있기 때문이지." 이것은 '이성적 존재'로서 모든 인간이 공통적으로 가지고 있는 능력이다. 따라서 보편적 이성은 "모든 인간 사회의 유일하고도 참된 법칙이자 기본적 구속"이다. 따라서 "모든 인간은 공통적인 개선이 가능하며, 진실하고 아름답고 선한 영혼을 가질 수 있는 선천적 성향"을 가지고 있다.

한편 철학은 '합리성이나 진실을 찾는 것'만이 아니다. 철학은 피타고라스가 희망한 것처럼 도시의 철학, 시민의 철학이 되어야 한다. 쿠오코는 이 점에 있어서 피타고라스적 전통을 대표하는 인물들을 전혀 개입시키지 않았다. 특히 타란토의 아르키타스는 당시 플라톤이 시라쿠사의 디오니시우스 2세의 왕궁에 연금되었을 때 도망치는 걸 도와준 사람이다. 아르키타스가 두 여행자에게 말했다. "당신네 그리스 사람들은 피타고라스를 철학자로 생각하지요. 그렇기 때문에 그가 당신들에게는 수수께끼 같은 인물이 되는 겁니다. 생각은 말과 모순되고, 말은 행동과 모순되는 법이지요. 그리고 가까이 가면 갈수록 서민들은 그에게서 유일하고 가장 뛰어난 현자의 모습을 만나게 되지요. 수많은 다양하고 상반된 것들을 만들어낸 그는 신에 비견될 정도로 칭송받기도 하고, 또 때로는 모든 인간들 중에서도 가장 비열한 사람처럼 여겨질 때도 있지요. 그러나 여러분은 피타고라스가 도시의 지배자이고 풍습을 만드는 현자이며, 종교도 개혁하는 뛰어난 인물이라고 생각합니다. 그리고 결국은 모두 그를 찬양하게 됩니다. 철학자란 무엇입니까? 사람들은 참주 레온티우스 플리우스가 피타고라스에게 '현인'이라는 호칭을 부여했지만, 그가 이를 거절하고 스스로 철학자라고 소개했다고 생각합니다. 물론 그에 못 미치는 사람도 뻔뻔하게 현자라는 호칭을 사용하곤 하지요." 피타고라스는 당시에 플리우스에게 이렇게 대답했다. "오직 신만이 현자입니다." 그리고 그는 스스로를 "지혜를 사랑하는 사람, 철학자일 뿐"이라고 대답했다. 쿠오코는 아르키타스의 입을 통해 다음과 같이 결론 짓는다. "지혜를 사랑하는 자이며 철학자"인 피타고라스는 "관망하는 삶에만 갇혀 있지 않고 머릿속에는 영원의 아름다움과 질서에 대한 생각으로 가득 차 있었다. 그는 덕망의 뿌리가 되는 죽은 자들과 끊임없이 대화하기를 원했다."

진실에 다가서는
엘레아의 방법

플라톤과 클레오볼로가 해안을 따라 그리고 남부 이탈리아의 산을 넘으면서 여행한 이야기는 지중해와 면해 있는 여러 나라들의 시조와 근원에 대한 쿠오코의 생각을 간접적으로 엿보게 해준다. 파르메니데스와 제논을 낳은 도시이며 오래전에는 바다였던 지역, 그러나 이제는 산이 된 엘레아는 만灣을 내려다보고 있다. 엘레아의 여러 산들 위로 파도가 넘실거리고 있었다.

플라톤이 클레오볼로에게 말했다. "살레르노와 벨리아의 바다에까지 날개를 펼치고 있는 저 산이 보이는가? 꼭대기에는 물고기와 조개 화석으로 뒤덮여 있지. 한때는 바닷물이 꼭대기까지 차올랐었다는 뜻일세. 당연히 그 밑의 낮은 땅들도 모두 바닷물로 덮였었겠지. 또 한때는 에게 해의 섬들처럼 수위보다 높은 산꼭대기만 보였던 시기도 있었네. 바닷물은 에트나 산과 그와 유사한 화산들이 분화하기 훨씬 이전에 물러갔을 것이네. 에트나 산에서 작물을 재배할 수 있게 된 것은 아마도 대홍수 이후일 걸세." 플라톤은 타란토에서 배를 내린 뒤 티레노 해에 이르러 클레오볼로에게 그 지역의 역사를 알려주기 위해 사라진 아틀란티스와 그 당시의 상황에 대해 자신이 《티마이오스》에서 이미 이야기했던 내용을 설명해준다. 그리고 클레오볼로가 이 지역의 오래된 역사를 상상 속으로 그려보도록 하면서 이야기를 이어간다. 단순한 상상이 아니라, 이 지역의 물리적 역사의 흔적 속에서 찾을 수 있는 상상 말이다. "자, 이제 자네는 사람들이 가장 먼저 저 섬들에 살았고, 이탈리아인들의 순수 혈통이 처음 저 산꼭대기에 살았던 사람들에서 유래되었다고 생각하지 않나?" 산에서 발견된 생선과 연체동물의 화석들은 오래전에 엘레아의 만도 거대한 바다였음을 반박할 수 없게 만든다. "조금씩 조금씩 바닷물이 물러나고, 물결의 흐름이 매일매일 산 아래로 토양을 끌어내려 바다 쪽으로 새로운 땅을 만들어냈네."

이곳의 천재들은 사상을 더욱 높은 곳, 즉 순수한 철학적 사변의 세계로 인도하는 데 기여했다. 엘레아가 파르메니데스와 제논의 고향이라는 것을 기억하도록 하자. 플라톤과 클레오볼로가 파르메니데스나 제논의 사상과는 동떨어져 있지 않은 신념을 갖고 있었지만, 아마도 접근하기 어려운 신성성에는 덜 물들어 있는 철학자들과 이야기를 하고 싶었던 것 같다. 그렇다고 이것이 엘레아학파의 이론을 무시하겠다는 의미는 아니다. 이렇게 해서 두 사람은 아르키타스와 타란토의 다른 피타고라스학파 사람들과 토론을 하면서 다음과 같은 결론에 이른다. "감정에 따르다 보면, 우리는 겉모습만을 보게 된다네. 하지만 겉모습을 결코 진실이라고 할 수 없네. 겉모습은 여러 가지 모습을 하고 있지만, 진실은 하나뿐일세." 그리고 어쨌든 "진실에 다가가는 첫 번째 방법은 '제거'라네." 플라톤은 이렇게 결론짓는다. "우리 철학자들은 실재들로부터 우리의 많은 감정을 떨쳐낼 수 있지. 그 어떤 학파보다 변증법적인 엘레아학파의 사상을 살펴보면 진정한 실재, 단 하나라는 믿음에 이르게 되지. 그보다 더 훌

룡한 말은 없네." 클레오볼로는 여행을 통해 이제 제법 많은 경험과
여러 방면의 풍부한 경험을 쌓아가고 있었다. "자네도 잘 알지 않나.
크세노파네스와 파르메니데스, 제논, 그리고 엠페도클레스의 책들
은 이 이론만을 다루고 있다는 것을 말이네."

이탈리아의
위엄 있는 겸손

빈첸초 쿠오코는 이렇게 경험주의가 아닌 실재론에 강한 영감을 받
은 엘레아학파의 사상을 생생하고도 간결하게 설명한다. 물론 이는
그의 신념과 닮아 있다. 그의 생각의 중심에는 고대 이탈리아인들의
오래된 지식과 프랑스의 지배로 인해 길을 잃은 민족의 불확실한 운
명이 자리 잡고 있다. 세 권의 《플라톤의 이탈리아 여행》을 통해 전
달하고자 했던 쿠오코의 의도는 사실, 교훈적이고 교육적이며 정치
적 기능을 목적으로 하는 글을 쓰는 것이었다. 이를 통해서 고대 이
탈리아인들의 가치와 기원을 재조명하고 연약한 민족의식을 강화하
여 하나의 통일된 공동체에 속해 있다는 감정을 고무하려 했다. 이
러한 이유 때문에 다른 인종에 대해서는 전혀 언급하지 않았다. 즉,
고대 이탈리아인들이 그리스인인지 갈리아인인지에 대해서도 언급
하지 않는다. 또한 당시 북부동맹이 자신들의 이미지로 삼고 있는
프리드리히 1세와 같은 시대적 영웅도 등장시키지 않았다.

한편 쿠오코가 책에서 이탈리아의 문화를 설명할 때는 특별히 피타고라스적 전통을 따른다. 이것은 오로지 비코의 가르침에 따른 결과이다. 비코는 《고대 이탈리아인의 지혜》(1710)의 작가이자 라틴어 어원 연구를 토대로 고대 이탈리아 학문을 철학이론으로 재정립한 인물이다. 그의 연구는 물리학적 계보와 역사적 계보 간의 관계 즉, 지구의 역사와 인간 사회의 정치·문화사 간의 관계에 기초한 역사에 대한 새로운 관점의 결과이기도 하다. 쿠오코에 따르면 알프스의 협곡과 남부의 아펜니노 산맥에서 발견된 화석들은 알프스와 트라키아의 넓은 지역에 고대 인종이 흩어져 살았다는 증거이다. 쿠오코는 이들을 에트루리아인으로 보고 있다. 에트루리아인들은 전 지중해 지역을 문명화시킨 사람들이며 모든 사상과 제도의 시조이기도 하다.

　　그러나 쿠오코의 책이 그리스 철학자들의 추상성과 개념적 오만을 지적하고 이탈리아인의 지혜가 우월하다는 식의 민족주의적인 양상을 띠고 있는 것은 아니다. 또 고대 이탈리아 국민들의 엄격하고도 근면한 습관에 대한 찬양만을 담은 것도 아니다. 그의 책은 로마제국의 정치적·법적 보편주의와 라틴주의라는 사상에 로마제국 이전의 역사와 사회 모델을 대비시킨 역사학적 편찬의 모범이다. 또한 부르봉 왕국의 쇠퇴한 봉건구조에 반대하는 개혁적 계몽주의의 논쟁을 발견할 수 있다. 로마제국 이전 이탈리아인들의 사회·경제적 제도로부터 광범위한 소규모 토지 소유 모델이 유래했다. 이 모델은 라티푼디움('광대한 토지'를 의미하는 라틴어)과는 달리 인간 에너지와 공동체 구성원 모두의 참여를 촉진시켰다.

고대 이탈리아인들의 지혜는 행동과 사고의 지혜였다. 이는 진실과 사실에 기반을 둔 지혜를 의미한다. 그들의 지혜는 사물의 본성을 그 자체 원리 속에서 탐구한 철학자 베르나르디노 텔레시오*의 지혜와 같은 것이다. 이러한 원리에는 땅에서 살아가고 일하며, 노동을 통해 땅에서 양식을 얻는 사람들의 경험도 역시 해당된다. 빈첸초 쿠오코는《플라톤의 이탈리아 여행》을 텔레시오에게 바치고 싶어 했다. 이 책은 젊고 서투른 클레오볼로뿐만 아니라 그의 유능하고 경험이 풍부한 안내인을 위해 시대를 거꾸로 올라가는 일종의 수학 여행으로 서술한 것이었다. 플라톤의 묵상**은 천상에 관한 것으로부터 인생의 마지막 단계에서 사람들의 삶에 바탕이 되고 그것을 통제하는 법칙과 관습에 대한 묵상으로 옮겨졌다.

　　쿠오코는 텔레시오에게 바치는 헌정의 글에서 이렇게 썼다. "인간의 상상력은 누구든 살고 싶어 하는 시대로 날아가게 해준다. 따라서 우리는 고대의 우리와 비슷한 상황의 시대를 이야기해보는 게 좋을 듯하다. 이탈리아는 지금 그리스가 겪었던 것과 같은 정치적 격변을 겪고 있다. 똑같은 당파 싸움, 중구난방의 의견들. 분분한 의견들이 극단으로 치달을 때는 치명적이 되곤 한다. 나의 책이 시대를 뛰어넘어 망각의 힘을 줄 것이라고는 생각하지 않는다. 이 책

---

* Bernardino Telesio(1509~1588), 이탈리아 철학자, 르네상스 철학의 창시자.
** 플라톤의《파이드로스》에는 영혼들이 신을 따라 하늘 위쪽으로 올라가 천궁 밖을 내려다보는 장면이 나온다.

이 없어도 이탈리아인들은 질서와 사상의 혼란을 잠재울 수 있는 힘을 지닌 전사들을 찬양할 것이다. 다만 모든 것을 파괴하고 재건할 수 있게 되기를 바라는 철학의 위기 속에서 이 책이 확실한 보호소가 되어주기를 바란다."

유럽 사회의 지적·시민적 발전의 원칙을 사상에서 찾으려 했던 17세기 초의 문화적 요구는 쿠오코의 바람이기도 했다. 그러나 그러한 요구는 사상에 의해 채택된 실재를 조직하고 종합하는 역할에는 마치 사실을 수용하는 과학처럼 역사적 진실성에 관한 이론과 실천이 동반되어야 한다는 신념과 결코 멀리 떨어져 있지 않다.

이런 관점에서 볼 때, 현대의 역사와 혁명의 경험에 관한 쿠오코의 비판적 평가는 정치적 논거에 대한 분석으로부터만 나온 것은 아니었다. 이것은 합리적으로 구성된 진실과 항상 이상적 체계로 이끌지는 않는 현실 사이의 불균형이라는 부정적 결과에 관한 이론적 성찰로부터 나온 것이었다. 결국 쿠오코의 이론은 훔볼트나 토크빌, 콩스탕, 기조 등이 내놓은 분석과 크게 다르지 않다. 단지 쿠오코는 그 사람들처럼 파리나 베를린, 런던에서 태어나지 않고 이탈리아의 몰리세에서 태어났기 때문에 주목받지 못했을 뿐이다. 쿠오코 자신도 이러한 사실을 잘 알고 있었다. 그래서 그는 리얼리즘과는 동떨어진 이런 글을 《이탈리아 신문》에 썼는지도 모른다.

"런던이나 파리의 기자(아마도 철학자라고 하는 편이 더 나을 것이다)는 하루에도 수천 번씩 국민들에게 반복해 말할지도 모른다. '우리는 위대함니다'라고. 그들은 항상 그렇게 믿을 것이다. 그러나 어떤 기자나 철학자는 여전히 우리에게 이렇게 말한다. 만일 이탈리아 사람이 그런 말을 한다면 아마 웃음거리가 될 것이라고. 그리고 섀프츠베리*는 한 번 웃음거리가 되면 다시 좋은 인상을 얻기란 여간 힘든 게 아니라고 말했다."

---

* Shaftesbury(1671~1713), 영국의 철학자이며 사상가.

유토피아와 혁명을 찾아서

토머스 칼라일 · 미하일 바쿠닌

스테파노 포지

모스크바

세바스토폴

상트페테르부르크

오데사

빈

드레스덴

베를린

괴팅겐

하이델베르크

제네바

워털루

파리

런던

에든버러

나폴레옹과
신성동맹

1815년 6월 초, 러시아의 황제 알렉산드르 1세는 군대를 이끌고 하일브론을 출발하여 네카어 강을 따라 첫 번째 목적지인 하이델베르크에 도착했다. 나폴레옹이 프랑스 남부에 상륙했다는 소식이 전해지자, 2년 전 라이프치히에서 승리를 거두었던 군대를 즉시 동원한 것이다. 10여 일 뒤 그들은 웰링턴 공작을 최고사령관으로 하는 연합군에 합류했다. 두 명의 동생 미하일과 니콜라이(니콜라이 I세)를 대동하고 하이델베르크에 도착한 황제는 오스트리아의 황제 프란츠 요제프 1세를 접견하고 도시에서 조금 떨어진 영국 왕 소유의 별장에 자리를 잡았다. 그는 프란츠 1세와 함께 자신들에게 왕좌를 지켜줄 '신성동맹'을 실행에 옮길 생각을 하고 있었다. '신성동맹'은 1815년 9월 말에 선포된다.

그런데 이 계획은 독일의 외교관이었던 폰 크뤼데너의 미망인 바바라 율리아네 폰 비팅호프 셸 남작부인이 처음 생각해낸 것으로

나폴레옹은 대륙봉쇄령을 어긴 러시아를 응징하기 위해 80만 대군을 일으켰으나 엄청난 수의 병사를 잃고 돌아온다. 이후 엘바 섬으로 유배당한다.

전해진다. 남작부인은 신경과민을 앓고 있었다. 이후 예수가 재림하여 천년 동안 다스린다는 천년왕국설 포교를 위해 순례자의 삶을 살기로 결심한 그녀는 유럽에서 적그리스도, 즉 나폴레옹 보나파르트를 물리칠 수 있는 유일한 사람이라고 생각했던 알렉산드르 1세를 알현하기 위해 몇 번이나 길을 나선다. 결국 그녀 노력이 결실을 맺어 알렉산드르 1세가 하이델베르크에 도착하기 직전, 하일브론에서 황제를 알현하는 데 성공했다. 남작부인의 제안을 적극적으로 옹호하게 된 황제는 계속해서 그녀의 조언을 듣기 위해 하이델베르크 이후 워털루, 파리까지 그녀와 함께 동행한다.

그러나 그들의 관계는 오래가지 못하고 곧 위기를 맞는다. 황제

엘바 섬에서 탈출한 나폴레옹은 파리에 돌아와 다시 권력을 장악한다. 이에 위협을 느낀 주변국들은 동맹을 맺고 워털루에서 맞붙는다. 이 전투의 패배로 나폴레옹은 몰락하고 만다.

를 여러 차례 만났지만 그녀에게는 황제의 기분을 살필 만한 분별력이 부족했다. 알렉산드르 1세는 11월에 파리를 떠나 모스크바로 돌아갔고 남작부인은 더는 황제를 만나지도, 따르지도 못하게 되었다. 몇 년이 흐른 후, 그녀는 그리스를 지원하고 터키와의 전쟁을 설득하러 다시 한 번 황제를 찾아갔으나 만나지 못했다. 중세 독일과 유럽에 통일성을 제공해주었던 기독교적 가치는 그 힘을 잃어버렸다. 신성동맹을 지휘한 메테르니히 공작의 등장과 함께 국익과 권력 관계라는 현실적인 문제가 가장 중요한 판단 기준이 되었다.

독일을 추종하는
영국의 낭만주의자

당시는 러시아가 신성동맹에 참여한 데는 알렉산드르 1세가 독일의
매력에 심취해 있었던 탓이 크다. 독일은 신성로마제국의 법통을 이
은 나라였을 뿐만 아니라 뵈메의 신지학神智學, 파라켈수스의 연금
술에 심취한 공상가들이 사는 매력적인 나라였다. 1814년 가을부터
1815년 6월까지 빈 회의*에 참석한 중부 유럽의 수상들은 저녁에는
회담으로 고단해진 몸을 춤으로 달래며 적그리스도, 나폴레옹의 의
심할 나위 없는 패배를 미리 서둘러 축하했다. 이성의 여신**이 잠시
동안 유행했지만 곧 정통으로 회귀할 수 있었고, 비록 과거처럼 오
묘하거나 신비롭게 느껴지지는 않았지만 종교적 신성성을 되찾을
수는 있었다.
　　대육군Grande Armée*** 전투가 유럽의 정치·문화적 전경을 완전
히 바꿔놓기 훨씬 이전부터 독일의 매력에 빠진 두 명의 젊은 영국
시인이 있었다. 두 사람은 1798년 9월, 독일 대학 도시를 방문할 목
적으로 대륙으로 향했다. 독일에서의 경험은 짧았지만 두 사람 중

---

* 4국 동맹 이후 1814년 9월에 시작하여 워털루 전투와 나폴레옹의 백일천하가 끝나기 직전인 1815년
　6월에 최종 완성된 빈 회의를 말한다.
** 프랑스혁명기에 공포정치를 실시하던 로베스피에르는 '초월적 존재 숭배'라는 새로운 종교를 국교
　로 선포했다. '이성의 여신'은 이 초월적 존재를 의미한다.
*** 1805년 나폴레옹 1세가 프랑스군 중심으로 결성한 군대의 명칭이다.

《서정민요집》에 실린 '늙은 선원의 노래'로 유명해지는 새뮤얼 테일러 콜리지——다른 한 사람은 윌리엄 워즈워스다——는 독일의 매력에 깊은 인상을 받고 자신의 철학적 개념을 더욱 발전시키기 위해 철학 공부를 계속하기로 마음먹는다. 그리고 오랜 세월이 흐른 뒤에 《문학평전》이라는 상징적 제목으로 일종의 자전적인 책을 출판하게 된다. 콜리지는 그리스도의 신성神聖을 부정하는 합일신학을 수용한 것이 자신의 신념과 맞지 않았기에 양심의 가책을 느꼈다. 하지만 도자기 회사를 운영하는 조지아 웨지우드 가문의 두 상속인이 그의 재능을 알아보고 독일에서 철학 공부를 계속할 수 있도록 후원해주었다. 콜리지의 독일 여행은 사실 괴팅겐의 독일적 학문과 제도에 대한 천재교수들의 강의를 듣기 위한 것이기도 했지만, 자신이 교육받은 것과 완전히 다른 철학을 접하기 위해서였다. 성인 아우렐리우스 아우구스티누스가 플라톤 철학자들의 책에서 마니교의 침울함을 떨쳐버릴 근거를 찾았다면, 콜리지는 칸트와 셸링, 그리고 특히 뵈메와 같은 독일의 신비적 전통을 고수하는 인물들로부터 많은 영향을 받았음을 시인했다.

짧지만 열정적이었던 여행 이후 콜리지는 배를 타고 몰타와 시칠리아로 간다. 그리고 로마와 피렌체, 피사를 잇달아 방문하지만 철학적인 측면에서는 그리 큰 수확을 얻지 못한다. 독일에서 얻은 씨앗들이 충분히 열매를 맺으려면 당연히 더 많은 시간이 필요했다. 처음에는 동의하지 않았던 칸트의 《순수이성비판》에서 사용한 논거들의 빈틈없는 논리적 추론의 명료성에 감탄하는 데 콜리지는 15년

이상의 시간이 걸렸다. 처음에는 칸트의 글에 대한 서평만을 읽거나 프랑스인들이 이야기하는 것만을 들었기 때문에(괴테도 말했듯이 번역이 엉망이었다) 이에 대한 지식을 가지고 있는 사람일지라도 모호하게 보일 수 있었다. 그러나 콜리지는 순수한 사색에 대한 맹종만을 고집하지 않았다.

철학적 성찰은 지성뿐만 아니라 감성이 요구된다는 경험주의 전통과 맞닿아 있는 자신의 신념을 포기하지 않았다. 칸트뿐만 아니라 셸링, 그리고 순수한 사색에 빠져들게 한 뵈메와 같은 신비주의 자들의 글을 읽음으로써 더욱 강해진 신념이었다. 이를 통해 콜리지가 듣게 된 진실은 일종의 '신의 복화술' 같은 것이었다. 즉 스피노자 학설의 예언자적 위대성을 행동으로 옮기라는 마음속의 목소리였다. 그는 조르다노 브루노*의 유물론적 범신론을 선동한다는 스피노자에 대한 비난에 개의치 않았다. 콜리지는 스피노자의 작품을 읽으면서 새로운 '일리아스', 즉 '사상의 일리아스'를 창조하도록 만들어줄 의식에서 사물과 사상에 대한 진정한 통찰에 도달할 필요성을 느꼈다. 이 '사상의 일리아스'란 1815년 이미 나이가 든 시인이 기록하고 있는 것처럼 "플라톤-플로티노스-프로클로스의 관념론이 스피노자-칸트, 칸트-피히테**, 피히테-셸링 식으로 다시 해석된 일리아스"를 의미한다.

---

* Giordano Bruno(1548~1600), 이탈리아 철학자, 범신론자. 신격을 부정해 종교재판 후 화형을 당했다. 스피노자 역시 유대교 교리에 반대하는 연구를 계속하다가 파문당했다.

독일철학에
매료된 러시아

콜리지의 방문으로부터 약 사반세기가 지난 1820년대 중반, 하노버
왕국(선제후국이었다가 왕국이 된 하노버는 18세기 대부분을 영국 왕가에 통
합되었다)의 게오르크 아우구스트 괴팅겐대학교에는 서유럽뿐만 아
니라 동유럽에서 유학 오는 학생들의 숫자가 점점 늘어났다. 이 학
생들의 아버지는 대부분 10여 년 전 러시아 황제가 이끄는 연합군의
선두에 서서 독일의 평원을 지나며 독일의 진면목을 알게 된 이들이
었다. 그들은 장교, 혹은 프랑스식 교육을 받은 귀족들이었는데《전
쟁과 평화》의 피에르 베주호프처럼 종종 자유로운 노동자들에게 호
의를 느끼는 사람들도 있었다. 그들에게 휴전 기간은 소문과 책을
통해 알게 된 독일을 직접 접해보고 분위기와 사상을 체험할 수 있
는 기회였다. 전쟁을 위한 여행이었지만 이 기회가 아니면 경험하기
어려운 사회 계층들이 참여하는 일종의 '그랜드 투어'였다. 장교들이
적그리스도(나폴레옹 군대)와 싸워 이겼지만, 계몽주의와 프랑스혁명
의 사상에 매혹되었다.
　　여러 가지 측면에서 데카브리스트의 난(1825년 12월 황제의 친위
대가 모스크바에서 일으킨 반란으로 많은 지식인과 학생들이 가담했다)은 이

** Johann Gottlieb Fichte(1762~1814), 독일의 철학자.

러한 사상의 직접적인 결과물이었다. 하지만 군사재판소의 구형에
이은 데카브리스트들의 즉결 총살형은 혁명의 불씨가 되었다. 황제
의 잔인한 탄압으로 인해 정치와 문화 등 곳곳에 깊게 새겨져 있던
프랑스의 영향이 러시아 제국을 종말로 몰아넣었다.

　러시아 젊은이들이 유학과 공부에만 전념했던 것은 아니지만,
장기간 지속된 여행 붐의 최종 목적지는 독일의 오래된 대학 도시들
이었다. 19세기 초만큼 활발하지는 않았지만 이 도시들에서의 철학
공부는 계속해서 더 넓은 분야의 학문으로 확장되었다. 그들은 때로
는 직접적이고 때로는 우회적인 경쟁에 직면해야 했다. 괴팅겐대학
교는 아마도 독일 최고의 강사진을 보유한 대학이라는 명성을 가지
고 있었기 때문에 1820년대 후반 수많은 학생들의 관심을 끌었다.
이들 나라에서는 아직 명확한 학문적 체계가 정립되지 않아서 한 번
도 배운 적이 없는 새로운 철학에 관심을 가진 학생들까지 있었다.
그런가 하면 로크와 독일의 신학자이자 철학자인 스틸링 외에도 샤
토브리앙과 라브뤼예르를 읽고 유럽의 철학 논쟁에 대해 상당한 지
식을 가진 학생들도 있었다.

　하지만 이렇게 지적 호기심이 왕성한 학생들에게 러시아는 충
분한 철학적 사고를 할 수 있는 곳이 아니었다. 게다가 독일에서 최
근 꽃핀 사상에 대한 정보도 점점 줄어드는 것처럼 보였다. 독일에
서 공부하고 돌아온 교수들이 부터베크와 슐체 같은 칸트학파를 커
리큘럼에 넣어 최신 독일철학에 관한 내용을 교육했음에도 말이다.
대표적으로 1819년 상트페테르부르크대학교의 철학부 교수로 임

괴팅겐대학의 학생 행렬을 그린 그림과 도서관의 모습. 독일 뿐만 아니라 전 유럽을 통틀어서 가장 뛰어난 교수진을 보유하고 있었다.

명된 알렉산드르 이바노비치 갈릭은 독일의 최신 철학을 강의했다. 그때도 러시아에 칸트라는 이름은 매우 잘 알려져 있었다. 자연, 과학, 자유와 의무 등에 관한 사상들이 칸트로부터 많은 영향을 받았다는 사실을 모두가 알고 있었다. 그러나 때때로 칸트의 사상을 에크하르트, 타울러, 소이제 등의 중세에 대한 고찰로 이끌 사상, 즉 관념론의 수호자들이 지켜낸 사상들의 영향으로 돌리기도 했다. 괴팅겐에서의 체류 기간이 짧아 그들의 사상을 명확히 하지는 못했던 것 같다. 그들은 알렉산드르 푸시킨의 《예브게니 오네긴》에 등장하는 블라디미르 렌스키처럼 성급한 만큼 불명확한 열정에 빠지기 쉬웠다.

> 그의 이름은 블라디미르 렌스키
> 괴팅겐의 정신을 이어받은 자
> 칸트의 숭배자, 시인,

아름다운 젊은이.

신비로운 독일에서

학문의 열매를 가지고 온

거칠고 무모한 정신의 소유자.

자유를 숭배하며

열정적이고 매서운 언어,

어깨까지 늘어진 검은 곱슬머리.

낭만주의 과학자들의
우주, 영혼, 물질

칸트는 당시 가톨릭 국가에 살던 무신론자들이 당했던 것과 비슷한
피해를 입었다. 몇 안 되는 러시아 제국의 대학들은 칸트라는 이름
을 의혹 가득한 시선으로 바라보았다. 피히테와 마찬가지로 그 이름
은 오래전부터 '무신론자'라는 단어와 동일시되었다. 칸트나 피히테,
헤겔보다 더 많은 관심을 받은 사람은 셸링이었다. 반면 헤겔은 조
금 더 시간이 흐른 후에 초기 무명의 설움을 보상받는다. 셸링은 서
유럽의 새로운 사상에 열광하지만 굳건한 신비주의적 요소를 가진
종교적 전통의 가치에 충실한 러시아 대중들의 관심을 한 몸에 받았
다. 1860년경 블라디미르 표도로비치 오도옙스키가 17세기 초의 불
안한 사회를 회고하면서 썼듯이, 인문학의 발전은 크리스토퍼 콜럼

버스에 비견되는 셸링의 자연철학 덕분이었음이 틀림없다. '세상의 본질'과 대우주, 소우주 같은 고대부터 가졌던 철학의 주제들에 새로운 생명을 불어넣어주는 자연철학 말이다. 이는 마치 영혼의 땅이라는 미지로 남아 있던 영토를 발견하는 것과 같았다. 사실 영혼의 존재에 대해서는 그 당시까지 의심을 받고 있었다. 셸링의 발견은 콜럼버스의 그것처럼 남들이 생각만 하고 있던 것을 실행으로 옮겨 자연의 작동 비밀을 찾아낸 것이었으며, 어두운 영혼의 밑바닥에 생생한 빛을 주어 명확히 드러나게 만든 것과 같았다. 그는 그저 살아 있는 것들을 물리, 화학, 자성, 전기적 힘의 발현과 연관시켜 고귀한 존재 가치를 부여했다. 로렌츠 오켄*으로 대표되는 낭만주의 과학자들의 '자연철학' 역시 이러한 방법을 사용했다. 오켄의 우주론적 관점은 셸링의 사상에서도 자주 발견된다. 이것은 생명의 기원과 진화에 관한 일종의 우주론적 형이상학으로, 1820년대와 1830년대 과학과 의학 분야에 흥미를 느낀 많은 러시아 젊은이들을 독일 대학으로 이끌었다. 독일의 학계에서 연구되고 토론된 것의 완전한 수용은 형이상학의 우주론적 구성요소가 유물론적 색채를 가지도록 해주었다.

그리고 이것은 스피노자를 생각나게 한다. 셸링의 사상이 힘을 얻고 추종자들을 가진 것은 이러한 관점 아래에서 가능했다. 하지만 다른 한편으로, 도저히 빠져나올 수 없어 지속적으로 매력을 발

---

* Lorenz Oken(1779~1851), 독일의 자연철학자, 생물학자.

산하는 것은 1809년 출간된《인간 자유의 본질에 관한 철학적 탐구》
와 같은 셸링의 글의 영적인 특징이다.《카라마조프 가의 형제들》과
《악령》등이 이를 보여주는 대표적인 경우라고 할 수 있다.

고난의 길
현학적 태도와 사색

셸링의 사상은 20여 년 후 콜리지의 사상에도 매우 중요한 영향을
주었다. 콜리지는 셸링의 사상을 오켄의 우주론적 관점이나 더욱 공
상적이었던 낭만주의 과학자들의 '자연철학'을 통해서가 아니라 직
접적으로 접했다. 그럼에도 불구하고 콜리지에게 깊은 감명을 준 것
은 셸링의 사상이 독일의 신비주의적이고 사색적인 전통과 깊이 연
관되어있다는 점이었다. 콜리지가 셸링을 "타고난 위대한 천재"일
뿐만 아니라 "자연철학의 창시자"라고 칭송한 것은 이러한 전통으
로부터 영향을 받았기 때문이다. 즉, "브루노가 시작하고 칸트가 주
변의 불순물들을 정제하고 다양한 견해들을 쳐내면서 더욱 새롭고
정교한 철학의 형태로 이끌었던 역동적 체계"를 자극하고 발전시킨
사람이 바로 셸링이었다.

　　콜리지 이후 독일 전통의 관념론 체계와 복잡한 철학에 대한 지
식을 구체화하고 발전시키려 노력했던 영국인은 많지 않았다. 나폴
레옹전쟁은 분명 이것을 어렵게 만드는 데 기여한 면이 있다. 하지

만 곧 독일의 대학에서 수학하면서 철학을 탐구할 동기들이 사라지는 일이 일어났다. 이는 영국 철학계의 대다수가 칸트의 사상만을 수용하고(이마저도 매우 신중하게 수용했다) 논의하면서 독일적 사색의 결과물들에 대해서는 점점 더 불신하면서 나타난 결과이다. 영국 젊은이들이 독일 대학에 유학을 가서 철학을 공부하는 것을 바라보는 영국의 지배적인 여론이 어떠했는지를 알기 위해서는 《의상철학》의 몇 줄을 읽어보는 것으로 충분하다. 1831년 토마스 칼라일*이 미국에서 출판하고 이후 영국에서도 큰 성공을 거두었던 이 책은 독일 관습의 소박하고 순수한 단순성에 대해서 호의적인 입장을 보인다. 하지만 바이스니히트보Weissnichtwo(어딘지 모르는 가상의 장소)대학교 의상학의 대가이자 잡학의 대가인 토이펠스드뢰크 교수를 만나서 현학적인 문제에 대해 토론을 반복하는 것은 이른바 고난의 길이 될 것임이 분명하다고 묘사했다.

다른 한편으로 우편 서비스의 규모와 효율성의 발전과 함께, 다종다양한 출판이 이루어지고 가격이 낮아지는 등 출판업이 활기를 띠면서 유학 대신 돈을 많이 쓰지 않고 자국에서 공부하는 것이 유행했다. 나아가 우편과 출판의 발달은 새롭고 폭넓은 '문학공화국'이라는 지식인들의 공동체를 형성하고 힘을 불어넣는 데 기여했다. 이러한 공동체를 구성하는 뛰어난 지식인들은 거리를 염두에 두지 않

---

* Thomas Carlyle(1795~1881), 영국의 평론가, 역사가.

고 서로 지속적이고 잦은 접촉을 가질 수 있었다. 칼라일은 직접 독일에 가지 않고도 괴팅겐에서 돌아온 학생을 가르치면서 독일어를 배울 수 있었으며, 고향인 에든버러에서는 문법을 제대로 배울 수 없었기 때문에 런던에서 사람을 불러와서 배웠다. 하지만 이런 식으로 독일어를 공부한 것이 칼라일이 괴테와 교류하고 독일의 철학과 문학 환경을 이해하는 데 방해가 되지는 않았다. 칼라일은 괴테에게 보내는 편지에서 자신의 젊은 약혼녀인 제인 웰시가《친화력》을 읽은 다음에 "이번 겨울에는 당신의 모든 책들을 읽어보려 한다"고 적었다. 이러한 겨울 동안의 독서 또한 더 많은 것을 알고 토론하기 위한 일종의 여행이었다. 그리고 그는 독일의 한 시인에게 이렇게 썼다. "촛불이 켜지는 저녁이면, '바다 건너 멀리' 있는 아늑한 서재에서 당신 같은 작가에게 빠져들어 몰두하고 있는 다정한 친구를 상상해보시오. 끝없는 밤의 고독 속에서 생생하게 반짝이는 하나의 작은 점을 말이오."

아름다운 영혼과
역사에 대한 '헤겔식 도륙'

마담 드 스탈*의《독일론》또한 칼라일의 시선을 독일로 돌리게 하는 계기가 되었다. 그가 수십 년 동안 쌓은 독일의 문화와 역사에 대한 지식은 요즘 말로 하면 단지 '가상 여행의 결실'이었다. 프러시아의 프리드리히 2세가 전쟁에서 승리한 장소를 기록할 필요(그가 쓴 프리드리히 2세의 전기는 아돌프 히틀러가 찬양하는 불운의 책이 되고 만다)가 있었던 칼라일은 1850년대 말경에 이르러 도버 해협을 건넌다. 그러나 칼라일이 진정한 독일을 발견하게 된 것은 감상적인 전원시가 아닌 마담 드 스탈의 '장미'를 통해서였다. 독일은 칼라일 자신의 칼뱅주의적 신념과도 잘 맞았다. 그렇지만 칼라일의 신념은 풍자를 통해 절제된 조화를 이루는 것이었다. 그가 찬양해 마지않았으나 그의 눈에는 자기 본위에 빠져 있는 듯 보였던 피히테 같은 사상가의 체계에 대해서 이러한 풍자Burlesque를 사용했다.

독일철학과 시 세계는 여러 가지 면에서 그에게 매력적이었다. 콜리지의 마음을 움직이게 했던 것처럼 그에게도 영향을 주었다. 하지만 독일 학자들의 정치적 재능에 대한 칼라일의 평가는 냉혹했다. "관념적 사색이 가능한 공간을 찾을 수 있는 국가가 있다는 것은 축복"으로 여겼다. "프랑스와 영국인들이 도시 폭동과 파리혁명, 즉 해방되고자 하는 가톨릭교도들의 선동과 요청에 귀를 막아버렸다면", 독일인, 독일의 교수와 학자들은 언제나 "과학의 경계탑" 안으로 안전하게 도망쳤다. 그렇다면 그 경계탑 위에 선 감시병, 실은 한 치 앞밖에 보지 못하는 이 초병은 무엇을 본 것일까? 《의상철학》에 나오는 토이펠스드뢰크로 대표되는 독일인 교수는 종종 탑 꼭대기에 간

---

* Germaine Necker(1766~1817), 프랑스의 낭만주의 소설가이자 비평가.

힌 채 역사철학이 인간 문명의 당연한 도착지라고 바라보았다.

나폴레옹전쟁이 끝나고 이제 왕정복고의 시대로 진입해, 자본주의의 제국주의적 팽창과 다양한 형태로 겹쳐지면서 나타난 부르주아지 혁명의 혼란한 시기가 도래했다. 1800년대 중반이 도래하자 중부 유럽에서는 이미 새로운 독일제국 탄생의 윤곽이 잡혀가고 있었고, 워털루 전투 이후 수십 년 동안 영국과 러시아 사이에 유지되었던 화친이 종말을 맞이했다. 아프가니스탄에서 벌어진 "그레이트 게임"은 대륙의 동쪽 변두리에서 일어난 사건임에도 불구하고 유럽에 많은 영향을 주었다. 크림전쟁, 세바스토폴공항 봉쇄, 체르나야 전투, 불필요했던 경기병 여단의 발라클라바 공격 등 두 강대국의 대립은 계속되었다. 칼라일은 이 모든 충돌을 비난했다. 부자연스러운 동맹도 비난하고, 조국 러시아를 떠나 독일과 스위스를 거쳐 런던으로 망명해온 사람들 면전에서 그들의 부자연스러운 동맹을 비난했다. 또 알렉산드르 헤르젠*의 신념에 동의할 수 없다고 말했다.

몇 년 후 이반 투르게네프는 칼라일이 러시아 정부의 정책에 걸었던 순진한 낙관주의를 설득하려 한다. 어쨌든 칼라일은 헤르젠과 함께―헤르젠은 러시아에서 독일철학을 가르쳤던 미하일 그리고레비치 파블로프의 제자였다―개인의 희생을 주창하는 모든 이념에 대해 반감을 공유하고 있었다. 이러한 이념에 대해 헤르젠은 "역사

---

* Aleksandr Herzen(1812~1870), 러시아의 언론인, 정치사상가.

에 대한 헤겔식 도륙"이라고 노골적으로 비난했다. 뿐만 아니라 칼라일은 역사의 흐름이 자연의 리듬을 따른다는 괴테의 주장에 동의하지 않았다. 숙명론에 대한 칼라일의 반감은 확고했다. 특히 만일 숙명론이 역사적 사건들에 대한 연구로 이어져 역사철학을 형성한다면, 그것은 다름 아닌 개인들로 하여금 속죄의 가능성을 확신시키면서 그들이 잘못된 해석을 내리게 만들었다. 이미 프랑스혁명은 이에 대한 폭넓은 교훈을 남겨주었다. 또한 민주주의는 모든 것을 불태우는 불꽃처럼 보일 수 있다. 하지만 칼라일은 민주주의자들은 실제로 원하는 것은 알지 못하고 원하지 않는 것만을 알고 있다고 주장했다.

마르크스와 바쿠닌
혁명과 무정부

19세기 중반에는 역사의 중심이 이동하거나 적어도 변화하려는 경향이 있었다. 그러나 이러한 끊임없는 변화 과정 속에서도 많은 것들이 독일의 '과학의 경계탑'을 수비하는 초병으로부터 벗어나려는 것처럼 보였다. '칼라일의 냉소'의 기저에 있는 이런 의혹을 확실하게 해주는 사례는 많았는데, 그중에서도 초병들의 눈빛이 특별히 날카롭지 못하다는 대목이 그렇다. 그들이 비록 독일의 크고 훌륭한 대학 도서관에서 오랫동안 규칙적인 훈련을 했음에도 말이다. 이러한 훈련의 가장 두드러진 결과들은 사실 무엇인가를 찾아내는 일이 다른 장소로 이동한 '경계탑' 안에서 이루어진 경우에도 그러한 결과들을 보장하는 것처럼 보였다. 특히 카를 마르크스에게 일어난 일이 그렇다.

훗날《자본론》의 저자가 되는 마르크스가 1849년 템스 강변의 런던으로 이주한 것은 직접적인 혁명 활동에서의 이론화 작업으로, 그의 인생에 커다란 변화를 가져왔다.《자본론》의 중요한 부분은 베를린에서 철학을 공부한 프리드리히 엥겔스와의 협력으로 이룬 결과였다. 그는 1848년에 많은 러시아 학생들과 함께 이미 노인이 된 셸링의 수업을 들은 바 있었다. 이 러시아 학생들은 조국인 러시아에서 비록 단순화되고 형이상학화된 해석이기는 했지만 헤겔과 셸링을 절충한 독일의 고전적 관념론의 기본 원리들을 이미 경험한 상태였다.

1840년대 초반 미하일 바쿠닌을 독일, 정확히 슈프레 강변의 베를린으로 이끈 것은 유물론적이고 우주론적 관점에 기초해 해석된 이들의 철학이 가진 매력이었다. 그는 이후《국가와 무정부》라는 책을 쓰는데 이때 독일에서의 경험이 매우 중요한 역할을 한다. 그는 리하르트 바그너와 함께 1849년 드레스덴 시민봉기의 주모자가 된다. 그러나 봉기는 작센 주에 파병한 프러시아군에 의해 곧바로 진압되었다. 체포되어 재판을 받고 사형을 선고 받은 바쿠닌은 이후 러시아 정부에 인도되어 상트페테르부르크의 페트로 파블롭스크 요새의 감옥에 수감되었다가, 몇 년 뒤 시베리아로 추방된다. 그는 그곳에서 탈출하여 일본과 미국을 거쳐 다시 서유럽에 도착한다. 그러나 이후 다시는 독일 땅은 밟지 못한다. 잠시 자신의 대의를 버렸었던 리하르트 바그너의 오랜 투쟁 동료였던 바쿠닌은 대영제국의 수도인 런던에 정착한 뒤 대륙에서 일련의 봉기를 일으킬 계획을 세운다. 첫 번째 봉기는 1871년 전쟁의 승리로 강대국의 지위를 얻게 된 비스마르크의 독일과 러시아제국 간의 동맹을 방해하는 것이었다. 당시 바쿠닌은 프랑스를 지지했지

바쿠닌은 프롤레타리아 계급의 권력 획득을 목표로 한 마르크스에 반대하고 국가 철폐와 소유권 폐지, 평등주의, 무신론 등 아나키즘적 이념을 주장했다.

만 나폴레옹 3세를 지지한 것은 아니었다. 열성적인 활동을 펼친 바쿠닌은 10년 동안 두 번에 걸쳐 이탈리아에 머무르며 봉기를 주도했다. 첫 번째는 1860년대 초반 나폴리에서였고, 두 번째는 농민들이 봉기하도록 유도했지만 실패한 페라라에서였다. 이 기간 동안 그는 자신의 이론적 견해가 현실에서는 실현되기 어렵다는 것을 확인한다.

1873년 출판한 《국가와 무정부》에서 체계적이지 못한 상태로 소개된 그의 이론적 견해는 무엇보다도 마르크스가 그를 비판하는 근거로 사용된다. 함께 헤겔 철학의 유산을 물려받았지만 유럽을 돌아다니지 않고 날마다 대영박물관 도서관이라는 '경계탑'에 처박혀 지낸 마르크스는 이 러시아 혁명가(바쿠닌)의 '주의론voluntarism'과

는 의견을 달리했다. 왜냐하면 모든 행위는 역사적·사회적 역학 관계 속에서 작동하는 요소들의 복합성에 대해 더욱 넓고 심층적인 관점이 전제되어야 했기 때문이다.

영국과 독일
그리고 철학

19세기 중반부터 꽃피기 시작한 독일의 과학과 문화는 철학자들이 독일뿐만 아니라 오스트리아의 큰 대학에서 체류하는 것을 당연한 것으로 만들었다. 이러한 현상은 과학의 팽창에 의해 자극된 철학 사상에 호기심을 가진 유럽의 많은 젊은이들에게는 하나의 의무와도 같은 것이었다. 상트페테르부르크나 모스크바, 오데사 같은 큰 도시뿐 아니라 러시아제국 전역에서 수많은, 정말로 수많은 젊은이들이 독일을 향해 떠났다. 특히 독일의 하이델베르크나 괴팅겐으로 많이 왔으나 점점 더 많은 학생들이 슈프레 강이 흐르는 베를린으로 왔다. 그들은 또한 고향으로 돌아간 뒤에도 인생에 결정적 경험을 제공해준 독일과의 인연을 이어가며 많은 사상을 후세에 전파해야 한다는 생각을 가진 일종의 '채무자'가 된다. 그들은 모두 인간의 본성을 이해하기 위해서, 혹은 사회의 진보를 위해서 과학의 발전이 중요하다는 인식을 가지고 있었다.

반면 19세기 중반이 되면 철학과 과학의 나라인 독일로 가기 위해 영국 해협을 건너는 영국인들의 이동은 매우 시들해졌다. 물론 콜리지와 워즈워스가 그랬던 것처럼 철학과 과학을 공부하기 위한 목적이 아닌 개인적인 여행은 없지 않았다. 그러나 한편으로는 불신 과 다른 한편으로는 과신이 대륙, 특히 독일어 문화권에서 자신들의 지식과 사상을 넓혀보려는 영국인들을 가로막았다. 그래서 독일에 서 이미 30여 년 전에 출판된 빌헬름 폰 훔볼트의 〈국가 행위의 제한 에 관한 논문〉(1959)과 같은 자유주의 사상의 고전이 영국 대중에게 알려지지 못했다. 다만 과학 분야에서는 독일과 영국 사이의 교류가 동등한 수준에서 시작되었다. 이후 다윈의 이론에 중요한 역할을 수 행할 이론들 중 몇몇이 독일의 이론들을 모태로 했다는 데에는 반론 의 여지가 없다. 그러나 철학 분야에서는 칸트 자신을 계속해서 고 민하게 만들었던 독일의 열등감이 유지되면서 영국이 우세했다고 볼 수밖에 없다. 영국의 경험주의 전통 속에서 성숙한 논리학과 방 법론 분야의 이론들이 확산되면서 19세기 후반 독일 철학계의 토대 가 흔들릴 수밖에 없었다는 사실은 철학 분야에서 영국의 우세를 입 증하기에 충분하다.

이러한 영국의 논리학과 방법론이 독일에 들어온 것은 영국에 서 출판된 존 스튜어트 밀의 《논리학 체계》를 1840년대 말에 독일어 로 번역했던 화학자 유스투스 폰 리비히의 노력 때문이었다. 경험주 의 논리학과 방법론의 도입은 독일 철학계에 매우 유익한 결과를 가 져왔다. 우선 후기 관념론적 사색으로 안개가 잔뜩 낀 독일 철학계 의 하늘을 맑게 해주었고, 다음으로는 19세기 후반 "과학철학"의 방

향으로 이끄는 추진체가 될 철학적 성찰과 과학적 연구 사이의 유기
적인 관계에 결정적인 기여를 한다. 19세기 후반 독일 과학이 세계
무대에서 우월적인 지위를 확보하는데, 이러한 발전에 영국의 경험
론이 결정적인 기여를 하게 된다. 이는 19세기 중반에 이미 형성되
기 시작한 흐름이었다. 당시 과학과 의학 분야에서 매우 확고한 전
통을 구축한 괴팅겐, 예나, 하이델베르크와 같은 작고 자부심이 강한
대학 도시들은 19세기 초반부터 이미 러시아의 고관대작 자녀들을
유혹했다. 이렇게 해서 불과 몇십 년 만에 총명하고 천재적인 새로
운 러시아 과학자 세대가 등장하게 된다. 이들 중에는 하이델베르크
에서 로베르트 분젠과 함께 공부한 화학자 드미트리 이바노비치 멘
델레예프와 1850년대 하이델베르크에서 공부한 철학자 이반 미하일
로비치 세체노프도 있었다.

　　또한 철학 분야에서의 영향도 만만치 않았는데, 이는 19세기 초
에 이미 나타난 과정과 같은 것이었다. 이 시기는 셸링에 의해 해석
된 독일 관념론에 대한 관심이 사실 삶의 주기에 대한 사상의 수용
으로부터 탄생한다는 것을 보여준 시기였다. 독일 관념론의 대표적
인 옹호자가 낭만주의적 '자연철학'의 주창자들 가운데 한 사람인
로렌츠 오켄이었다. 그러한 동기들은 보다 논리정연하고 신중하게
분석되었다. 우선적으로는 이러한 동기가 생명체와 그것의 기능에
관한 연구의 변화에 민감하다는 것이고, 다음으로는 인간의 본성을
이해하는 방법에 있어서 변화에 민감하다는 것이 밝혀졌다.

유토피아와
혁명

19세기 후반 독일 대학에서 구체화된 철학적 성찰과 과학적 연구의
결합은 독일이 당시 유럽 지성계의 최대의 관심 지역이 되는 데 결
정적인 기여를 했다. 이러한 관심은 종종 독일뿐만 아니라 유럽 대
륙 대부분 지역, 즉 대서양에서 우랄산맥 사이에 위치한 대학들에서
가르치는 철학이 '칸트로 돌아가기'라는 형태로 바뀌었다. 영국 역시
예외가 아니었다. 이것은 일종의 자발적 연합이었다. 철학적 성찰이
라는 형식에 기초한 과학적 방법론의 절대화와 관련된 우주론적-형
이상학적 충동과는 근본적으로 다른 것이다. 결국 이것은 불확실하
고 개방적인 특성을 인정하는 연합이고, 자연에 대한 과학적 연구에
의해 제공된 인지 모델의 중요성을 인정하는 연합이었다. 하지만 칸
트에게 무조건적인 신뢰를 주려는 것이 이 때문만은 아니다. 실제로
는 과학적 연구에 의해 규명되고 형성된 법칙에 시대를 초월한 보편
적 유효성을 부여할 수는 없다는 사실을 잘 알기 때문이다.

　　종종 러시아제국의 극적인 추락의 이유가 독일에서 공부하고
돌아온 이들이 시대에 뒤떨어진 결정론적 관점을 과학 모델에 채택
했기 때문이라는 위험한 결론으로 이어진다. 이반 투르게네프는 자
신의 소설인 《아버지와 아들》(1862)에서 이 부분에 대해서 경고했
다. 그는 토머스 칼라일에게 차르 권력의 진정한 속성을 납득시키기
위해 노력했다. 자연 작용에 대한 결정론적 신념으로부터 역사적 과

정, 즉 불가피하게 개인의 권리와 충돌하게 되는 정치 행위라는 개념이 나왔다. 그리고 개인은 역사적 생성의 자연 과정을 조절하는 법칙에 의해 요구되는 공공이익을 확보할 필요에 희생되어야 했다. 정치적 행위는 그 법이 지켜지도록 강제하지 않을 수 없다. 이렇게 보면, 정치적 행위는 혁명적이지 않을 수 없고 필요하다면 포악해질 가능성도 있다.

투르게네프는 이 모든 일이 일어날 수 있고, 또 이 모든 것이 점점 성숙되고 있다는 점을 잘 알고 있었다. 폭넓고 오랜 경험, 특히 1820년대에 이미 유럽을 여행하면서 직접 그곳의 관습을 경험한 사람들, 서유럽에 온 러시아 이주민들, 그리고 서유럽, 특히 런던, 파리, 베를린 등 유럽 지성계의 뛰어난 사람들과 진정한 우정을 나눈 경험은 자랑할 만한 것이었다. 당시 베를린을 다녀온 수많은 러시아 젊은이들은——그중에 투르게네프도 있었는데, 그는 프러시아의 수도에서 헤르젠과 바쿠닌을 알게 되었다——조국의 대학에서 깊이 감명을 받았던 헤겔철학을 더욱 심도 있게 공부할 수 있었다.

투르게네프가 베를린으로 오게 된 이유도 이것 때문이었다. 헤겔의 변증법적 방식에 매력을 느낀 그들은 독일에서 유래하여 데카브리스트의 난이 일어나 몇 년 사이에 널리 확산된 새로운 철학 사조의 폭증 속에서 또 다른, 그리고 한결 오래된 이론의 '재발견'을 열망했다. 러시아정교의 종교적 전통이 가진 신비주의적 요소는 어렵지 않게 스피노자의 일원론과 조화를 이루었다. 이와 동시에 셸링의 관념론과 계몽주의적 유산을 공동으로 간직한 일원론은 명백히 유물론적이지는 않았지만 자연주의적 경향으로 기울게 되었다. 자유가 필연성의 자각으로부터 탄생한다는 스피노자의 주장은 합리성의 도구로서 혁명적 행위의 개념을 탄생하게 한다는 점에서 이성과 실재의 결합에 관한 헤겔의 주장과 결합되기는 쉽지 않다.

상하기 쉬운
순결

러시아뿐만 아니라 유럽의 대부분 지역에서 활동하던 수많은 선동가, 저항가, 혁명가들의 이론적 토대가 되는 사상들이 성숙하는 시기는 19세기 중반이 약간 지나면서부터다. 이러한 사상은 철학적 토론을 통해서 무르익어갔는데, 토론 속에서 독일의 고전적 관념론의 위대한 전통은 마침내 '도착점'을 찾게 된다. 또 이러한 이론적 사색은 비록 테러까지는 아니지만 모두가 놀랄 만한 행위를 목적으로 하는 수많은 음모와 결합된다. 혁명의 무자비성에 대한 이론화는 개인들, 즉 최고의 대의로 인정되는 인류의 안녕을 위해 희생된 개인들 간 관계의 차원을 바꿔놓았다. 그리하여 혁명이 추구하는 유토피아는 실제로 현실화되어 가는 과정에서 도스토옙스키의 《악령》 등의 소설에서처럼 니힐리즘 지옥으로의 추락처럼 신비주의적 광기가 모습을 드러낸다.

영국 해협을 건너 템스 강 유역은 물론 북쪽의 스코틀랜드까지,

천년왕국을 주창하는 혁명은 오래전에 힘을 잃었다. 대신 개인의 자유에 대한 개념과 모든 정치적 행위의 기저에 자리하고 있는 권력 관계에 훨씬 더 현실적인 개념이 자리를 잡게 되었다. 또한 많은 러시아 혁명가들이 도취되었던 관념론적 철학의 방법론이라는 유행이 점차 사라졌다. 러시아 망명자들은 헤르젠과 투르게네프처럼 대륙이 아닌 영국에 자리를 잡고 조국의 상황을 계속 예의주시하면서도 폭력 행위에 대해서는 반대했다. 그들의 눈에 비친 미하일 바쿠닌의 혁명적 유토피아는 폰 크뤼데네 남작부인에게 설득당한 알렉산드르 1세가 옹호했던 천년왕국설과 크게 달라 보이지 않았다. 바쿠닌의 경우도 '여인을 찾아서cherchez la femme'라는 비판에서 자유로울 수 없었다. 즉 매혹적이지만 결국은 불행과 파멸로 이끄는 여인을 찾아 떠났다는 점에서 동일하다. 나폴리에서 시작해 스위스에서 끝날 때까지 혁명의 기회를 찾아 떠난 유럽 여행에서 항상 바쿠닌이 기준점으로 삼았던 것은 조 세르게예브나 오볼렌스키 공작부인이었다. 그녀는 1850년대 중반에 남편을 버리고 아이와 하인들만 데리고 서유럽으로 이주했다. 그러나 크뤼데너-로마노프(알렉산드르 1세) 커플과 비교해보면 적지 않은 차이가 있다. 크뤼데너-로마노프 커플의 경우는, 자신의 능력을 넘어서는 사치스러운 생활습관 때문에 경제적 어려움을 겪던 크뤼데너 남작부인에게 황제가 도움을 주면서 가까워진다. 반면 헨리 제임스의 소설《카사마시마 공작부인》의 모델인 바쿠닌과 그의 후원녀의 경우는 다르다. 바쿠닌은 극단적인 평등주의 사상을 표명하면서도 자신의 땅과 재산에서 나오는 이익을 절대

포기할 생각이 없는 사람(공작부인)으로부터 보조를 받았다. 다시 말해 바쿠닌은 현실 경제에는 관심조차 없는 맹렬한 선동가였으나 정작 자신의 인간적 나약함에 대해서는 눈감았다. 혁명이라는 이름으로 모든 정치적 타협을 거부하던 모습과는 모순된 태도였다. 이처럼 정치적 행위와 모든 철학적 공리공론의 엄격한 적용 사이에서 피할 수 없는 마찰을 보이는 경우는 많다.

독일 고전적 관념론의 위대한 비전이 주는 매력에 빠져 정치적 행위가 우선적으로 가져야 하는 구체성, 현실성, 사리 판단을 경시했음을 부인하기는 어렵다. 결국 철학을 배우기 위해 독일의 각 지역들로 떠나는 여행은 그것이 현실적인 것이든 비유적인 것이든 독일 정신의 기저에 있는 추진력과 러시아 정신의 신비주의 사이의 조화를 만들어냈다. 그리고 이러한 움직임은 20세기 유럽의 운명을 바꿔놓는 결정적인 동인이 된다.

나약한 인간, 초인의 신화를 쓰다

프리드리히 니체

마우리치오 페라리스

1889년, 토리노
궁지에 몰린 니체

토리노의 카를로 알베르토 6세 거리에는 부조로 니체를 기리는 표지판이 서 있다. 표지판에는 이렇게 쓰여 있다. "이 집에서 프리드리히 니체는 미지를 시험하는 정신의 충만함과 영웅을 상기시키는 지배의 의지를 알게 되었다. 여기 역작《이 사람을 보라》*를 쓴 그의 고귀한 운명과 한 천재를 기린다. 1888년 봄과 가을, 그의 창작 시간을 기억하며. 토리노에서 탄생 100주년을 기념한다. 파시스트 22년(1944년) 11월 15일."

　　이 표지판은 니체가 죽은 이후에 세워졌다. 그곳에는 변호사 사무실이 입주해 있었으며 많은 토리노 시민들이 그곳에 대해 잘 알고 있었다. 니체가 머물렀던 '차라투스트라의 방'은 입장료를 내고 둘러

---

* 니체의 철학적 자서전. 제목으로 쓰인 "이 사람을 보라"는 성경에서 가시관을 쓰고 채찍질 당하는 예수를 가리키며 빌라도가 한 말이다.

볼 수 있었다. 1888년 4월 처음으로 토리노에 온 니체는 이곳에서 생을 마쳤다. 토리노에 머물다가 질스마리아에서 여름을 보내며《힘에의 의지》집필을 끝마치려고 노력했으나 결국 완성하지는 못했다. 9월 20일, 토리노로 돌아온 니체는 주요 작품을 분할해 만든 짧은 작품으로 자신을 알리기로 마음먹는다. 니체는 토리노에서 가을을 보내면서 완성한 작품들을 프랑스어로 번역하고, 다른 주요 언어로 번역해 세계적인 명성을 얻으려 했다. 또 주요 작품들을 출판한 이후, 확정적인 것은 아니지만 정치활동도 시작하려 했다. 이것은 매우 야심적인 계획이었다.

사실 마지막 해에는 문학적 명성을 얻기 시작했다. 덴마크의 비평가 게오르크 브란데스가 코펜하겐에서 니체에 관한 학술대회를 열자, 니체는 스웨덴의 극작가 스트린드베리, 프랑스의 비평가 텐과 서신을 교환하는 사이가 되었다. 그리고 러시아 공주에게서도 편지를 받는다. 지금 그의 위상을 생각하면 작은 성과였지만 니체는 계속해서 이를 자랑하고 다녔다. 특히 토리노에서 자신의 어머니에게 보낸 몇 통의 편지에는 상트페테르부르크와 빈에서까지 자신을 찬양하는 사람들이 있다는 과장된 이야기가 담겨 있다. 또한 새로 산 코트가 자신을 품위 있는 사람으로 보이게 해 과일가게 주인까지도 자신에게는 가장 비싼 포도를 권한다고도 썼다. 그러나 이러한 행복은 곧 출판사들의 출판 거절, 소외 그리고 자신의 생활을 궁지로 몰아넣은 불안감으로 인해 사그라들고 다시 자신을 옥죄는 현실과 마주해야 했다.

궁지에 몰린 니체는 바그너와 그리스도에 대한 비판으로 돌파
구를 찾으려 했다. 두 인물은 여러 면에서 그에게 아버지 같은 인물
들이었다. 한 사람은 공연계의 대부로서, 그리고 다른 한 사람은 길
잃은 어린 양들의 아버지로서 니체 자신보다 훨씬 더 유명한 사람들
이었다. 그때부터 니체는 "나를 원하지 않는 사람──독일인들과 출
판사들, 그리고 한때 친구였던 사람들──은 나도 필요치 않다"는 태
도를 취했다. 그리고 새로운 친구들을 사귀고 유명한 기자와 정치가,
왕, 황제, 범죄자, 자신이 관계했던 사람들, 카페 '피오리오'에서 읽었
던 신문들과 반목한다. 그는 어느 순간부터 '니체 카이사르'나 '십자
가'로 서명을 하기 시작했다. 마침내는 코지마 바그너*에게 자신의
오이디푸스식 사랑을 선언한다. 그리고 1월 6일에는 '역사의 모든 이
름'이라고 주장하는 유명한 편지를 부르크하르트에게 보낸다.
　　니체가 유명해지기를 원했다는 동생 엘리자베트의 말은 사실
인 듯싶다. 이런 면에서 볼 때 니체는 또 다른 대표적인 나르시시스
트 보들레르와는 좀 다르다. 기껏해야 어머니에게 공주와 아는 사
이라고 말한다거나, 한때 그의 제자이자 충실한 필사생이었던 하인
리히 쾨젤리츠**(예명은 페터 가스트)가 브란덴부르크의 절반을 가지고
있는 프러시안 귀부인과 약혼을 했다고 허세 부리는 이 불쌍한 초인
에게는 멋지게 자신을 방어할 능력이 없었던 것이다. 요즘이라면 유

---

* 리하르트 바그너의 두 번째 아내.

** Heinrich Köselitz. 후에 니체의 여동생 엘리자베트와 함께 니체의 유고집을 편집해 출판한다.

명해지기 위해 블로그를 만들거나 유튜브에 동영상을 올렸을 테지만 말이다.

1889년 초 니체는 완전히 미쳐 있었다. 월세방에서 크리스마스와 새해 첫날을 보내면서 자신이 아주 건강하며, 스스로를 디오니소스와 알렉산드로스 3세라고 이야기할 정도였다. 그는 자신이 한 말이 맞는지도 전혀 분간하지 못하는 상태가 되었다. 그러나 얼마 후 그는 어머니에게 쓴 편지에서 자신의 사회적 명성을 자랑한 것처럼 정말로 엄청난 성공을 거두게 된다. 그 후로 몇 년 동안 그의 책들은 여러 언어로 번역 출간되었고, 토마스 만의 찬사를 받았으며, 무솔리니도 의회에서 그를 인용하곤 했다. 한편 뭉크는 그의 초상화를 그렸고, 슈트라우스는 그에 관한 음악을 만들어 유럽과 미국에서 순회공연을 다니며 연주하기도 했다. 주로 우파 지식인과 정치인들이 그의 작품을 읽었고, 나중에는 파리, 뉴욕, 로스앤젤레스 등지에서 진보적 중상류층*들이 다니는 살롱에서 영웅으로 대접받았다. 그런 니체가 어떻게 토리노에서 그렇게 처참한 생의 마지막을 맞게 되었을까? 이것을 이해하기 위해서 강을 거슬러 오르듯 니체의 인생을 거슬러 올라가 그의 여정을 살펴볼 필요가 있다.

---

* '진보적 중상류층radical chick'은 1970년 저널리스트 톰 울프Tom Wolfe가 만들어낸 말로, 자신의 사회적 지위와 명성을 위해 진보적 이념을 이용하는 상류층 사람들을 가리킨다. 그는 상류층 젊은이들이 허름한 옷을 입고 혁명을 외치는 모습을 조롱했다.

니체의 사진과 뭉크가 그린 니체의 초상화. "신은 죽었다"는 그의 주장은 20세기 유럽의 지성사에 큰 변곡점이 되었다.

1888년, 질스마리아
힘에의 의지

1. 포가街에서 카스텔로 광장을 향해 동쪽 방향으로 31미터를 가고.

2. 카스텔로 광장에서 왼쪽으로 돌아 110미터.

3. 프리모 마지오 대로 따라 230미터.

4. 로터리에서 2a 출구로 나와 프리모 마지오 대로를 따라 300미터.

5. 레지오 파르코가에서 오른쪽으로 꺾어져 100미터.

6. 계속 레지오 파르코가를 따라 오른쪽으로 꺾어져 210미터.

7. 좌회전하여 도라 피렌체 대로를 따라 800미터.

8. 우회전하여 줄리오 체사레가를 따라 2.4킬로미터.

9. 우회전하여 데르마 광장을 따라 160미터.

10. 데르마 광장에서 좌회전하여 24미터.

11. 로터리에서 3a 출구로 나와 계속 데르마 광장에서 100미터.

12. 다시 줄리오 체사레가를 따라 직진하다가 로터리를 지나 2킬로 미터.

13. 로터리에서 2a 출구로 나와 A4 고속도로를 타고 밀라노를 지남/ A5 고속도로를 타고 아오스타를 지남/ A32 고속도로/ T4 터널을 지나 유료도로로 135킬로미터.

14. 치니셀로 발사모-세스토 산조반니 방향으로 나와 치니셀로 발사모, 세스토 산조반니를 지나 밀라노로 들어서 차라 대로를 따라 1.2킬로미터.

15. 로터리에서 2a 출구로 나와 안토니오 라비올라가를 따라 400미터.

16. 인터체인지를 빠져나와 SP5*/ 브리안차 대로 120미터.

17. 우회전하여 SP5를 계속 따라감. 브리안차 대로(SS36 방향으로/ 레코/ 몬차/ 빌라 레알레). SP5를 따라 2.8킬로미터.

18. SS36으로 우회전/ 누오바 발라시나 대로/ SS36을 타고 직진/ 로터리 네 개를 지나 104 킬로미터.

19. 로터리에서 1a 출구로 나와 말리키 알피니 안토니노 피오 광장을

---

* 숫자 앞의 A(고속도로), SP(지방도로), SS(국도), E(유럽통합도로)는 도로의 유형을 가리킨다.

지나 SS37을 타고 생 모리츠를 향해 직진/ 계속 SS37을 타고 로
터리를 지나, 스위스 국경을 지나 10킬로미터.

20. 3번 가를 따라 직진/ 로터리 지나 21킬로미터.

21. 계속 3번가를 따라 우회전하여 8.3킬로미터.

22. 로터리에서 1a 출구로 나와 트라운터 오바스 쪽으로 500미터.

23. 좌회전하여 73미터.

24. 우회전하여 110미터.

25. 우회전하여 68미터/ 약 3시간 46분 동안 290킬로미터.

26. 북동쪽으로 68미터 직진.

27. 좌회전하여 트라운터 오바스 방향으로 110미터.

28. 좌회전하여 트라운터 오바스 방향으로 73미터.

이 경로는 토리노에서부터 니체, 프루스트, 헤르만 헤세 이외
에도 토마스 만, 라이너 마리아 릴케, 칼 크라우스, 에른스트 로베르
트 쿠르티우스 등이 머물렀던 질스마리아까지의 길이다. 아도르노[*]
는 1955년부터 1966년까지 아내와 함께 매년 이곳을 찾아 그랜드호
텔 발트하우스에서 숙박하곤 했다. 페터 손디[**]의 추천으로 그랜드호
텔에 간 파울 첼란[***]은 그곳에서 유대인의 정체성에 관한 산문《산중

---

[*] Theodor W. Adorno(1903~1969), 독일의 사회학자, 철학자, 피아니스트, 작곡가.

[**] Péter Szondi(1929~1971), 독일의 철학자, 문학비평가.

[***] Paul Celan(1920~1970), 루마니아 출신의 독일 시인.

山中의 대화》를 썼다. 니체는 1886년 8월 26일 호화로운 발트하우스에서 멀리 떨어진 곳에 방을 구하고 《힘에의 의지》의 마지막 부분을 쓰는 데 몰두했다. 토리노에서 가을에 완성한 작품들도 대부분 이곳에서 집필이 시작되었다. 《힘에의 의지》는 결국 니체의 손으로 출간하지 못했고, 유고 작품들과 함께 동생 엘리자베트와 가스트에 의해 편집되어 1901년 세상에 나온 뒤, 1906년 다시 개정판이 나온다.

니체는 1880년대 중반 이후 물리학, 화학, 천문학 서적을 두루 읽으며 《힘에의 의지》 구상에 다가갔다. 초기의 문헌학 연구로부터 배양된 니체의 사상은, 세계는 우위에 서기 위해 서로 충돌하는 내부의 힘을 가진 원자들(라이프니츠의 모나드를 연상케 한다)에 의해 이루어진다고 말한다. 이러한 원자들에게 있어서 중요한 것은 정확히 투쟁, 공격, 충돌, 불행, 비효용, 명백한 비도덕 등이다. 왜냐하면 우리가 원자, 미립자, 미생물, 세포, 아메바 등이 관련된 현실에 직면하고 있기 때문이다. 힘에의 의지에 비하면, 실용주의는 어린아이의 장난에 불과하다. 더욱 구체적으로 나아가보자. '힘에의 의지'는 인간과 만물은 비록 행복을 포기하더라도 자신의 생존을 위한 힘만을 추구한다는 사상이다. 매우 강력하고도 기저에 있는 원천적인 어떤 힘으로 폭발해 완전히 다른 것으로 새로운 생명을 만들어내는 화산과 같은 것이다.

니체에게서는 쇼펜하우어의 영향을 어렵지 않게 발견할 수 있다. 《쾌락 원리의 저편》의 저자인 프로이트와의 유사점도 발견할 수 있다. 이 책에 따르면 에로스와 타나토스* 간 투쟁에서 결정적인 것은 인간의 깊은 운명과 열망으로서 죽음의 충동이다. 잘 알려진 바와 같이 프로이트의 연구는 정신분석학자로서 의도치 않게 좋은 결과를 가져왔는데, 그는 니체의 이론과 정신분석 사이에 존재하는 유사성이 자신의 정신분석의 과학성에 영향을 줄 수 있다는 점을 우려해 니체의 책을 읽지 않기로 결정했다고 주장했다. 그러나 쇼펜하우어나 프로이트의 비관주의와 니체의 염세주의 사이에는 근본적인 차이가 있다는 점을 주목할 필요가 있다. 앞의 두 사람은 체념, 즉 자신의 죽음을 운명이나 단념, 혹은 의지와의 타협으로 본다. 하지만 니체의 경우는 그렇지 않다. 그의 염세주의는 체념이 아니라, 이와는 반대되는 역동적 원리이다.

하지만 쇼펜하우어나 프로이트에 비해서 더욱 결정적인, 또 다른 차이점이 있다. 니체는 힘에의 의지를 밝히고 분석하는 데만 그치지 않는다. 어떤 시점에 있어서는 그것을 실행해야 한다고 생각했고, 혹은 누군가 그것을 실행해주기를 희망했다. 《이 사람을 보라》에서 그는 이렇게 말한다. 언젠가 차라투스트라의 가르침을 설교할 날이 올 것이라고. 그리고 그런 날이 제3제국* 시기에 오긴 했지만, 숨겨야 할 것도 있었고 정확히 그렇지도 않다고 이야기할 수도 있다. 이것은 사실이다. 적어도 문자 그대로는 그렇다. 하지만 굳이 니체

---

* 프로이트는 인간이 가지게 되는 삶을 향한 충동을 '에로스'로, 죽음을 향한 충동을 '타나토스'라고 명명했다.
* 히틀러 치하의 독일.

주의가 실현된 나라와 시대를 찾는다면, 바로 1933년부터 1945년까지의 독일이었다고 말할 수밖에 없다. 물론 나치가 자신들이 저지른 행위의 정당성을 위해 니체를 필요로 한 것은 아니라는 사실을 우리는 잘 알고 있다. 니체는 절대로 반유대주의자도 아니고, 어떤 측면에서 보면 반독일주의자이다. 우리는 그것을 잘 알고 있다. 다시 생각해볼 필요도 없다. 나치 시대의 그것처럼 폭력적인 정책은 힘에의 의지 앞에서 그것이 효용성을 가지기 때문이었다고 설명할 수 있다. 예를 들어 체제 결속이나 경제 위기 극복을 위해 전쟁을 일으키는 경우와 같은 것이다. 물론 처음에는 그렇게 시작하지만 이후 아주 잔인한 순간이 오게 되고, 어느 순간 유용성은 전쟁 속에 묻혀버린다. 그리고 힘에의 의지는 완전히 민낯을 드러내는 것이다.

이제 니체가 휴가지에서 고안해낸 학설에 관한 이야기를 마무리해야겠다. 힘에의 의지의 완전한 실현을 살펴보려면, 1940년 프랑스에 대항해 승리했던 독일의 전투보다는 스탈린그라드에서 앞으로 진격하려는 독일군과 러시아 적군 사이에 벌어졌던 참혹한 전투를 살펴볼 필요가 있다. 독일이 괴벨스의 총력전에서 패배한 뒤 1945년 3월 9일 히틀러가 내린 소위 '네로 명령'이 그것이다. 네로 명령은 독일의 생산시설이 러시아의 손에 들어가는 걸 막기 위해 모조리 파괴하라는 지령이었다. 이는 결국 전투에서 우위를 점령하지 못한 독일에 내려진 형벌이었다. 결과적으로 히틀러는 러시아에 좋은 일을, 독일에는 엄청난 피해를 입힌 꼴이 되었다. 적이 더 강하고 우수하다고 생각했기 때문에 내려진 잘못된 결정이었다.

1883년, 라팔로
실연당한 니체

29. 트라운터 오바스에서 우회전하여 450미터.

30. 로터리에서 3a 출구로 나와 3번가를 타고 8.3킬로미터.

31. 좌회전하여 3번가를 계속 따라감/ 로터리를 지나 이탈리아로 들어섬. 21킬로미터.

32. 세관 쪽으로 직진/ SS37로 들어섬. SS37을 따라 직진/ 로터리를 지나 10킬로미터.

33. 로터리에서 3a 출구로 나와 SS36 쪽으로/ 콘솔리 키아벤사키 대로를 지남/ SS36을 타고 직진/ 로터리 4개를 지나 104킬로미터.

34. SP5쪽으로 직진/ 롬바르디아 대로를 지나/ 계속 SP5를 타고 2.4킬로미터.

35. 좌회전하여 브리안차 대로 (A4 방향으로/ 베네치아/ E35/ A1/ 볼로냐) 550미터.

36. 인터체인지 160미터.

37. 로터리에서 2a 출구로 나와서 500미터.

38. 로터리에서 2a 출구로 나와서 인터체인지를 거쳐 A4를 타고 210미터.

39. 분기점에서 오른쪽 길로 들어섬. A4 방향으로/ 밀라노/ 토리노/ A7/ 제노바/ A50/ 서쪽 순환도로를 지나 A4로 들어서 15.2킬로미터.

40. 출구를 나와 E62/ E35/ A7 방향/ 제노바/ A1/ 볼로냐 700미터.

41. A50 방향으로/ E35/ E62 550미터.

42. 분기점에서 왼쪽 길. A7 방향으로/ 제노바/ A1/ 볼로냐/ 리나테/ A50으로 들어섬/ E35/ E62 15.2킬로미터.

43. 제노바 쪽 출구로 나와 650미터.

44. A7로 들어섬/ 유료도로로 125킬로미터.

45. 왼쪽 출구로 나와 A12를 타고 동제노바 방향/ 리보르노. 유료도로로 27.9킬로미터.

46. 라팔로 출구로 나와 제노바 광장으로 들어섬/ 유료도로로 850미터.

47. 산탄나가를 타고 400미터.

48. 고프레도 마멜리 대로를 타고 650미터.

49. 고프레도 마멜리 대로가 오른쪽으로 꺾여 리베르타 대로가 됨. 500미터 직진.

50. 좌회전하여 트리에스테가를 따라 93미터.

51. 2a로 들어서 좌회전. 고프레도 마멜리 대로로 합쳐짐. 130미터 직진.

52. 우회전하여 볼차노가로 300미터.

53. 좌회전하여 프리바타 프라텔리 솔라리가 73미터.

54. 2a로 들어서 좌회전 뒤 13미터.

"음식을 먹자⋯⋯. 더 이상 시를 쓰지 말자⋯⋯. 잠도 잘 자고⋯⋯./ 담배도 그만 피우고⋯⋯. 여자도 그만⋯⋯. 하늘은 더없이 맑건만⋯⋯./ 불안⋯⋯. 라팔로⋯⋯. 산레모⋯⋯. 우울함은 떨쳐버리자./ 가능하면 엑스레이를 찍어봐야겠다……." 귀도 고차노*는 라팔로에 대해서 이렇게 읊고 있다. 니체 역시 1883년 1월 20일, 오버베크**에게 라팔로에서는 모든 게 좋지 않다고 편지를 쓴다. 그러나 니체와 같은 상황에서는 티굴리오, 파라디 소만灣, 카몰리 위쪽 루타에서와 마찬가지로 라팔로에서도 우울해 죽겠다는 표현이 지극히 당연하다. 니체는 항구 부근 중심가인 카트린 거리 38번지에(이곳에도 니체가 머물렀다는 표지판이 있다) 방을 얻은 뒤 빌프랑슈 쉬르메르로 산책을 다녔다. 이곳은 100년 후 데리다***가 수영을 하러 다녔던 곳이기도 하다. 니체는 어떤 때는 이곳 프랑스와 이탈리아의 리구리아 해변에서 지낸 시절을 무척 후회했다. 그는 이탈리아어도 프랑스어도 유창하지 못했고 방은 항상 추웠으며 우울증에 시달려야 했다.

그곳에서 지낸 몇 해 동안 니체는 《아침놀》(1881), 《메시나에서의 전원시》(1882)와 《즐거운 학문》(1882) 등을 썼다. 1882년 4월 26일 로마에서 니체는 스물한 살의 루 살로메를 알게 된다. 문화와 지식에 대한 호기심에 이끌려 릴케와 불륜 관계를 맺으며, 프로이트와는 정신적인 사랑을, 크로체****와는 하룻밤의 사랑을 나눈 그녀는 1894년, 니체에 관한 매우 인상적인 책을 남긴다. 니체는 그녀와 결혼하기로

---

* Guido Gozzano(1883~1916), 이탈리아 토리노 출신의 시인.
** Johann Friedrich Overbeck(1789~1869), 독일의 화가.
*** Jacques Derrida(1930~2004), 알제리 태생의 프랑스 철학자.
**** Benedetto Croce(1866~1952), 이탈리아의 문학가, 철학자, 역사학자.

프로이트, 릴케, 그리고 루 살로메. 니체와 프로이트, 릴케는 모두 한 여인을 사랑했으나 결국 아무도 그녀의 마음을 얻지 못했다.

마음먹지만, 사크로 몬테를 산책한 뒤 오르타에서 키스만 나누었을 뿐 끝내는 결혼에 이르지 못했다. 니체와 루 살로메는 나움부르크에서 멀지 않은 타우텐부르크에서 8월을 함께 보냈다. 그런데 루 살로메에게 질투와 공격성까지 보였던 여동생 엘리자베트도 함께했다. 이후 10월부터 다섯 주 동안 라이프치히에 머물렀는데, 이번에는 니체의 친구이자 《도덕감정의 기원》을 쓴 철학자 파울 레*가 함께 있었다. 그리고 11월 5일, 루 살로메와 레 두 사람은 니체를 남겨둔 채 함께 베를린으로 떠나버렸다. 니체는 처절한 외로움 속에 홀로 남겨진다.

니체가 정신적으로 매우 나약했다는 것은 널리 알려진 사실이다. 그는 항상 자신과 사랑하는 대상 사이에 늘 누군가(여동생, 친구 등 루 살로메에게 자신을 대신해 말해줄 수 있는 사람)를 두어 스스로를 방어하고 어떤 관계에도 책임을 지지 않으려 했다. 바그너의 아내인 코지마에 대한 니체의 열정도 그랬다. 니체는 자신의 '광기 편지'**에서 세 사람의 관계를 그리스신화 속의 삼각관계에 비유했다. 즉, 코지마는 아리아드네, 바그너는 미노타우로스 그리고 자신을 테세우스에 비유했다. 바그너와 코지마, 니체의 관계 속에서 우리는 '자기 신화화'라고 할 수 있는 사례를 목격하게 된다. 이것은 루 살로메와의 관계에서도 나타난다. 그녀가 파울 레와 함께 베를린으로 떠난 뒤 니

---

* Paul Ludwig Carl Heinrich Rée(1849~1901), 독일의 철학자이자 작가.
** 니체가 1889년 1월 3일부터 불특정 다수에게 보낸 일련의 편지를 의미함.

체는 라팔로로 은거한다. 이곳에서 약물(특히 바젤대학병원에서 받은 처방전을 이용해 스스로 처방한 클로랄이라는 약물)에 빠져 지낸다. 그리고 1883년 1월, 단 열흘 만에《차라투스트라는 이렇게 말했다》1권을 쓴다(나머지 3권은 1885년까지 모두 완성하게 되는데, 마지막 4부는 자비로 출판되었다).

자기 신화화는《차라투스트라는 이렇게 말했다》1권에서 적나라하게 나타난다. 니체는 자신을 페르시아의 예언자와 동일시하고, 사람은 누구든지 초인에 이를 수 있다는 사상을 제시한다. 초인의 본성에 대해서는 해방된 탈형이상학적 인간이나 나치 친위대, 슈츠스타펠을 예로 드는 등 논란이 많다. 그러나 훨씬 더 흥미로운 것은 이 '초인'이라는 존재의 기원에 대해 생각해보는 것이다. 그것은 정확히 기독교가 탄생한 지 거의 2,000년이 다된 시점에서 새로운 종교와 신을 창조하려는 시도였다. 이것은 물론 낭만적인 해석이다. 이 책이 출판되기 바로 전에 나온《즐거운 학문》의 아포리즘 125장에서 우리는 신의 죽음을 선언하는 부분을 발견할 수 있다.

또 다른 관점은 '초인'이라는 존재는 루 살로메로 인한 좌절을 극복하기 위한 과장된 표현으로 보는 것이다. 즉 빼앗기고, 궁지에 몰려 모욕감에 휩싸인 니체가 칼라일의 영웅 숭배를 다시 끄집어내(칼라일은 니체가 아주 신뢰하는 작가로, 히틀러도 그를 숭배했다) 초인의 신화를 만들어냈다는 것이다.

1881년, 실바플라나
운명을 사랑하라

55. 프리바타 프라텔리 솔라리가를 향해 남동쪽으로 13미터.

56. 우회전하여 프리바라 프라텔리 솔라리가로 들어서 73미터.

57. 우회전하여 볼차노가를 따라 300미터.

58. 우회전하여 고프레도 마멜리 대로로 1킬로미터.

59. 루이지 아르피나티가를 타고 400미터.

60. 제노바 광장 52미터.

61. 인터체인지를 타고 A12 방향으로 240미터.

62. 분기점에서 왼쪽 방향/ 제노바 방향으로 가다가 A12로 들어섬/ 유료도로로 27.4킬로미터.

63. A7을 타고 밀라노 방향으로/ 세라발레가/ 제노바/ 볼차네토. 유료도로로 121킬로미터.

64. A50으로 들어섬/ 서부 순환로를 타고 볼로냐 방향으로 10킬로미터.

65. A51 방향으로 나옴/ 동부 순환로/ A52/ 북부 순환로/ E70/ A4/ 베네치아/ 밀라노 1.2킬로미터.

66. A1으로 들어서 5.3킬로미터.

67. A51을 타고 10.8킬로미터.

68. 우회전하여 A52/ 북부 순환로(A52 표지판을 따라/ 북부 순환로/ E64/ A4/ 토리노/ SS35/ 코모/ SS36/ 레코). 유료도로 6.2킬로미터.

69. 출구로 나와 SS36을 타고 SS36 방향으로/ 레코/ 몬차 280미터.

70. 브리안차 대로로 들어서 250미터.

71. SP5를 타고 가다가 롬바르디아 대로를 타고 2.1킬로미터.

72. 우회전하여 SS36/ 누오바 발라시나 대로/ SS36을 타고 직진/ 로터리 4개를 지나 104킬로미터 직진.

73. 로터리에서 1a 출구로 나와 발리키 알피니 안토니노 피오가 방향으로/ SS37을 타고 생모리츠 방향으로/ SS37을 계속 타고 감/ 로터리를 지나 스위스 국경/ 10킬로미터 직진.

74. 3번가를 타고 직진/ 로터리 지나 21킬로미터.

75. 우회전하여 계속 3번가로 직진/ 로터리 지나 11.2킬로미터.

76. 좌회전하여 카르덴스가 450미터.

77. 좌회전하여 카운트 바셀기아가 63미터/ 333킬로미터 –약 4시간 20분.

78. 카운트 바셀기아가에서 남쪽 방향, 카르덴스가를 향해 63미터.

라팔로에서 질스마리아까지는 먼 길이지만, 질스마리아에서부터 실바플라나까지는 4킬로미터 정도로 산책하면서 걸어갈 수 있는 거리다. 1881년 8월 14일, 니체는 가스트에게 중요한 심적 변화가 생겼다는 편지를 쓴다. 그 내용은 그달 초부터 생각해오던 것으로 니체의 위대한 사상인 영원회귀에 관한 견해였다. 1882년 여름 타우텐부르크에서의 악몽 같은 휴가를 보내던 중 니체는 루 살로메에게 이 이야기를 아주 신중하게 꺼냈다. 그런데 루 살로메는 몇 년 후 그런 생각의 극적이고 심오한 가치를 이해했다고 말했다. 처음에는 그것에 대해 웃어넘기고 레와 함께 떠나버린 가을까지 계속해서 비웃기만 했다. 《차라투스트라는 이렇게 말했다》 속에서 실바플라나는 아주 자세히 묘사되어 있다. 골짜기에는 강한 바람이 불고, 골짜기 중앙에는 조그마한 호수를 가진 작은 산이 자리하고 있다. 바람을 맞는 산의 면은 완전히 황폐하지만, 반대편에는 초목이 우거져 있어 마치 비정상인 악성종양처럼 보인다. 골짜기에 있는 집들은 대부분 두꺼운 외투를 입은 부유한 독일인들의 휴가철 별장이었다.

나는 1993년 실바플라나의 어떤 집 문 앞에 후기 로망스어로 쓰인 글귀를 읽었다. "아무리 고통스러워도 운명을 사랑하라Tieu destin tü poust amer e perfin schél es amer." 집주인이 《차라투스트라는 이렇게 말했다》를 흉내 낼 생각으로 써놓았다고 생각되지는 않는다. 그보다는 특별한 의미를 가지고 있는 것 같다. 왜냐하면 이 격언은 원래 영원회귀의 주요 부분들 중 하나를 설명하고 있기 때문이다. 혹은 자기 자신의 운명을 사랑하고 이를 끝없이 추구할 필요가 있는 원칙, 즉 운명애運命愛를 이야기하고 있기 때문이다. 혹시 행복의 비결은 아닐까? 니체의 생각은 단순히 하나의 금언, 어머니가 해주는 이야기(행복이란 내가 가진 것에 만족하는 것) 혹은 이와 비슷한 말을 변형시킨 것에 불과한 것일까? 어떤 의미에서는 그렇다. 하지만 다른 한편으로 생각하면 다음과 같은 의미가 있다. 니체에게 있어서—정확히 말하면 힘에의 의지 속에 있는 공리주의의 변형에서처럼—선善뿐 아니라 공포나 두려움, 악운 역시 사랑할 필요가 있다는 것이

니체의 철학은 실바플라나의 호수를 산책하면서 보다 세밀하게 다듬어졌다.

다. 사실 이것은 오랫동안 그를 따라다니는 망상이었다. 왜냐하면 그의 디오니소스 숭배 속에는 분화되지 않은 고대의 모든 공포가 모여 있기 때문에, 어쩔 수 없이 그것을 사랑해야 한다는 생각이 자리 잡고 있었다.

　　니체는 호수로 산책을 나갈 때면 이렇게 말하곤 했다. 도대체 왜 나는 더 나은 무언가를 희망한단 말인가? 나를 견딜 수 없이 슬프

게 만드는 것이 바로 그러한 희망인데. 오히려 내가 잘할 수 있는 것
은 이 지독한 지루함과 호수 주변의 끝없는 지겨움까지도 즐기도록
노력하는 것이다. 특이한 점은 적어도 니체의 인식에서 이러한 사고
는 괴로움이면서 동시에 평화를 가져다주는 생각이었다는 것이다.

　　질 들뢰즈는《니체와 철학》(1962)에서 사실 영원회귀와 함께 모
든 가치의 탈가치화가 일어난다고 했다. 내일 일하겠다고 결심하지

않는 게으름뱅이는 이전과 동일한 게으름뱅이가 아니다. 또한 영원히 게으르기로 결심하는 사람, 즉 아무것도 하지 않기로 결심하는 사람도 더 이상 게으름뱅이가 아니다. 이것은 뭔가 다른 것이고 숭고한 것이다. 맞는 말일 수도 있지만, 나는 이것이 니체가 애초부터 가지고 있었던 생각이라고는 여겨지지 않는다.

보르헤스*의 《영원의 역사》 속 해석은 더욱 그럴듯해 보인다. 이것은 그가 니체의 상황을 정확하게 이해했기 때문이리라. 극심한 치통에 시달리는 한 남자를 상상해보자. 불면의 밤을 지새우고 나도 그 고통이 가시지 않을 것이라 생각한다. 무엇을 바랄 수 있단 말인가? 치통이 사라지기를? 물론 분명 좋은 방법이긴 하다. 하지만 충분치 않다. 고통은 계속되고 희망만으로는 위로가 되지 않는다. 이 상태에서 필요한 것은 완전히 다른 생각이다. 치통이 앞으로도 또다시 돌아올 것이므로 현재 일어나는 일이 최악은 아니라고 생각할 필요가 있다. 그리고 무엇보다 이 시점에서 그 치통을 사랑할 필요가 있다. 그러니 운명을 사랑하라.

---

* Jorge Francisco Isidoro Luis Borges(1899~1986), 아르헨티나의 소설가이자 시인, 평론가.

1876년, 소렌토
인간적인 너무나 인간적인

79. 우회전하여 카르덴스가를 따라 450미터.

80. 우회전하여 3번가/ 슈트라둔 칸투넬/ 3번가를 따라 직진/ 로터
리를 지나 11.1킬로미터.

81. 좌회전하여 계속 3번가를 따라 직진/ 로터리를 지나 이탈리아 국
경을 지남/ 21킬로미터.

82. 세관을 지나 SS37을 타고 직진/ 로터리를 지나 10킬로미터.

83. 로터리에서 3a 출구로 나와 SS36로 들어섬/ 콘솔리 키아벤나스
키 대로/ SS36을 계속 타고 감/ 로터리 4개를 지나 104킬로미터.

84. SP5를 타고 직진/ 롬바르디아 대로/ 계속 SP5를 타고 2.4킬로미터.

85. 우회전하여 브리안차 대로(A52 방향/ 북부 순환로/ E64/ E70/ A4/ 베
네치아/ E35/ A1/ 볼로냐) 140미터.

86. A52로 들어섬/ 북부 순환로를 지나 인터체인지를 지나 치니셀로
B. 방향으로/ 카시뇰로가/ 유료도로 6.6킬로미터.

87. A51로 들어서 10.9킬로미터.

88. A1을 타고 (A50 방향으로/ 서부 순환로/ E35/ A1/ 볼로냐)/ 유료도로
760킬로미터.

89. E45를 타고 (A3 방향으로/ 살레르노/ 레지오 칼라브리아)/ 유료도로
1.1킬로미터.

90. A3으로 들어섬.

91. 출구 카스텔라마레 디 스타비아로 나와 SS145로 들어섬/ 유료도
   로 16.6킬로미터.

92. 좌회전하여 카울리노 대로/ SS145를 타고 240미터.

93. 1a로 들어서 우회전하여 카울리노 대로를 계속 직진/ SS145를 타
   고 6.6킬로미터.

94. 우회전하여 마리온 크로포드 대로 500미터.

95. 1a로 들어서 좌회전하여 코쿠멜라가 240미터.

96. 우회전하여 베르나르디노 로타가 500미터.

97. 우회전하여 아니엘로 칼리파노가 550미터.

98. 1a로 들어서 우회전하여 코레알레가로 들어섬. 500미터.

99. 우회전하여 토르콰토 타소 광장/ SS145 61미터.

　　건강과 질병은 니체가 세상을 읽는 범주이다. 그가 세상을 보는
시선은 기본적으로 병자의 시선이기 때문에 이상할 것이 전혀 없다.
니체의 삶은 모욕당하고, 병들었으며 열등했다. 1880년, 서른여섯이
되자 니체는 자신이 곧 죽을 것이라 생각한다. 왜냐하면 아버지가
세상을 떠난 나이였고 그도 건강이 악화되고 있었기 때문이다.

　　1876년 11월 그는 1년간의 휴가를 받아 바실레아에서 지낸다.
니체는 친구인 레와 바실레아에서 가르치던 학생 앨버트 브레너와
함께 이탈리아로 떠난다. 10월 22일 제노바에 도착한 그들은 나폴리
로 떠나는 배를 탄다. 27일에는 소렌토에 도착해 말비다 폰 마이젠
부르크*의 환영을 받는다. 그리고 그에게서 루비나치 저택을 빌리게

된다. 이 집은 아직까지도 남아 있는데, 피자 가게가 딸린 여관으로 변했다. "식당은 화려하고 우아했다. 에어컨이 설치된 홀 두 개와 넓은 테라스는 손님들에게 더없이 세심하고 융성한 대접을 할 수 있었다. 이 집 최고의 음식은 소렌토의 전통 생선요리다." 하지만 당시 이 집에 초대된 손님들은 투키디데스, 성경, 볼테르, 디드로, 미슐레, 랑케 등을 읽는 일종의 독서 모임의 회원들이었다.

한니발 시대 이후 거의 모든 여행가들도 그랬고, 이후의 '그랜드 투어' 여행자들도 그랬듯이 건강이 많이 나빠지고 우울증을 앓고 있던 니체가 이탈리아, 특히 남부 지역에 바랐던 것은 휴식과 정서적인 안정이었다. 더욱 놀라운 것은 니체가 이탈리아에 체류하면서 주변 세상과는 단절했다는 점이다. 그는 이탈리아 자체에 대해서는 거의 관심을 두지 않았다. 이탈리아는 오직 여행의 장소였다고 하는 편이 나을 것이다. 이것이 바로 당시 니체의 피할 수 없는 경쟁자였던 독일의 고전학자 빌라모비츠의 이탈리아 여행과 다른 점이다. 빌라모비츠는 이탈리아의 인간과 정치에 초점을 맞춘 여행을 했다. 니체에게 주변의 모든 세상, 특히 잠재적으로 디오니소스적 세상(적어도 니체의 이론을 통해 본다면)은 그의 통상적인 삶에서 배제된다. 니체가 관심을 가졌던 것은 아폴론적인 것, 즉 계몽주의였다.

이탈리아에서 돌아온 니체는 1877년 9월 2일 《인간적인 너무

---

* Malwida von Meysenburg(1816~1903), 독일의 작가.

나 인간적인》1권을 쓰기 시작한다. 그리고 이 책은 볼테르의 서거 100주기인 1878년에 맞춰 출판된다. 2권은 1879년에 나오는데, 이 시기는 우리가 니체의 '계몽주의적 기간'이라고 부르는 때이다. 그래서 그가 이 시기에 이 책을 볼테르에게 헌정한 것은 의미심장한 일이다. 니체는 아마도 그의 젊은 시절과 자신의 바그너주의에 영향을 주었던 기독교와 낭만주의에 대해 은혜를 갚으려 했던 것 같다. 그리고 그 치료법을 선의, 중재, 이성 속에서 찾았다. 니체 자신을 위한 치료는 인류를 위한 치료이기도 하다. 그 첫 치료는 박탈할 수 없는 가벼운 요소, 즉 과거로부터의 해방이나 무단결석 같은 것들이었다. 사람들은 그 속에 숭고한 이상이 있다고 이야기하지만 사실은 너무나 인간적인 모습, 악습이나 나약함, 무기력, 공포, 계산 등의 모습들을 발견하게 된다. 그러나 가면을 벗기면 더욱 침울한 원래의 무엇이 또다시 나타난다. 바로 힘에의 의지인데, 이것이 19세기를 그의 시대로 만든 원동력이었다.

1872년, 바젤
문헌학자 니체

100. 토르콰토 탓소 방향으로/ SS145를 타고 엔리코 카루소 방향으로/ 계속 SS145를 타고 2.7킬로미터.
101. 우회전하여 모르토라가/ SS163 450미터.

102. 1a로 나와 좌회전 플라타니가 750미터.

103. 좌회전하여 카보네가 190미터.

104. 우회전하여 이탈리아 대로/ SS145/ 계속 SS145를 타고 4.6킬로미터.

105. 좌회전하여 카울리노 대로/ SS145/ 유료도로 16.4킬로미터.

106. A3으로 들어섬/ 인터체인지를 지나 나폴리 방향으로 E45/ A1/ 로마/ 유료도로 18.7킬로미터.

107. 계속 E45를 타고 (A1 방향으로/ 카세르타/ 로마/ E842/ A16/ 아벨리노/ A14/ 바리)/ 유료도로 800미터.

108. A1 직진/ 유료도로 753킬로미터.

109. 출구로 나와 E35/ A50 방향으로 서부 순환도로/ A7/ 제노바/ E66/ A4/ 토리노/ E62/ A8/ A26/ 바레세/ 그라벨로나 토체/ A9/ 코모/ 유료도로 1.6킬로미터.

110. A50 직진/ 유료도로 30.2킬로미터.

111. 출구로 나와 A8/ 유료도로 4.7킬로미터.

112. 출구로 나와 E35 A9 방향으로/ 코모 1.1킬로미터.

113. A9을 타고 직진/ 유료도로/ 스위스 국경을 지나 30.9킬로미터.

114. A9을 타고 우회전 A2로 들어섬/ 유료도로 236킬로미터.

115. 출구로 나와 A1/ A2/ E35를 타고 바젤 방향/ 베른/ 로스리스트/ 유료도로 8.8킬로미터.

116. 출구로 나와 해어킹엔 분기점에서 A2로 들어섬/ E25/ E35를 타고 카를스루에 방향으로/ 뮐루즈/ 바젤/ 에게르킹겐/ 유료도로

28킬로미터.

117. 출구로 나와 A2 방향/ A3/ E25/ E35/ E60/ 유료도로 140미터.

118. 좌회전하여 분기점으로, E25 방향/ E35/ E60/ A2/ A3/ 카를스
    루/ 뮐루즈/ 바젤/ 리스탈/ A2로 들어섬/ A3/ E25/ E35/ E60/
    유료도로 9.6킬로미터.

119. 출구로 나와 남南바젤 분기점에서 좌회전하여 바젤시 방향/ 유
    료도로 1.1킬로미터.

120. 우회전하여 생제이콥가 (남바젤 방향) 500미터.

121. 좌회전하여 생제이콥가를 계속 따라 90미터.

122. 우회전하여 린덴호프가 190미터.

123. 우회전하여 나우엔가 700미터.

124. 호이봐게 고가도로를 타고 450미터.

125. 슈타이넨그라벤을 타고 350미터.

126. 슈첸그라벤을 타고 450미터.

127. 쇤바인가를 타고 170미터.

누구나 자신의 운명이나 가족이 주는 속박, 천성으로부터 벗어
나기는 쉽지 않다. 이번엔 조금 더 과거로 돌아가 여전히 '낭만주의
적'이었던 시절, 즉 스위스에서 학생들을 가르치던 시절의 이야기다.
니체는 1869년에 바실레아에 도착해 젊은 문헌학 교수로서의 활동
을 시작한다. 그리스어와 라틴어를 가르치는 일은 문헌학에서 철학
쪽으로 옮겨 가기 위한 기초작업이었다. 이제는 철학이 그가 열정

을 불태우는 새로운 분야였다. 그는 몇 년 뒤 철학 교수직을 구해보지만 실패한다. 과학적 문제에 대한 그의 호기심이 오직 인문학만을 공부했기에 부족했던 부분을 채워주었다. 바그너를 향한 열정이 대단했던 니체는 라이프치히에서 알게 된 바그너와 그의 아내 코지마를 만나기 위해 주말마다 루체른의 호수 근처에 있는 트립셴으로 향한다. 이러한 세 가지 활동과 두 사람이 《비극의 탄생》을 쓰는 계기가 된다. 이 책은 바젤에 도착해서부터 쓰기 시작해 대학교수 생활과 바그너와의 만남 중에도 이어지고 보불전쟁이 벌어지는 동안 완성되어(사실 그의 마지막 기록은 이질을 치료하기 위해 잠깐 체류했던 나움부르크에서 남긴 것이다), 1872년에 세상에 나온다.

1월 2일은 《비극의 탄생》이 출판되어 바그너에게 헌정된 날이다. 그런데 도대체 바그너가 이러한 비극과 무슨 상관이 있단 말인가? 그저 단순히 고전 문헌학과 대중음악을 혼합한 작품 아닌가? 적어도 한편으로는 그렇다. 이것은 마치 니체가 고전 세계의 포르노그래피적인 측면을 그려낸 것과 다를 바 없다(고전과 현대를 비교하는 노력은 그가 생을 마칠 때까지 변하지 않는다). 결국 아폴론적인 것과 디오니소스적인 것 사이의 대비는 다음과 같은 의미를 함축하고 있다. 여러분들이 훌륭한 조각상을 볼 때 느끼는 고전적 평온함은 버림의 산물일 뿐이라는 것이다. 자, 다시 고대 조각상을 살펴보도록 하자. 그것들은 하얗고 정교하다. 기품 있는 눈으로 허공을 바라보고 있다. 그런데 이 조각상들이 당시에는 어땠을까 상상해보자. 화려한 색채, 다채로운 장식들, 가면무도회, 잘 알아볼 수 없는 고전작품, 리오의 광대와 같은 익살. 이것이 정말 고전작품의 진정한 모습이다. 나머지는 우리가 근대인으로서 그리고 선생으로서 그것에 도덕을 불어넣은 것이다. 자, 여기에 대조적인 두 개의 기원이 있다. 하나는 아폴론으로, 절제되어 있고 순백의 조각상으로 표시되며, 균형이 잘 잡힌 고전주의자들이 우리에게 전해준 전형적인 모습이다. 다른 하나는 디오니소스로, 무절제하고 자유로우며 동양적이고 온통 떠들썩하며 다채로운 모습이다.

니체의 학문적 스승이자 니체가 바젤에서 교단에 설 수 있게 도와준 알브레히트 리츨*은 일기에 다음과 같은 기록을 남겼다. "니체의 책이야말로 비극의 탄생(=천재의 망언)이다." 그러나 니체를 문헌학계에서 완전히 내쫓은 사람은 울리히 폰 빌라모비츠 묄렌도르프였다. 니체보다 네 살이 어리며 그 역시 포르타학교의 학생이었다. 1872년 5월 그는 매우 논리정연하게 니체를 혹평했다. 그는 니체를 향해 태양(그에게 태양은 그리스였다)을 향해 진흙을 던지고 싶어 안달이 난 사람이라고 비유하고 교단에서 내려오기를 종용했다. 몇 해 지나지 않아 니체는 교수직을 그만둔다. 빌라모비츠의 종용이 없었다 해도 그에게 수업을 받은 몇 안 되는 학생들이 그의 책에 즉각적인 반응을 보이고 그를 따돌리고 추방시켰을 것이 분명하다. 어찌 보면 니체는 대학에서 신뢰감을 상실해 환영받지 못한 면도 있다. 대

---

* Albrecht Ritschl(1822~1889), 독일의 신학자.

학은 그에게 자리를 마련해주었지만, 그는 거의 강의를 하지 않았다.

1844년, 뢰켄
니체 철학의 시작

128. 클링글버그가에서 동북쪽 베르누이가 방향으로 290미터.

129. 샨첸가를 타고 350미터.

130. 요하니터교를 타고 250미터.

131. 펠트베르크가 800미터.

132. 좌회전하여 리헨링으로/ 로터리를 지나 1킬로미터.

133. 인터체인지를 타고 A2쪽으로/ 유료도로/ 독일 국경을 지나
　　 1.2킬로미터.

134. A5를 타고 223킬로미터.

135. 40-크루즈 발도르프로 나와 하일브론 방향 A6로 들어서 205킬
　　 로미터.

136. 60-크루즈 뉘른베르크-오스트로 나와 밤베르크 방향 A9로 들
　　 어서 238킬로미터.

137. 출구로 나와 A38 5.9킬로미터.

138. 28-뤼첸으로 나와 마크란시/ 리파흐/ B87 240미터.

139. 좌회전하여 L89(B87 방향/ 마크란 시/ 리파흐/ 뤼첸) 1.3킬로미터.

140. 1a, 좌회전하여 B87 1.1킬로미터.

이제 우리는 거의 강의 시원에 와 있다. 외관상으로는 단순하다. 시간과 공간을 거꾸로 거슬러 올라가는 여행이 끝나가는 것이다. 마그리스*의 다뉴브 강이나 아우소니우스**의 모젤라 강을 거슬러 올라가는 여행이 아니라, 니체의 삶이라는 강을 거슬러 올라가는 여행 말이다. 정신착란에 걸렸던 집이 있는 토리노의 강 하구에서 시작해서 그가 태어나고 자란 그의 가문과 토템 그리고 터부를 발견할 수 있는 작센 주 뢰켄에 있는 강의 시원으로 되돌아왔다. 구글 지도를 통해 보면 여행길은 총 3,761킬로미터로, 오늘날의 교통수단을 사용해도 꼬박 40시간이나 걸리는 긴 여정이다. 니체는 이 여행에 44년이 걸렸다.

위대한 여행가의 삶은 처음에는 손바닥만 한 땅, 그러니까 어린 시절을 보낸 뢰켄, 나움부르크, 라이프치히의 정원에서 시작된다. 오늘날에는 차를 타고 이 세 곳을 돌아보는 데 채 한 시간도 걸리지 않는다. 뢰켄에서 나움부르크까지는 채 30킬로미터도 되지 않으며, 니체가 중학교와 고등학교를 다닌 슐포르타는 나움부르크에서 5킬로미터 거리다. 그리고 뢰켄에서 30여 킬로미터 떨어진 곳에 니체가 문헌학을 공부했던 라이프치히가 있다.

599명의 주민이 사는 작은 마을 뢰켄은 2009년 7월 1일부터 뤼첸의 행정구역으로 들어갔다. 이곳은 《이 사람을 보라》에 등장하는

---

* Claudio Magris(1939~), 이탈리아의 작가, 《다뉴브》라는 작품을 썼다.
** 로마시대 시인. 《모젤라 강》을 썼다.

전투의 배경이 되는 장소다. 니체는 열아홉 살 때 벌써 이런 자전적인 글을 썼다. "마치 사제관에 사는 사람처럼 내가 교회 묘지 옆에서 태어났다는 사실이 너무도 싫다." 교회 묘지와 사제관은 지금도 그곳에 있으며, 그는 바이마르에서 사망 후 사흘 뒤인 1900년 8월 28일, 교회 묘지에 묻혔다. 사람들은 그곳을 추한 유적지로 만들어버렸는데, 불행히도 몇몇 철학자들은 그런 식의 무덤을 갖고 있다. 바닥에는 묘비가 있고, 묘비 옆에는 니체가 어머니와 함께 서 있는 상이 있다. 그 주변에는 안 어울리는 듯 보이는 새하얀 두 개의 석상이 더 있는데, 《비극의 탄생》에 따르면 석상은 절대 그런 색이어서는 안 된다.

자주 있는 일이지만 이 유적지도 몇 가지 풍자를 담고 있다. 《이 사람을 보라》의 아름답고 감동적인 첫 부분에서 니체는 자신이 아버지처럼 이미 죽었고, 어머니처럼 아직 살아 있지만 늙었다고 선언한다. 자신을 어머니와 비슷하게 묘사하는 것은 의미가 있는 것 같다. 시간이 흘러 인생의 마지막 순간에 자신의 심오한 사상, 즉 영원회귀를 이야기하면서도 가장 큰 불만은 어머니와 여동생이었다. 두 여인에게 그가 인간 말종 같은 존재였을지 모르지만 말이다.

참고문헌

1장

- CAMASSA, G. & FASCE, S. ed.,《여행의 이상과 현실: 고대세계의 여행*Idea e realtàdel viaggio: Il viaggio nel mondo antico*》(Genova: ECIG, 1991).
- DIOGENE LAERZIO,《철학자들의 삶*Vite dei filosofi*》, 2vol (Roma-Bari: Laterza, 1983).
- FILOSTRATO,《티야나의 아폴로니오스의 삶*Vita di Apollonio di Tiana*》(Milano: Adelphi, 1982).
- MOMIGLIANO, A.,《생소한 지혜*Saggezza straniera*》(Torino: Einaudi, 1980).

2장

- AGOSTINO DI IPPONA,《고백록*Confessioni*》, M. Bettetini ed. (Torino: Einaudi, 2001).
- AGOSTINO DI IPPONA,《대화들*Tutti i dialoghi*》, G. Catapano ed. (Milano: Bompiani, 2006).
- BETTETINI, M.,《아우구스티누스 소개*Introduzione a Agostino*》(Roma-Bari: Laterza, 2008).
- BROWN, P.,《히포의 아우구스티누스*Agostino d'Ippona*》(Torino: Einaudi, 2005).
- GIORGETTI, F.,《거대한 범선들: 항해의 역사와 혁명*I grandi velieri: Storia ed evoluzione della navigazione a vela dalle origini ai nostri giorni*》(Vercelli: White Star, 2007).
- PERLER, O.,《성 아우구스티누스의 여행*Les voyages de saint Augustin*》(Paris: Etudes Augustiniennes, 1969).

- VEYNE, P.,《로마제국 시민의 사생활*La vita privata nell'Impero romano*》(Roma-Bari: Laterza, 2006).

3장

- AFNAN, S.,《이븐 시나: 생애와 작품*Avicenna, Vita e opere*》(Bologna: Patron, 1967).
- AL-GHAZALI,《빛의 깨달음*La sapienza delle luci*》, M. Campanini ed. (Milano: Mondadori, in corso di stampa).
- AL-GHAZALI,《코란의 진주들*Le perle del Corano*》, M. Campanini ed. (Milano: Rizzoli, 2000).
- AL-GHAZALI,《선택된 글들*Scritti scelti*》, L. Veccia Vaglieri & R. Rubinacci eds. (Trino: UTET, 1970).
- AL-HALLAJ,《이슬람의 그리스도*Il Cristo dell'Islam*》, A. Ventura ed. (Milano: Mondadori, 2007).
- ASIN PALACIOS, M.,《단테와 이슬람*Dante e l'Islam*》, (Milano: Saggiatore, 2005).
- 'ATTAR,《새들의 언어*Il verbo degli uccelli*》, C. Saccone ed. (Milano: Mondadori, 1999).
- CAMPANINI, M.,《이슬람 철학 소개*Introduzione alla filosofia islamica*》(Roma-Bari: Laterza, 2004).
- CERULLI, E.,《"계단"과 신곡의 아랍어-스페인어 자료에 대한 질문*Il "Libro della scala"e la questione delle fonti arabo-spagnole della Divina Commedia*》(Citta del Vaticano: Biblioteca Apostolica Vaticana, 1949).
- CORBIN, H.,《이븐 시나와 몽상*Avicenne et le récit visionnaire*》(Paris: Berg, 1979).
- CORBIN, H.,《이슬람 철학의 역사*Storia della filosofia islamica*》(Milano: Adelphi, 1989).
- D'ANCONA, C.,《중세 이슬람의 철학의 역사*Storia della filosofia nell'Islam medievale*》(Torino: Einaudi, 2005).
- GUTAS, D.,《이븐 시나와 아리스토텔레스 학파*Avicenna e la tradizione aristotelica*》(Bari: Edizioni di Pagina, 2007).

4장

- BALESTRACCI, D., 《낯선 사람들의 낯선 땅: 중세시대 여행가들의 역사 *Terre ignote strana gente: torie di viaggiatori medievali*》, (Roma-Bari: Laterza, 2008).

- BARBIERI, R. ed., 《중세시대 서양 문화의 역사 지도 *Atlante storico della cultura medievale in Occidente*》(Roma: Citta Nuova, 2007).

- DITCHBURN, D., MACLEAN, S., MACKAY, A. (a cura di), 《중세 유럽 지도 *Atlas of Medieval Europe*》(London-New York: Routledge, 2007).

- GUILELMUS DE TOCCO, 《성 토마스 아퀴나스 이야기 *Ystoria sancti Thome de Aquino*》, Le Brun-Gouanvic ed. (Toronto: Pontifical Institute of Mediaeval Studies, 1996).

- LORENTZ, P. & SANDRON, D., 《중세시대 파리의 지도: 도시, 환경, 사회, 종교, 권력의 전리품 *Atlas de Paris au Moyen Âge: espace urbain, habitat, société, religion, lieux de pouvoir*》(Paris: Parigramme, 2006).

- PEYER, H.C., 《중세를 여행하다: 지역에 따른 손님맞이 이야기 *Viaggiare nel Medioevo: Dall'ospitalità alla locanda*》(Roma-Bari: Laterza, 2009).

- PUTALLAZ, F.-X., 《토마스 아퀴나스의 마지막 여행 *L'ultimo viaggio di Tommaso d'Aquino*》(Casale Monferrato: Piemme, 2000).

- TORRELL, J.-P., 《진실한 친구: 토마스 아퀴나스의 삶과 작품 *Amico della verita: Vita e opere di Tommaso d'Aquino*》(Bologna: Edizioni Studio Domenicano, 2006).

- WALZ, A., "성 토마스 아퀴나스의 마지막 여행 Le dernier voyage de saint Thomas d'Aquin", 《*Nova et vetera*》, vol.36 (1961), pp.287~297.

- WALZ, A., "아퀴나스의 여정 Wege des Aquinaten", 《*Historisches Jahrbuch*》, vol.77 (1958), pp.221~228.

5장

- FONTANA, M., 《마테오 리치: 명나라 왕궁에 간 예수회인 *Matteo Ricci: Un gesuita alla corte dei Ming*》(Milano: Mondadori, 2005).

- MADARO, A. ed., 《금지된 도시의 비밀: 명나라 왕국에 간 마테오 리치 *I segreti della città proibita: Matteo Ricci alla corte dei Ming*》(Treviso: Sigillum, 2009).

- MIGNINI, F., 《마테오 리치: 불사조의 키오스코 *Matteo Ricci: Il chiosco delle fenici*》

(Ancona: Lavoro Editoriale, 2009).

- MIGNINI, F. ed., 《마테오 리치: 명나라 문화와의 만남*Matteo Ricci: Incontro di civiltà nella Cina dei Ming*》, Catalogo della mostra allestita a Pechino, Shanghai, Nanchino (Ancona: Regione Marche, 2010).
- RICCI, M., 《중국에서의 기독교와 예수회 선교 입문*Della entrata della Compagnia di Gesù e Christianità nella Cina*》 (Macerata: Quodlibet, 2000).
- RICCI, M., 《편지들*Lettere*》 (Macerata: Quodlibet, 2001).
- RICCI, M., 《우정론*Dell'amicizia*》 F. Mignini ed. (Macerata: Quodlibet, 2005).
- RICCI, M., 《지도작성법*Cartografia*》 F. Mignini ed. (Roma: Istituto Poligrafico dello Stato, 2010).
- RICCI, M., 《기인십편*Dieci capitoli di un uomo strano*》 F. Mignini & S. Wang eds. (Macerata: Quodlibet, 2010).
- RICCI, M., 《천주실의*Vero significato del Signore del Cielo*(Tianzhu Shiyi)》 F. Mignini & C. Leung & M.C. Rubisse ed. (Roma: Urbaniana University Press, 2006).
- VOLPI, V., 《선교전략, 세계 시장을 어떻게 정복할 것인가: A. 발리냐노의 경이로운 가르침, 1500년대의 이탈리아 예수회*Marketing mission: Come conquistare un mercato internazionale: le straordinarie lezioni di A. Valignano, gesuita italiano del Cinquecento*》 (Milano: Libri Scheiwiller, 2005).

6장
∘∘∘∘∘∘

- AITON, E.J., 《라이프니츠*Leibniz*》 (Milano: il Saggiatore, 1991).
- LEIBNIZ, G.W., 《철학 작품집*Scritti filosofici*》 vol.3 (Torino: Utet, 2000).
- LEIBNIZ, G.W., 《철학자와 과학자의 대화*Dialoghi filosofici e scientifici*》 (Milano: Bompiani, 2007).
- MARRAS, C., 《목소리의 메타포: 라이프니츠 철학에 담긴 은유적 조망*Metaphora translata voce: Prospettive metaforiche nella filosofia di G.W. Leibniz*》 (Firenze: Olschki, 2010).
- NADLER, S., 《최선의 세계: 철학자와 신과 악의 역사*Il migliore dei mondi possibili: Una storia di filosofi, di Dio e del Male*》 (Torino: Einaudi, 2009).
- PASINI, E., "라이프니츠의 단자론에 대한 다섯 가지 이야기*Cinque storie sulla*

Monadologia di Leibniz", 《모나드와 단자론*Monadi e monadologie*》, D'IPPOLITO
B.M. & MONTANO & A, PIRO, F. eds. (Soveria Mannelli: Rubettino, 2005).

- ROBINET, A., 《이터 이탈리쿰*Iter Italicum*》 (Firenze: Olschki, 1988).
- ROSSI, P., 《시간의 기호*I segni del tempo*》 (Milano: Feltrinelli, 1979).

7장

- BECCARIA, C., 《작품집*Opere*》 (Milano: Mediobanca, 1984).
- CAPRA, C., 《이성의 발전: 피에트로 베리의 삶*I progressi della ragione: Vita di Pietro Verri*》 (Bologna: il Mulino, 2002).
- CERRUTI, M., 《신고전주의와 자코뱅: 1700년대 후반의 이탈리아 문학에 대한 연구*Neoclassici e giacobini: Ricerche sulla cultura letteraria italiana del secondo Settecento*》 (Milano: Silva, 1969).
- CICOIRA, F., 《알레산드로 베리: 실험과 검열*Alessandro Verri: Sperimentazione e autocensura*》 (Bologna: Patron, 1982).
- FRANCIONI, G. & ROMAGNOLI, S. eds., 《일 카페*Il Caffè*(1764~1766)》 (Torino: Bollati Boringhieri, 1998).
- GREPPI, E. & GIULINI, A. eds., 《피에트로와 알레산드로 베리의 편지*Carteggio di Pietro e di Alessandro Verri*》, vol.1 (Milano: Cogliati, 1923).
- MAZZA, E., 《밀라노 사람들 사이의 '온순한' 철학자 흄*Hume's "Meek" Philosophy among the Milanese*》(In KAIL, P.J.E.), FRASCA-SPADA, M. (a cura di), 《흄의 인상*Impressions of Hume*》(Oxford: Oxford University Press, 2005) 213~243쪽.
- POCOCK, J.G.A., "성직자와 상인: 영국의 보수적 계몽주의Clergy and Commerce: The conservative Enlightenment in England", AJELLO R. & FIRPO, M. & GUERCI, L. & RICUPERATI, G. eds., 《계몽주의 시대: 프랑코 벤투리의 1700년대 유럽의 역사 연구*L'etàdei Lumi Studi storici sul Settecento europeo in onore di Franco Venturi*》, vol.1 (Napoli: Jovene, 1985), 523~562쪽.
- VENTURI, F., 《1700년대 개혁파*Settecento riformatore*》, vol.1 (Torino: Einaudi, 1969).
- VERRI, A., 《1789년부터 1801년까지의 기록*Vicende memorabili dal 1789 al 1801*》 (Milano: Guglielmini, 1858).

- VERRI, A.,《소설집*I romanzi*》, L. Martinelli ed. (Ravenna: Longo, 1975).

- VERRI, A.,《이탈리아 역사에 관한 논문*Saggio sulla storia d'Italia*》B. Scalvini ed. (Roma: Edizioni di Storia e Letteratura, 2001).

- VERRI, P.,《행복에 관한 묵상*Meditazioni sulla felicità*》G. Francioni ed. (Como-Pavia, 1996).

- VERRI, P.,《작품집*Opere*》, vol.2 (Roma: Edizioni di Storia e Letteratura, 2007).

- ZORZI, R.,《체사레 베카리아: 정의의 드라마*Cesare Beccaria: Il dramma della giustizia*》(Milano: Mondadori, 1996).

8장

- BACZKO B.,《나의 친구 욥: 행복의 약속과 악의 숙명*Giobbe amico mio: promesse di felicità e fatalità del male*》(Roma: manifestolibri, 1999).

- BOSWELL, J.,《루소와 볼테르를 방문하다*Visita a Rousseau e a Voltaire*》(Milano: Adelphi, 1973).

- CARNEVALI, B.,《낭만주의와 인식론: 루소의 지식의 실체*Romanticismo e riconoscimento: Figure della coscienza in Rousseau*》(Bologna: il Mulino, 2004).

- CASSIRER, E. & DARNTON, R. & STAROBINSKI, J.,《루소의 세 가지 글*Tre letture di Rousseau*》(Roma-Bari: Laterza, 1994).

- EDMONDS, D. & EIDINOW, J.,《루소와 개*Il cane di Rousseau*》(Milano: Garzanti, 2009).

- HACKING, I.,《미치광이 여행가들*I viaggiatori folli*》(Roma: Carocci, 2004).

- ROUSSEAU, J.-J.,《쥘리, 혹은 신엘로이즈*Giulia, o La nuova Eloisa*》(Milano: Rizzoli, 1992).

- ROUSSEAU, J.-J.,《자서전*Scritti autobiografici*》(Torino: Einaudi-Gallimard, 1997).

- ROUSSEAU, J.-J.,《에밀*Emilio*》(Roma-Bari: Laterza, 2006).

- STAROBINSKI, J.,《장 자크 루소: 투명성과 장애*Jean-Jacques Rousseau: La trasparenza e l'ostacolo*》(Bologna: il Mulino, 1999).

9장

- LEOPARDI, P., 《한밤중에 내 방 여행하기(드 메스트르의 작품의 프랑스어 번역본)와 다른 작품들*Viaggio notturno intorno alla mia camera (traduzione dal francese dell'opera di X. de Maistre) e altri scritti*》(Venosa[Potenza]: Osanna, 2000).
- MAINE DE BIRAN, M.-F.-P., 《도덕과 종교의 기초에 관한 단편집*Frammenti sui fondamenti della morale e della religione*》, (Gaeta[Latina]: Bibliotheca, 1998).
- MAISTRE, X. DE, 《내 방 여행하기*Viaggio intorno alla mia camera*》, 《내 방에서 밤 보내기*Spedizione notturna intorno alla mia camera*》(Bergamo: Moretti & Vitali, 1999).
- PIAZZA, M., 《스스로를 지배함: 멘 드 비랑의 시간, 육체 그리고 작품*Il governo di sé: Tempo, corpo e scrittura in Maine de Biran*》(Milano: Unicopli, 2001).
- ROUSSEAU, J.-J., 《고백*Confessioni*》, vol.2 (Milano: Rizzoli, 1978).
- STENDHAL, 《어느 수도원에서*Interni di un convento*》, 《바이아노의 산타르칸젤로에 대한 기사 두 편*Con due cronache di Sant'Arcangelo a Baiano*》(Roma: Editori Riuniti, 1987).
- STENDHAL, 《파르마의 수도원*La Certosa di Parma*》(Milano: Mondadori, 1930).

10장

- CUOCO, V., 《기자들의 글*Scritti giornalistici(1801~1815)*》D. Conte & M. Martirano eds., vol.2 (Napoli: Fridericiana Editrice Universitaria, 1999).
- CUOCO, V., 《플라톤의 이탈리아 여행*Platone in Italia*》, 《일곱 가지 여정*Sette possibili itinerari*》R. Diana ed. (Napoli: Pagano, 2000).
- CUOCO, V., 《플라톤의 이탈리아 여행*Platone in Italia*》, 《그리스어 번역*Traduzionedal greco*》A. De Francesco & A. Andreoni eds. (Roma-Bari: Laterza, 2006).
- CUOCO, V., 《서간집*Epistolario(1790-1817)*》, D. Conte & M. Martirano eds. (Roma-Bari: Laterza, 2007).
- TESSITORE, F., 《빈첸초 쿠오코의 법률적-정치적 역사주의*Lo storicismo giuridico-politico di Vincenzo Cuoco*》, (Torino: Edizioni di Filosofia, 1961).
- TESSITORE, F., 《빈첸초 쿠오코의 철학, 역사 그리고 정치*Filosofia, storia e politica in Vincenzo Cuoco*》(Lungro(CS): Marco, 2002).

11장

- BURROW, J.W., 《이성의 위기*La crisi della ragione*》《유럽의 사상*Il pensiero europeo* (1848~1914)》(Bologna: il Mulino, 2002).
- CANEPA, E., 《바다에서: 콜리지에서 칼라일까지, 멜빌에서 페놀리오까지의 바다 여행과 형이상학적 모험*Per l'alto mare aperto: Viaggio marino e avventura metafisica da Coleridge a Carlyle, da Melville a Fenoglio*》(Milano: Jaca Book, 1991).
- CECCHI, E., 《위대한 영국의 낭만주의자들*I grandi romantici inglesi*》(Milano: Adelphi, 1981).
- CONFINO, M., 《혁명가의 교리문답: 바쿠닌과 네차예프*Il catechismo del rivoluzionario: Bakunin e l'affare Necaev*》(Milano: Adelphi, 1976).
- EDGERTON, R., 《영광과 죽음*Gloria o morte. Crimea(1853-1856)*》(Milano: il aggiatore, 2001).
- PIOVESANA, G., 《러시아 철학자가 생각하는 러시아-유럽*Russia-Europa nel pensiero filosofico russo Storia antologica*》, (Roma: Lipa, 1995).
- STEILA, D., 《지식과 혁명: 러시아 문화 속 경험주의 기독교의 수용*Scienza e rivoluzione: La recezione dell'empiriocriticismo nella cultura russa(1877-1910)*》(Firenze: Le Lettere, 1996).
- TROYAT, H., 《신성동맹의 황제, 알렉산드르 1세*Alessandro I. Lo zar della Santa Alleanza*》(Milano: Bompiani, 2001).
- WALICKI, A., 《보수주의자의 유토피아: 슬라보필리아*Una utopia conservatrice: Storia degli slavofili*》(Torino: Einaudi, 1973).

12장

- FERRARIS, M., 《니체와 1900년대의 철학*Nietzsche e la filosofia del Novecento*》 (Milano: Bompiani, 1989, 2009).
- JANZ, C.P., 《니체의 생애*Vita di Nietzsche(1978~1979)*》, vol.3, (Roma-Bari: Laterza, 1980~1982).
- NIETZSCHE, F., 《어떻게 있는 그대로의 모습이 되는가*Come si diventa ciòche si è*》, 《"이 사람을 보라"와 자전적 글들*"Ecce homo"e altri scritti autobiografici*》C. Pozzoli ed. (Milano: Feltrinelli, 2008).

- NIETZSCHE, F.,《토리노에서 보낸 편지들 *Lettere da Torino*》G. Campioni & V. Vivarelli eds. (Milano: Adelphi, 2008).
- POZZOLI, C. ed.,《기억 속의 니체와 동료들의 증언 *Nietzsche nei ricordi e nelle testimonianze dei contemporanei*》(Milano: Rizzoli, 1990).

여행, 길 위의 철학

펴낸날 초판 1쇄 2017년 4월 20일
     초판 2쇄 2018년 7월 5일

지은이 마리아 베테티니, 스테파노 포지
엮은이 천지은
펴낸이 김현태

펴낸곳 책세상
주소 서울시 마포구 잔다리로 62-1, 3층(04031)
전화 02-704-1251(영업부), 02-3273-1334(편집부)
팩스 02-719-1258
이메일 bkworld11@gmail.com

홈페이지 chaeksesang.com
페이스북 /chaeksesang
트위터 @chaeksesang
인스타그램 @chaeksesang
네이버포스트 bkworldpub

등록 1975. 5. 21. 제1-517호

ISBN 979-11-5931-114-7 03160

이 도서의 국립중앙도서관 출판시도서목록(CIP)은 서지정보유통지원시스템 홈페이지
(http://seoji.nl.go.kr)와 국가자료공동목록시스템(http://www.nl.go.kr/kolisnet)에서
이용하실 수 있습니다.(CIP제어번호 : CIP2017007181)